全网营销实战

开启网络营销4.0新时代

渠成 —— 著

**THE NEW ERA
OF NETWORK MARKETING 4.0**

清华大学出版社
北京

内 容 简 介

"全网营销"是当前的营销趋势,无论是营销者、创业者还是投资者,都想系统地了解这一热点。本书从全网营销的理论、技术、战略基础讲起,再介绍全网营销的平台运营,能让读者系统全面地掌握全网营销相关知识。

本书图文结合,不仅能帮助读者理解晦涩难懂的理论知识,而且还能帮助读者梳理内容,促进读者记忆,避免了大量文字带给人的枯燥无味和视觉疲劳。

本书封面贴有清华大学出版社防伪标签,无标签者不得销售。

版权所有,侵权必究。举报: 010-62782989,beiqinquan@tup.tsinghua.edu.cn。

图书在版编目(CIP)数据

全网营销实战: 开启网络营销 4.0 新时代 / 渠成著. —北京: 清华大学出版社, 2021.1
(2024.8 重印)
(新时代·营销新理念)
ISBN 978-7-302-55250-5

Ⅰ. ①全… Ⅱ. ①渠… Ⅲ. ①网络营销 Ⅳ. ① F713.365.2

中国版本图书馆 CIP 数据核字 (2020) 第 052041 号

责任编辑: 刘 洋
封面设计: 徐 超
版式设计: 方加青
责任校对: 王荣静
责任印制: 沈 露

出版发行: 清华大学出版社
网   址: https://www.tup.com.cn, https://www.wqxuetang.com
地   址: 北京清华大学学研大厦 A 座   邮   编: 100084
社 总 机: 010-83470000   邮   购: 010-62786544
投稿与读者服务: 010-62776969, c-service@tup.tsinghua.edu.cn
质 量 反 馈: 010-62772015, zhiliang@tup.tsinghua.edu.cn

印 装 者: 三河市东方印刷有限公司
经   销: 全国新华书店
开   本: 170mm×240mm   印   张: 17.75   字   数: 254 千字
版   次: 2021 年 1 月第 1 版   印   次: 2024 年 8 月第 5 次印刷
定   价: 75.00 元

产品编号: 080743-01

前言

随着直播、短视频的推广普及以及人工智能时代的到来，越来越多的企业改变了传统的营销模式，开启全网营销新时代。

然而，尽管有越来越多的人投入全网营销中，但想以此赚到钱却并非易事。因为在信息越来越透明的社会中，只有专业过硬的人才有更强的竞争力。

本书向读者介绍了关于全网营销的定义、价值、外部环境以及技术层面的原理，同时从战略角度强调了品牌营销的价值，目的是帮助读者掌握营销策略并做好运营。

除了对全网营销进行了全面系统讲解，书中还对不同营销模式进行了分析，读者不仅能对全网营销有一个全面的了解，还能深度剖析自己的营销思路、营销渠道。

本书语言通俗易懂，图表结合，知识全面。

通过本书，读者能基本掌握全网营销策略、方法和技巧。本书非常适合创业者、运营者、营销者、投资者阅读。

目录

第 1 章
全网营销：新时代的营销思维 // 1

1.1　全网营销的内容与本质 // 2

1.1.1　三元素：互联网营销技术＋优质内容＋全网渠道传播 // 2

1.1.2　本质：营销渠道多元化＋营销成本最优化＋营销效率最大化 // 3

1.1.3　贝壳找房全网营销，提升平台覆盖率 // 5

1.2　全网营销四大优势 // 7

1.2.1　全网渠道部署：降低营销综合成本 // 8

1.2.2　精准营销：多渠道优化实现用户的精准触达 // 9

1.2.3　提升用户参与度、增强用户满意度 // 12

1.2.4　全方位、多维度提升品牌知名度 // 13

1.3　打造爆品的全网营销方式 // 14

1.3.1　差异化与个性化：讲好卖点故事，打造独特的品牌产品 // 15

1.3.2　价值感：塑造体现企业核心价值的产品 // 16

1.3.3 以用户为中心:重视服务与口碑,有效提升复购率 // 17

1.3.4 差异化的典范——可口可乐昵称瓶 // 19

1.4 "星球大战营销体系" // 21

1.4.1 "星球大战营销体系"概述 // 21

1.4.2 企业如何打造"星球大战营销体系" // 22

第②章
全网营销引爆流量的多元化方式 // 24

2.1 事件营销:借事件之奇 // 25

2.1.1 用事件引爆用户的好奇心 // 25

2.1.2 寻找事件的引爆点 // 26

2.1.3 有道翻译凭借《深夜,男同事问我睡了吗?》吸睛 // 27

2.2 新闻营销:借热点之力 // 28

2.2.1 借助体育赛事进行营销 // 28

2.2.2 借助娱乐新闻进行营销 // 29

2.2.3 利用企业活动进行营销 // 31

2.2.4 网易 LOFTER 借"佛系"热点走红 // 32

2.3 内容营销:借内容之质 // 32

2.3.1 创造符合产品定位的内容 // 32

2.3.2 输出符合用户价值的内容 // 33

2.3.3 形成风格,打造品牌内容 // 34

2.3.4 三只松鼠玩的不只是萌,还有风格 // 36

2.4 体验式营销:借媒体之"道" // 37

2.4.1 整合多样营销方式,积累用户数据 // 37

2.4.2 进行精确数据分析,生成个性化营销方案 // 38

2.4.3 网易云地铁文案营销 // 39

2.5 情感营销：借情怀之暖 // 42

2.5.1 结合文化底蕴 // 42

2.5.2 符合产品品位 // 43

2.5.3 满足用户调性 // 44

2.5.4 打造浪漫情怀 // 45

2.5.5 招商银行："番茄炒蛋"情怀至上 // 46

2.6 大数据营销：借数据之准 // 46

2.6.1 投用户所好，实现精准营销 // 46

2.6.2 利用大数据，改善用户体验 // 47

2.6.3 利用大数据，发现新市场 // 47

2.6.4 海尔SCRM大数据会员管理平台 // 48

2.7 互动式营销：借互动之髓 // 49

2.7.1 互动：网络营销的精髓 // 49

2.7.2 互动内容与多元互动形式相结合 // 49

2.7.3 主动倾听，让用户讲喜欢的故事 // 50

2.7.4 逐层引导，让用户喜欢上你的产品 // 51

2.7.5 ALS冰桶挑战，开启全民互动模式 // 52

2.8 B2C企业全网营销精髓 // 54

2.8.1 大数据提供技术支持，互动营销直抵用户 // 54

2.8.2 体验营销做口碑，内容营销拓展用户 // 55

2.8.3 B2C企业营销要点：流量营销+口碑保护+品牌塑造 // 57

2.9 B2B企业全网营销精髓 // 58

2.9.1 B2B企业的有效询盘获取 // 58

2.9.2 B2B企业的品牌打造 // 59

2.9.3 以效果及内容营销为突破点，扩大企业潜在营收 // 61

2.9.4 B2B企业营销要点：口碑保护+效果营销+内容营销 // 62

第 3 章
全网营销之搜索引擎营销：SEO 与 SEM // 65

3.1 SEO 的最新策略及定位 // 66

3.1.1 SEO 发展概述 // 66

3.1.2 关键词优化策略 // 69

3.1.3 内容生产与运营策略 // 70

3.1.4 外部资源整合策略 // 71

3.2 打造更智能的 SEO，实现 SEO 的四个优化 // 72

3.2.1 SEO 数据化 // 72

3.2.2 SEO 产品化 // 73

3.2.3 SEO 营销化 // 74

3.2.4 SEO 效果化 // 74

3.3 360°SEO 优化策略 // 75

3.3.1 流量优化 // 76

3.3.2 外部资源整合优化 // 76

3.3.3 数据结构优化 // 77

3.3.4 团队流程优化 // 77

3.3.5 用户体验优化 // 78

3.3.6 用户参与度优化 // 78

3.3.7 转化率优化 // 78

3.4 SEO 系统与工具 // 79

3.4.1 常用 SEO 工具介绍 // 79

3.4.2 WebInsights 智能化 SEO 系统介绍 // 79

3.5 SEO 项目管理 // 81

3.5.1 如何制订合理的 SEO 目标 // 81

3.5.2 如何制订有效的 SEO 策略 // 82

3.5.3　如何制订可实施的 SEO 项目计划　//　84

3.5.4　资源投入与过程管理　//　85

3.5.5　项目质量管理与效果评估　//　86

3.6　SEO 项目案例解析　//　86

3.6.1　平台类网站案例　//　87

3.6.2　品牌类网站案例　//　87

3.7　垂直平台 SEO　//　88

3.7.1　电商平台 SEO　//　88

3.7.2　社交平台 SEO　//　89

3.7.3　生活服务平台 SEO　//　89

3.7.4　其他垂直平台 SEO　//　90

3.8　SEM 投放与管理策略　//　91

3.8.1　B2C 企业的 SEM 投放策略　//　91

3.8.2　B2B 企业的 SEM 投放策略　//　94

3.8.3　百度 SEM 投放策略简述　//　94

3.8.4　搜狗与其他搜索引擎 SEM 投放策略简述　//　97

3.9　SEM 优化技巧　//　98

3.9.1　SEM 基础优化技巧　//　98

3.9.2　SEM 高级优化技巧　//　99

3.10　百度竞价案例解析　//　102

3.10.1　百度凤巢系统简介　//　102

3.10.2　百度 SEM 产品投放方案　//　103

3.10.3　百度 SEM 投放案例　//　105

3.11　搜狗竞价案例解析　//　106

3.11.1　搜狗竞价与百度竞价的核心区别　//　106

3.11.2　搜狗 SEM 产品投放方案　//　107

3.11.3　搜狗 SEM 投放案例　//　108

第 4 章
全网营销之品牌名誉管理：ORM // 110

4.1 全网营销之品牌名誉管理 // 111
4.1.1 企业品牌名誉管理策略 // 111
4.1.2 企业品牌名誉管理为什么重要 // 111
4.1.3 内容营销与品牌名誉管理 // 112
4.1.4 事件营销与品牌名誉管理 // 113
4.1.5 企业品牌建设与品牌名誉管理 // 114

4.2 品牌舆情系统的重要性 // 115
4.2.1 数据全面化 // 115
4.2.2 监测流程化 // 116
4.2.3 预警智能化 // 117
4.2.4 分析专业化 // 117
4.2.5 Brand Insights 企业品牌舆情系统 // 118

4.3 品牌名誉管理步骤 // 119
4.3.1 品牌名誉现状洞察 // 120
4.3.2 品牌名誉管理策略制订 // 120
4.3.3 品牌名誉策略管理实施 // 121
4.3.4 品牌名誉管理效果评估 // 121

4.4 多平台品牌名誉管理 // 121
4.4.1 搜索引擎品牌名誉管理 // 121
4.4.2 垂直平台品牌名誉管理 // 122
4.4.3 社区品牌名誉管理 // 123
4.4.4 电商平台品牌名誉管理 // 124

第 5 章

全网营销之互联网广告投放：多渠道广告投放与管理 // 125

5.1 三大广告投放模式 // 126

5.1.1 信息流广告投放与管理 // 126

5.1.2 品牌图形广告投放与管理 // 127

5.1.3 视频贴片广告投放与管理 // 127

5.2 其他广告投放与管理及广告效果监测 // 128

5.2.1 富媒体广告投放与管理 // 128

5.2.2 H5 广告投放与管理 // 129

5.2.3 VR 广告投放与管理 // 129

5.2.4 广告效果监测 // 130

第 6 章

全网营销之 APP 营销：ASO 与 APP 分发 // 131

6.1 ASO 市场分析与策略 // 132

6.1.1 市场环境分析 // 132

6.1.2 产品诊断分析 // 133

6.1.3 竞品对比分析 // 133

6.1.4 用户属性分析 // 134

6.1.5 制订 ASO 策略 // 134

6.2 新生态下的 ASO 技巧及策略 // 135

6.2.1 元数据优化技巧 // 136

6.2.2 关键词布局优化 // 136

6.2.3 积分墙投放策略 // 137

6.3 ASO 项目案例 // 139

6.3.1 金融类 ASO 案例 // 139

6.3.2 旅游类 ASO 案例　// 139

6.3.3 游戏类 ASO 案例　// 140

6.4 APP 分发渠道　// 140

6.4.1 应用市场　// 141

6.4.2 信息流广告　// 141

6.4.3 资源置换　// 142

6.4.4 社交媒体传播　// 142

6.4.5 线下推广　// 143

第 7 章
全网营销之社交媒体营销：微信营销与微博营销　// 145

7.1 微信营销　// 146

7.1.1 微信营销策略　// 146

7.1.2 微信朋友圈营销　// 147

7.1.3 微信粉丝运营　// 149

7.1.4 微信小程序与微信公众号营销　// 151

7.2 微信小程序运营新思维　// 152

7.2.1 基于大数据，开发长尾市场　// 152

7.2.2 打造卖点，满足用户需求　// 152

7.2.3 借助媒体力量，塑造品牌　// 153

7.2.4 做最好的产品，求长远发展　// 154

7.2.5 联合小程序市场，实现共赢　// 154

7.2.6 方便生活的利器——摩拜单车微信小程序　// 155

7.3 推广微信小程序的五种方案　// 156

7.3.1 利用公众号宣传　// 156

7.3.2 通过朋友圈分享　// 158

7.3.3 利用优秀文案进行引导　// 158

7.3.4 给予用户回报，以获取关注 // 159

7.3.5 美观独特的二维码设计 // 159

7.3.6 肯德基微信小程序，点餐免排队 // 161

7.4 微信小程序营销策略 // 162

7.4.1 发挥小程序优势，满足用户低频需求 // 162

7.4.2 利用小程序规则，打造营销活动 // 163

7.4.3 服务要即时，连接线下场景拉引流 // 164

7.4.4 服务要有"黏性"，使用户爱不释手 // 164

7.4.5 揭秘"蘑菇街"小程序的盈利秘密 // 165

7.5 微信公众号运营四大模式 // 167

7.5.1 自媒体模式 // 167

7.5.2 垂直销售模式 // 168

7.5.3 品牌营销模式 // 169

7.5.4 客服反馈模式 // 170

7.5.5 "百雀羚" 4 米长图广告刷爆朋友群 // 171

7.6 微博营销 // 172

7.6.1 明确定位微博用户群体 // 172

7.6.2 微博传播内容要有亮点 // 173

7.6.3 微博内容要有图有文有视频 // 174

7.6.4 在用户活跃度高的时间发布微博 // 174

7.6.5 微博内容要以原创为主 // 175

7.6.6 设置微博转发抽奖活动 // 176

第 8 章
全网营销之社群营销：QQ 群、微信群、行业社群 // 178

8.1 QQ 群营销攻略 // 179

8.1.1 QQ 群搜索：优化关键词 // 179

8.1.2 群克隆功能：精准快速增多QQ群 // 181

8.1.3 QQ群邮件：巧妙进行宣传推广 // 183

8.1.4 QQ群公告板：进行产品推广 // 184

8.1.5 QQ群直播间：传授知识或经验 // 185

8.1.6 通过增加点赞量增加名气 // 187

8.2 微信群营销步骤 // 187

8.2.1 定位准：产品定位与人群定位 // 188

8.2.2 构成优：老用户与新用户比例 // 189

8.2.3 管理群：建群规、树原则 // 190

8.2.4 价值为先：持续输出价值 // 192

8.3 行业社群营销方法 // 192

8.3.1 联合行业专家运营社群 // 193

8.3.2 多渠道发布社群信息，扩大影响力 // 194

8.3.3 组织线下活动，提供专业辅导 // 194

第9章

全网营销之新媒体平台营销：直播与短视频 // 197

9.1 直播：企业进行商业直播的关键 // 198

9.1.1 内容：明确直播主题、关键信息 // 198

9.1.2 同步：文档、物料快速跟进 // 199

9.1.3 互动：注重平等沟通性、实时性和互动性 // 200

9.1.4 扩散：与用户建立信任关系，引起二次传播 // 201

9.2 短视频营销的三个关键 // 204

9.2.1 内容原生 // 204

9.2.2 技术驱动 // 206

9.2.3 用户主动 // 207

第 ⑩ 章
全网营销之电商平台营销：品牌旗舰店的运营与推广 // 209

10.1 店铺管理运维 // 210
10.1.1 店铺的装修风格设计 // 210
10.1.2 网站的橱窗推荐设置 // 211
10.1.3 会员积分系统 // 212
10.1.4 仓储物流模式 // 213
10.1.5 快递及退换货政策 // 214
10.1.6 多元化支付 // 217

10.2 产品管理优化 // 219
10.2.1 详情页面图片处理 // 219
10.2.2 产品文案卖点撰写 // 222
10.2.3 市场价格定位分析 // 225

10.3 店铺推广优化 // 227
10.3.1 淘宝、京东搜索排名优化 // 228
10.3.2 店铺评分优化 // 229
10.3.3 店铺活动策略 // 230
10.3.4 电商口碑及评价营销 // 231
10.3.5 电商内容营销 // 233
10.3.6 电商社交媒体：短视频营销 // 234
10.3.7 电商活动营销 // 235

10.4 电商广告投放 // 235
10.4.1 淘宝：淘宝直通车 / 淘宝客 / 淘宝智钻 // 236
10.4.2 京东：京东快车 / 京东直投 / 京挑客 // 237
10.4.3 现金红包传播 // 238

10.5 爆款打造营销策略 // 238
10.5.1 产品筛选：收集用户反馈信息 // 239

10.5.2 产品测款：通过老客户、直通车、关联营销等方式进行产品热度测试 // 239

10.5.3 爆款优化：针对爆款主图、标题、详情页图片及文案进行优化 // 241

10.5.4 订单引入：通过第三方活动促销产品，打造销量基础 // 244

10.5.5 直通车导流：运用直通车引入流量转化，再次提升爆款销量 // 245

10.5.6 官方活动爆发：报名官方活动获取大量流量并转化为销售 // 246

第 11 章
全网营销之数据分析：数据分析工具与平台 // 248

11.1 趋势分析工具 // 249

11.1.1 搜索引擎指数（百度、360、搜狗） // 249

11.1.2 购物平台指数（淘宝、京东） // 250

11.1.3 社交平台指数（微信、微博） // 250

11.1.4 竞争对手数据监控平台指数（SimilarWeb、WebInsights） // 253

11.2 企业平台工具 // 254

11.2.1 搜索引擎站长平台 // 254

11.2.2 双微分析平台（微信分析后台、微博分析后台） // 256

11.3 流量/广告监测工具 // 260

11.3.1 网站/APP流量分析系统（百度、GA、友盟等） // 260

11.3.2 广告监测分析系统（秒针等） // 262

11.4 用户体验分析工具 // 263

11.4.1 用户体验分析工具（Clicktale、Ptengine 等） // 263

11.4.2 运营数据分析工具（Groing IO 等） // 264

11.5 系统及网站分析小工具 // 265

11.5.1 站长应用类小工具（爱站网、5118网站等） // 266

11.5.2 API数据提供平台（聚合、百度 API Store） // 267

第 1 章

全网营销：新时代的营销思维

全网营销是一种新型营销方式，比传统营销方式更精准、更灵活，它面向的主要营销对象是广大网民。截至2019年6月，中国网民规模达到8.54亿，互联网普及率达到61.2%，这一庞大的用户基数使企业可通过运用全网营销模式挖掘更多的潜在客户。本章将从全网营销的内容与本质出发，探寻全网营销的四大优势，论述打造爆品的全网营销方法以及"星球大战营销体系"等方面的内容，帮助读者理解新时代下的营销思维。

1.1 全网营销的内容与本质

与发达国家相比,我国的全网营销起步稍晚,但发展势头却丝毫不落后。随着越来越多的企业开始重视全网营销,各种营销方式得到不断丰富,市场也初具规模。企业只有在理解全网营销的内容与本质的前提下,才能在全网营销浪潮中不断前进。

1.1.1 三元素:互联网营销技术+优质内容+全网渠道传播

传统营销方式早已不能满足企业需求。在信息爆炸时代,传统营销方式不仅成本高,而且效果不显著。随着互联网技术的发展,一种新的营销方式——全网营销应运而生。

全网营销是全网整合营销的简称,是集产品规划、开发、定位,网站建设、运营,以及品牌推广、用户数据运营等为一体的营销模式。其不仅仅涉及移动端及PC端,更多的是整合全网渠道,配合更多智能设备的发展。

下面先具体讲一下做好全网营销应具备的三个元素:互联网营销技术、优质内容和全网渠道传播。

1. 互联网营销技术

互联网营销技术是指借助互联网传播广、效率高、成本低、效果好、信息及时等特点,从而实现企业营销目标的一种手段。企业要懂得多种专业互联网营销技术,才能够做好专业的全网营销,这样营销效果才能事半功倍。企业常用的互联网营销技术有搜索引擎营销、即时通信营销、病毒式营销、BBS营销、网络事件营销、网络口碑营销等。

2. 优质内容

优质内容是全网营销的核心和血肉。在内容为王的今天，用户需要的不再是传统的硬广式内容植入，而是有温度、有价值的内容。因此，优质内容是企业与用户建立连接的最有效的手段。

3. 全网渠道传播

全网渠道传播主要包括搜索引擎营销、互联网广告搜索、APP营销、社交媒体营销、新媒体平台营销、社群营销、电商平台营销、新闻媒体营销、视频媒体营销等。其目的是通过各种各样的网络营销渠道，实现全网全渠道营销的目标。

1.1.2 本质：营销渠道多元化＋营销成本最优化＋营销效率最大化

开展全网营销的本质是要熟悉互联网群体特点，了解全网营销有哪些渠道，在此基础上选择最合适的渠道，以实现营销渠道多元化、营销成本最优化以及营销效率最大化。

1. 营销渠道多元化

（1）搜索引擎渠道。搜索引擎渠道主要分为两类：一类是通过搜索引擎公司购买关键词获得关键词排名，我们称之为搜索引擎营销（Search Engine Marketing，SEM）；另一类是通过做网站优化获得关键词自然排名，我们称之为搜索引擎优化（Search Engine Optimization，SEO）。

搜索引擎营销（SEM）是指通过研究关键词热点程度和相关性，采用关键词竞价排名、品牌专区、联盟广告等形式，通过付费获得排名，提升流量的营销手段。

搜索引擎优化（SEO）是最常用的营销手段，是指利用搜索引擎的规则提高网站在有关搜索引擎内的自然排名，为网站提供优质的自我营销解决方案，从而获得品牌收益。

（2）电商平台渠道。电商平台渠道营销是指借助各大电商巨头完成营销活动，从而达到营销的目的。目前，随着线上零售整体规模的扩大，全网营销细分领域中占比最高的就是电商平台渠道营销。电商平台的营销服务涉及电商营销的全部环节，对于站内营销、媒体资源掌控以及用户后继行为追踪方面有天然优势，在电商营销市场中电商平台掌握更多的营销话语权。电商平台渠道营销不仅可以利用电商平台站内资源布局，包括搜索营销、展示广告、站内信等，也可以利用站外媒体资源布局，包括其视频、社交、资讯等，又可以利用效果联盟、流量联盟方式推广等。比如消费者在天猫、京东、亚马逊等购物平台上经常会看到各种商品的推广信息，就属于电商平台渠道营销。

（3）互联网广告渠道。互联网广告渠道是指企业将产品广告投放给网络媒体平台自带的流量群体，从而实现大范围宣传推广，提高企业信息展示量，增加更多商业机会。

（4）APP渠道。APP渠道是指通过开发应用程序，将自身业务移动互联网化，让目标群体下载相关应用，扩大自己的用户群，从而实现移动应用推广的目标。

（5）社交媒体渠道。社交媒体渠道是指通过微信等社交应用产生的营销行为，例如通过建立的微信群、朋友圈推广信息等。

除了上面所说的营销方式外，还有很多其他网络营销方式，比如视频媒体营销、新闻媒体营销、微博营销等。

2. 营销成本最优化

全网营销以数据为驱动，将大数据技术作为内在核心，能够实现资源的快速精准部署，达成最优配置，有效降低企业运营成本。

3. 营销效率最大化

全网营销的对象是广大网民。通过网络交易方式进行产品推广和销售，企业得以降低因地域导致的时间成本，提高营销效率。

在互联网时代，全网营销登上经济舞台，企业如果能合理运用全网营销思维，结合新型营销工具，就可能获得更多机遇。

1.1.3　贝壳找房全网营销，提升平台覆盖率

贝壳找房是 2018 年 4 月北京链家房地产经纪有限公司创立的互联网找房平台，主要提供新房、二手房、租赁装修等居住服务。链家的战略是以数据驱动的全价值链房产服务平台，通过线上联动线下和提高大数据处理能力，为消费者提供高品质、多业务的房产服务体验，提升行业效率。

贝壳找房作为一个全新的品牌，从选择品牌代言人到全网营销，线上联动线下，实现品牌形象的高效传播，有效引导消费者的关注与互动。

贝壳找房不仅选择中国实力派演员黄轩做品牌代言人，贴合品牌形象，还发布了一则由六个生活场景组成的短片，名为《再见了照骗》，强调"真房源"。这则短片前五个场景分别为相亲、美景、豪车、美食、网购，每个场景以 10 秒的时间展现前后反差，真实反映了照片与现实的差距。这五个场景对应"真房源"的标准——"真实存在、真实在售、真实价格、真实图片"，且每个场景结束时会出现贝壳找房的品牌口号——"海量真房源，省心上贝壳"。

除了短视频，贝壳找房还拍摄了一部微电影，通过讲述三则都市"贝壳人"的故事，进行一波情感营销。

第一则是一对年轻情侣的故事。这对情侣已经找好房子准备入住，但是遭到女方家长的反对。女孩对男孩说"我们回家吧"，两个人骑着摩托回家。这则故事的文案是"有时候'回家吧'比'我爱你'更像情话"。

第二则是一对夫妇的故事。因经济原因，妻子准备做手术放弃第二个孩子，丈夫看到手机上薪酬丰厚的远派南非的项目后，对妻子说"不做了，生"。这则故事的文案是"有时候重新鼓起的勇气是为了撑起一个家"。

第三则是一位刚离婚的女人的故事。房产归男方，孩子归自己。工作和生活上还有一堆事情等着她去处理。这则故事的文案是"有时候转身离开是为了下一个更好的家"。

微电影的最后镜头转换到宽阔的大海边，企业用沙滩上的一枚小小贝壳悄无声息地宣传了自己的品牌。最后的文案如图 1-1 所示。

图 1-1　贝壳微电影文案

这则微电影展示了贝壳找房"致力于帮助都市人群找到满意的家"的初心。

贝壳找房除了做营销视频外,还在音乐上下功夫,邀请歌手金志文演唱歌曲《都市贝壳人》。此歌在网易云音乐上线之后引发大批网友互动,网友纷纷在乐评里写下了自己的故事。

贝壳找房在 2018 年世界杯期间背靠央视,成为"2018 年 CCTV 体育赛事转播赞助商"和"CCTV《豪门盛宴》星耀俄罗斯板块"独家品牌,拿下央视世界杯的广告资源。同时,贝壳找房还在全国多座城市开展了不同类型的世界杯传播活动,既增加了品牌曝光度,又提高了服务品质和效率。

贝壳找房还曾与衣食住行类的 15 个品牌进行过强强联合的跨界合作,借助各行各业的权威品牌为自己在站台发声,在短时间内迅速曝光自己,如图 1-2 所示。

 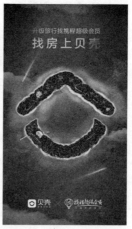

图 1-2　贝壳找房分别与苏宁易购、携程跨界宣传

同时，贝壳找房在搜索引擎做了广告投放，同时对前几页内容做了优化，用户在百度搜索"贝壳"二字，即可看到其官网，如图1-3所示。

图1-3 百度搜索"贝壳"

不仅如此，贝壳找房还在常用社交媒体上投放广告，比如在微博、微信等平台都投放过广告，实现全网360°营销。贝壳找房从线上营销开展到线下营销，不仅在地铁、电梯、公交车站等人流较集中的区域大面积投放广告，还联合网易新闻和网易房产在北京的三里屯搭建了一个"家"，并在其地面上布满暖心的评论。因为单说"贝壳"，人们很容易联想到贝类食物，因此贝壳找房将计就计入驻菜市场，开起了一家卖贝类的海鲜店。

贝壳找房为了宣传品牌展开大面积、多方位、多层次的营销模式，沿着消费者的生活轨迹，从人的视听到情感层层递进，这种营销方式不仅能够引起消费者兴趣，讯速建立品牌形象，还能够不断推动消费者持续关注贝壳找房，培养用户忠诚度。

1.2 全网营销四大优势

全网营销依靠大数据分析技术，集品牌、产品、营销等各环节内容于一体，实现全网全触点营销模式，形成一个庞大的网络营销体系。对营销行业来说，全网营销中有很多突破和创新，是各行各业营销过程中的必备利器。

具体来说，全网营销有四大优势——降低营销综合成本的全网渠道部署，多渠道优化的精准营销，提升用户的参与度，以及多角度提升品牌知名度。运用好这四大优势，企业就能够全方位提升自身的核心竞争力。

1.2.1　全网渠道部署：降低营销综合成本

网络营销蕴藏着巨大的商机，谁能抓住机会抢占市场，谁就能分得一杯羹。而如今已有许多企业进入这个市场，曾经的"蓝海"变为"红海"，营销综合成本越来越高，效果也不如从前。要想改善这种情况，企业就必须制定新的策略，进行更加缜密的部署，具体可从以下三个方面着手。

1. 实现用户定位

企业需要先确定企业产品、产品的定位与目标用户人群，选择精准的营销渠道，集中企业精力进行精准营销，提升营销效果。

"发烧友"是小米手机的早期定位。这个定位一方面是因为创始人雷军是手机"发烧友"；另一方面是因为"发烧友"可以用小米手机随意去刷ROM（read-only memory，只读存储器）来满足自身爱玩、爱折腾的需求，更重要的是这个定位能直达用户内心。很多产品的用户定位都是简单地从使用需求和场景而来，而小米却深入用户心理和生活状态中，真正寻求当前用户的心理需求，从而实现直达人心的用户定位。

被定义成"发烧友"的小米手机的用户在家人、同学以及朋友中彰显出了他们的个性。小米手机的用户画像是这样的：某城市一个小白领每天为了生存而忙碌工作，闲暇时候将自己的小米手机拿出来玩，有时还向身边的女同事秀一秀自己对手机的若干调整和手机的高配置，头头是道的讲解让女同事们崇拜不已。晚上，他还在小米论坛中与志同道合的"发烧友"们探讨小米的各种性能指标，这使他可将诸多烦恼暂时放下，享受业余生活的欢愉。

小米在不断发展壮大过程中，以"发烧友"为定位建立了企业自媒体阵营，阵营中有小米高管、员工和小米的广大用户以及论坛、微博、微信公众号等网络平台。

2. 多渠道发布消息

企业开展全网营销可以通过多个网络渠道发布产品信息，利用网络发布广告进行宣传在很大程度上可以降低通信成本、促销成本等。

3. 提高转化率

市场竞争日趋激烈，企业如何在综合成本合理的基础上更好地提升网络营销效果成为提升自身竞争力的关键问题。在此背景下，提高转化率就成为保证企业全网营销效果的一项重要措施。

而提高转化率需要做的就是提高企业的服务质量，更好地向用户展示企业和产品竞争力。例如，企业可以结合事件营销、借势营销等营销方式，增加产品势能；用爆款产品吸引用户注意力，从而带来流量，提高产品人气，带动其他产品的销售；或者将粉丝分层管理，加强与粉丝的互动，实现产品的裂变式传播和口碑营销。

总之，全网营销的渠道部署需要整合所有资源，让传统营销、PC互联网和移动互联网的营销渠道相互配合，从而降低营销综合成本。

1.2.2　精准营销：多渠道优化实现用户的精准触达

传统营销的逻辑是先做推广，打响品牌知名度，缩小范围锁定群体，建立用户忠诚度，这属于大面积撒网重点捕鱼式打法，在互联网初期效果好，而互联网后期则成本很高。

精准营销是指企业通过数据收集、数据分析、营销布局及可执行的方法，获得更精准、可衡量的营销结果。精准营销在降低宣传成本、提高知名度、占领更多市场资源、强化顾客消费黏性、打通价值链等方面具有极大优势。

电商巨头亚马逊最初只在网上销售书籍，后来其负责人发现，在A地有几个消费者购买了同类型的几本书籍，B地的消费者也存在同样的情况。这可以说明，A和B两个地方有相同的消费群体，他们之间的兴趣爱好是相近的。

于是，亚马逊利用数据分析技术将消费人群进行了划分。例如，某位消费者浏览了两本畅销的文学类作品，最后加入购物车完成了下单，亚马逊就会根据他的购买和浏览行为，再结合大数据看看与他相似的用户还会买哪些书，然后把这些书做一个排行榜推荐给他。通过这种精准推荐，亚马逊的年销售额上涨了30%以上，这就是精准营销的强大力量。

全球最大的零售商，西班牙快速时尚品牌ZARA也是一个非常经典的案例。通常情况下，品牌会通过消费者的消费习惯、消费记录、消费频率等数据对其进行偏好分析，但ZARA所做的可不止这些。

除了上述常见数据以外，ZARA还会搜集门店经理与消费者的谈话内容，并从中发现消费者的喜好。这样一来，在设计新产品和对最热门商品进行调整的时候，就可以将这些喜好作为有力依据。

当然，ZARA之所以能够如此精准地预测消费者的喜好，不仅仅是因为采取了上述策略，还有更深层次的原因——大数据与自动化程序的结合。原来，在全球资讯网络的支持下，ZARA记录了每一件销售出去的商品的价格、时段、部门等数据，自动化程序会对这些数据进行分析，并总结出消费者的喜好。

另外，通过大数据与自动化程序的结合，ZARA的新品推出速度有了非常明显的提升，最快的时候甚至3天就能推出一款新品。ZARA的产品受到了越来越多消费者的喜爱和追捧。

很显然，在未来的时尚圈，除了台面上的设计能力比拼，台面下的资讯、数据大战将是更重要的隐形战场。在数据时代，如何操作才能使得到的数据更准确？一般情况下，数据主要从三个方面收集，如图1-4所示。

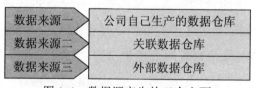

图1-4 数据源产生的三个方面

1. 公司自己生产的数据仓库

这类数据能反映企业的经营情况，因为这类数据是与公司基本运行或提高竞争优势密切相关的数据，并且数据多由单位自己产生、采集或加工形成。例如，谷歌的无人汽车行驶数据、IBM客户关系调查数据、苹果公司年度销售数据、德国西门子测试数据、沃尔玛销售数据、UPS最佳行车路线等。公司自己生产的这些数据有非常明显的行业特点，如图1-5所示。

一	专业性强
二	数据纯度高
三	从外部无法获得
四	数据指向单一
五	数据量小

图1-5　公司自己生产的数据的行业特点

这些数据能对企业经营状况做出诊断，而且企业如果想变革营销策略，也必须要从这几个方面着手，才能够有显著成效。

2. 关联数据仓库

关联数据并非公司有意生成，而是在为客户提供服务时意外获得的。这些数据没有公司自己生成的数据直接、有效，且有一定的不合理性，但这些数据仍然可以为企业提供一定的参考。例如，一家给苹果公司提供配件的制造商，在与苹果合作的过程中获得了一些有关竞争对手或其他行业的数据，这些数据信息就是关联数据。关联数据也有自身的一些特点，如图1-6所示。

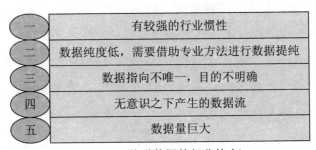

图1-6　关联数据的行业特点

3. 外部数据仓库

外部数据绝大多数是公司有意识主动获取的。公司通过购买、合作、交换等形式产生的数据均为外部数据，这些数据有利于公司为客户提供一系列增值服务。例如，Farecast与飞机票价预测的案例、对冲基金利用微博进行预测等都归属于此类。苹果、谷歌、百度等互联网巨头是多数企业选择的数据获取合作伙伴。外部数据的获得也具有一些比较明显的特点，如图1-7所示。

一	获取数据的成本低
二	数据量巨大
三	数据针对性强
四	数据开发难度大

图1-7 外部数据的行业特点

利用数据的精准定位引爆营销的案例还有很多。例如，亚马逊基于分析用户特征实现的个性化推荐提高了产品的销量；脸书利用精准广告将粉丝变现；谷歌动态调整更契合用户爱好的搜索界面等。这些都是大数据精确定位的经典案例。

1.2.3 提升用户参与度、增强用户满意度

当下时代已经告别了传统的硬性广告营销，如今的营销方式更加注重用户的参与度，每位用户都是有思想、有个性需求的个体。因此，在营销过程中，企业需要提升用户参与度、增强用户满意度，为用户提供优质的价值体验，从而使用户获得情感上的满足。

肯德基曾举行过主题为"互动早餐"的营销活动，这是为宣传早餐新品"被蛋卷"而设计的广告，通过计算机视觉、VR技术以及红外感应器，屏幕上的视频内容可随参与者动作的变化而产生相应变化。参与者可以通过这种场景模拟的方式体验肯德基"被蛋卷"的制作过程，包括打鸡蛋、搅拌面粉等动作。而且，在不同的动作发生时，四周还能产生相应的音效，效果逼真，吸引了大量消费者驻足。

这种新颖的广告内容让参与者产生了好奇心。在互动过程中，他们不仅深入了解了"被蛋卷"的制作过程，而且还能享受参与的乐趣，增加了对肯德基的好感。

向用户传递品牌价值,增加用户满意度的案例不止肯德基一家。海尔在各大微博热区与网友频繁互动,打造出一个"网络红人"的形象,和网友产生情感共鸣。网友纷纷评价:"想不到你是这样的海尔!"

海尔取得的良好宣传效果主要得益于其满足了网友们的互动社交需求,从而加强了网友对海尔品牌的印象。

全网营销给企业带来了一个与用户沟通的新平台,使用户可以通过体验的方式获取更多的企业产品认知。

1.2.4　全方位、多维度提升品牌知名度

全网营销的宣传渠道多种多样,企业可以通过APP、微信、微博、电商平台、搜索引擎等多个渠道投放广告,营销覆盖范围极广。这种全方位、多维度的营销,让品牌的宣传内容随处可见,在很大程度上提升了品牌的知名度。

三只松鼠连续两年荣获坚果类食品销售冠军,一跃成为国内食品行业的知名品牌。招股书数据显示,2014年至2017年上半年,三只松鼠分别实现营业收入9.24亿元、20.43亿元、44.22亿元、28.94亿元,同期净利润分别为-1286.49万元、897.39万元、2.37亿元、2.41亿元。三只松鼠的营业收入对比如表1-1所示。

表1-1　2014—2017年上半年三只松鼠营业收入对比　　　　单位:元

项　　目	2017年1—6月	2016年度	2015年度	2014年度
营业收入	2 893 960 159.34	4 422 696 237.71	2 043 062 013.84	924 472 682.84
营业成本	1 999 780 138.14	3 087 253 780.49	1 493 434 928.38	701 209 491.15
营业利润	322 765 944.97	316 097 760.70	14 613 765.03	-14 788 541.08
利润总额	321 212 155.84	315 844 175.49	15 467 899.61	-14 174 005.61
净利润	240 517 435.68	236 500 303.74	8 973 854.00	-12 864 865.08
归属母公司股东的净利润	240 517 435.68	236 500 303.74	8 973 854.00	-12 864 865.08
归属母公司股东扣除非经常性损益后的净利润	239 492 079.74	247 717 510.25	2 845 092.46	-23 871 367.07

三只松鼠的营业收入与其全方位、多维度的网络营销是分不开的。

1. 微博转发抽奖

三只松鼠与一些品牌、IP合作开展了许多微博转发抽奖活动，用户通过转发微博获得抽奖资格，就有机会获得奖品，这促使用户为了得到奖励而主动转发微博，形成传播。三只松鼠依靠合作品牌、IP的效应得到更多的关注。

2. 电视剧广告植入

在《欢乐颂》《好先生》《微微一笑很倾城》《小别离》电视剧中，都可以看到三只松鼠的身影，营销广告总是植入得恰到好处，让人印象深刻。同时这些热播剧本身就极具吸睛效果，借此三只松鼠的传播效应进一步扩大。从投资回报率来看，这是一般硬性广告不能比的。

3. 出同名动画，打造IP

2018年4月，三只松鼠推出同名3D动画《三只松鼠》，播放量超过1亿次，可见其火爆程度。

三只松鼠推出同名动画不仅是为了更好地维系与用户之间的感情，也是为了布局三只松鼠的IP，让其品牌娱乐化，给用户带去更多的欢声笑语。而且在打造IP的同时也能为品牌带来更多的关注，仅从《三只松鼠》这部动画就能看出，1亿次的播放量带来的潜在客户是无法估量的，既维系了老客户，又开发了新客户，可谓一举两得。

在全网营销大势之下，企业如果像三只松鼠一样通过多渠道进行品牌营销，将会获得更多的流量。

1.3 打造爆品的全网营销方式

互联网时代，全网营销已是大势所趋，正所谓逆水行舟不进则退，企业想要在这个大趋势下趁势而起，就需要打造属于自己的爆品营销方式。本小节将从差异化与个性化、价值感、以用户为中心三个方面出发，以差异化的典范——可口可乐昵称瓶为案例，帮助企业营销者分析爆品营销方式的核心要点。

1.3.1 差异化与个性化：讲好卖点故事，打造独特的品牌产品

市场竞争不断升级，已经从过去单一的产品质量、价格竞争发展到如今的品牌竞争，而品牌竞争便体现在与竞争对手的差异化、个性化中。

一个与竞争对手有较大差异化的品牌，注定无法轻易被模仿。这就使得消费者在特定情境之下只会想到特定的品牌。那么，如何打造品牌的差异化与个性化？具体方法如图1-8所示。

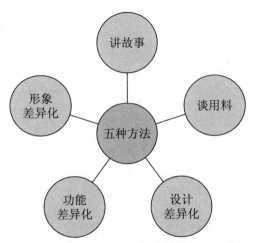

图1-8 打造品牌差异化与个性化的五种方法

1. 讲故事

每个品牌背后一定具备触动人心的内容，这个内容可以以故事的形式向外传播。讲故事不仅是一种与消费者有效沟通的方式，也是对产品的巧妙包装。

好的故事要有自己的主线，分支不要太多，一两个便可，分支也是为主线服务，为了更好地支撑和丰富主线。故事的主线需要与产品的调性一致，层次分明。面向广大消费者讲故事，就要讲他们爱听的故事，或励志，或感人，总之要贴近消费者的生活，触动消费者的同理心。

讲故事也是在传递企业价值观。通过讲故事吸引具有相同价值观的消费者形成稳定的用户群体，能够节省筛选粉丝的成本。

2. 谈用料

哈根达斯宣称冰激凌原料取自地球上的各个角落，比如，马达加斯加

的香草代表着无穷的爱慕，比利时的巧克力象征着甜蜜，波兰的红色草莓代表着考验，巴西的咖啡则是幽默的化身，而且这些都是100%纯天然的原料。

"爱我，就请我吃哈根达斯"，哈根达斯的这句经典广告席卷中国。一时之间，哈根达斯成了食品宠儿。

3. 设计差异化

swatch（斯沃琪）手表以充满青春活力的都市年轻人为受众，推出"你的第二块手表"广告语，强调它可以搭配不同服装，在潮流变迁中永不过时。swatch手表以新奇、时尚、前卫的风格获得了"潮流先锋"的美誉。而且swatch不断推出新款，为每一款新手表都别出心裁地定制新名字，使其个性化色彩更浓，用户反应也更加热烈。

4. 功能差异化

洗护用品中飘柔强调"柔顺"，海飞丝强调"去头屑"，潘婷强调"健康亮泽"。这些品牌广告的差异便来源于功能的差异化。

5. 形象差异化

哈雷·戴维森摩托之所以能够得到美国退伍老兵的喜爱，并成为美国军用摩托，是因为它那粗犷的外形、轰鸣的声响代表了一种勇于冒险、挑战传统的精神，这种精神引起了美国老兵们的共鸣。

企业在打造品牌的差异化与个性化时可以从以上五个方面入手，而要想将品牌的差异化与个性化定位成功，不仅需要挑选差异化与个性化因素，还必须检查差异化与个性化因素能否为消费者创造价值，这就需要营销者开动脑筋，利用大胆出位的营销方案将产品的优势打造出来。

1.3.2 价值感：塑造体现企业核心价值的产品

互联网经济下，人们的思维方式和行为方式发生了巨大变化，过去的营销方式似乎不再适用于当今社会。随着技术的快速发展，产品迭代速度加快，产品的种类也越加丰富。相对应的，人们的选择越来越多，消费行为更加理性化，更多人开始追求个性化、定制化产品。而在这样的环境中，企业要想在行业领域里占有一席之地，就需要塑造体现自身核心价值的产品。那么，什么是核心价值产品？核心价值产品应该具有以下特点。

（1）市场优势。核心价值产品在市场竞争中与同类产品相比有突出的差异性，很难被模仿和超越。

（2）技术优势。核心价值产品能代表企业核心技术，是企业核心实力的体现。

（3）知名度优势。全网营销的最直接目的就是让产品曝光，提升产品知名度。有知名度的产品能得到更多关注，有了关注，自然就有了流量。

（4）高额利润。每一个企业不可能只专门生产一种产品，一般会生产几种产品，而只有核心价值产品才能给公司带来高额利润。

具有较大市场竞争力、强大技术性、高知名度和能带来高利润的产品，可以被看作企业的核心价值产品。互联网时代，企业该如何塑造核心价值产品？企业大体上可以从细分用户人群、聚焦产品、集中宣传三个角度出发，打造核心价值产品。

（1）企业需要细分用户人群，挖掘这部分人群的共性需求。换句话说，就是找到用户痛点，解决痛点。以目标用户为产品精准投放目标，最主要的是要站在用户角度考虑问题，明白用户最需要的是什么，他们面临的主要是什么问题，也就是痛点。解决痛点，就是找准产品的方向。

（2）企业需要聚焦产品，在产品的垂直细分领域里占领品类。这一点基于上面提到的细分用户人群。在找到和解决用户痛点之后，企业需要集中全部力量在一个领域中做到最好，力求超越用户的期待值。

（3）企业需要集中宣传。选出核心价值产品后，核心价值产品的营销环节是非常重要的。不过企业需要注意的是，做核心价值产品的营销绝不是为了营销而营销，而需要注重核心价值产品带来的延伸消费。

1.3.3 以用户为中心：重视服务与口碑，有效提升复购率

对企业而言，营销推广是一个永远也跑不到尽头的马拉松。很多企业借助良好的口碑与出色的服务拉近与用户的心理距离，在用户心里形成独

具特色的营销体验，有效提升重复购买率。

2018年7月，互联网公司小米正式在香港交易所上市。同年5月，小米创始人雷军向香港交易所提交的招股书中附带了一封公开信《小米是谁，小米为什么而奋斗》。信中这样写道（节选）：

> 伟大的公司都是把好东西越做越便宜，把每一份精力都专心投入做好产品，让用户付出的每一分钱都足有所值。
>
> 用户是我们一切业务运转考量的核心。小米前进的路上，我们一直在思考：从古至今，商业世界变化纷繁，跳出形形色色的商业模式话题之外，始终不变的是什么？
>
> 用户对"感动人心、价格厚道"的产品的期待，这就是小米的答案。
>
> 有很多我们的用户说，进入小米之家或者登录小米商城，可以放心地"闭着眼睛买"，因为品质、价格一定都是最优的。这是对我们最大的肯定，也是我们的终极追求。
>
> 没有用户的信任，就没有我们追求的高效。用户的信任，就是小米模式的基石。效率，就是小米模式的灵魂。持续赢得用户的信任，我们的任何业务都将无往不利。而一家真正实现世界级效率的公司，将拥有穿越经济周期、持续抓住行业涌现的新机会和长久保持优秀运营表现的能力。

在这一部分公开信的节选中雷军多次提到"用户""用户信任""用户价值"。雷军曾发过一条微博——"小米的愿景：和用户交朋友，做用户心中最酷的公司！"雷军不止一次强调用户的重要性。

小米MIUI的第一个版本于2010年8月16日发布，最初的用户只有不到100人。到了2011年8月16日MIUI发布一周年之际，小米有了50万名用户。到2016年，小米用户达到1.35亿人；2017年达到1.71亿人，2018年达到2.42亿人。用户的增长体现出了小米以用户为中心，重视服务与口碑运营工作的理念。

1. 用户体验

小米的口碑营销取得了很大成功，小米副总裁洪锋在阐述小米业务模式时，多次指明用户体验的重要性。他曾说，小米公司永远将用户体验放在第一位。因此，小米在生产手机时将软件和硬件结合起来，同时提升后期服务，以带给用户更好的体验，从而让用户感觉物有所值。

2. 用户需求

小米对于自身的创新是这样认识的——不因为高大上而创新，只为了满足用户的需求。小米将售后服务当作营销中心，他们在招聘售后人员时，会对其不断强调售后的重要性。此外，小米手机在产品设计时，也是从用户实际需求出发，先保证实用，再追求美感。

3. 用户参与感

雷军说："小米销售的是用户参与感，这才是小米成功背后的真正秘密！"用户是产品的使用者，也是服务的感受者，一款好产品只有与用户做朋友，将用户当朋友，给予用户真诚的帮助和建议，才能得到用户的真正信赖。小米开发第一个产品MIUI时，就得到了小米社区100个极客级别用户的深度参与，小米的产品经理、工程师也养成了泡论坛、接触用户的习惯，产品研发做到了从用户中来，到用户中去。

综上所述，重视用户的体验、需求、参与感，才能提升用户复购率，让新用户变为老用户，不断带给用户超出预期的满足感，这就是新时代的营销策略。

1.3.4 差异化的典范——可口可乐昵称瓶

全球最大的饮料公司可口可乐曾经在澳大利亚市场做过"Share a Coke"的营销活动。可口可乐公司推出瓶子上印有名字的可口可乐，共有150种常见的名字。如果用户的名字不在这150种内，当地购物中心还可以为用户提供定制服务。这场营销活动大获成功，活动期间可口可乐在澳大利亚的整体销量提升了4%。

可口可乐在中国也开展了类似的营销活动，但是与国外不同的是，中国可口可乐瓶子上印的不是名字，而是时下流行的网络用语，像"喵星人""天然呆""高富帅""文艺青年"等，迎合了中国当下"80后""90后""00后"的潮流。不同的标签昵称代表不同的群体，可口可乐通过标签圈定社群，增加用户内心的认同感和归属感，实现了品牌与用户的连接，拉近了品牌与用户的距离。

可口可乐昵称瓶的营销方式以瓶身内容差异化触动了不同用户群体的内心，建立了与用户情感上的联系，让他们自发地分享与互动。同时，由于可口可乐消费主体主要是年轻人，这部分用户大多都喜欢使用社交媒体，于是可口可乐通过明星在社交媒体平台宣传，借助明星自带的热点话题，吸引了大量年轻人的关注。

可口可乐昵称瓶的营销过程如下所述。

2013年5月下旬，社交平台上有人展示可口可乐的定制版昵称瓶。

5月28日，可口可乐展示22张悬念海报，引发网友激烈讨论，但可口可乐并没有继续发布新公告。

5月29日上午十点，可口可乐官方微博正式发布新海报。

可口可乐昵称瓶的成功有赖于其独特的差异化营销模式。它不仅要求营销者从用户角度出发，以用户思维思考，以用户视角观察，还要探究此次营销活动到底能带给消费者什么样的体验。总体来说，可口可乐昵称瓶的优点有以下两个方面。

1. 不受时间和空间的限制

可口可乐昵称瓶通过社交媒体平台宣传，因此不会受到自然因素的干扰，营销力度更大，效果更显著。

2. 具有高度整合性

可口可乐昵称瓶将宣传、售后、用户反馈等一系列营销环节整合在一起，打造出一整套营销体系，使得所有营销环节都用同一个声音说话，向用户传播个性化的统一品牌形象。

1.4 "星球大战营销体系"

自 2008 年公司成立以来，SEO 服务商 Netconcepts 为新东方、VIPKID、泰康人寿、Swisse 等近千家全球知名企业提供过优质服务，为客户带来了近百亿次的流量与高额效益。

随着技术的成熟与客户需求的升级，Netconcepts 也逐渐从技术支持转向内容策划、运营、创意营销。"星球大战营销计划"便是在这样的背景下应运而生的新策略。

1.4.1 "星球大战营销体系"概述

当今时代，营销 4.0 变革在为企业提供了无数可能的同时也带来了挑战。为此，笔者在 2016 年第六届 SEO 排行榜大会中首次提出一种新策略——"星球大战营销计划"，它能够帮助企业制定一套最适合自身的全网营销策略，减少不必要的浪费，实现利益最大化。

随着营销的不断革新，营销方式千变万化，但正如"星球大战营销计划"所阐述的，假如企业无法构建一套完整的营销策略，是不足以面对接下来的挑战的。

于是，在"星球大战营销计划"的基础上，笔者又提出了更为创新的"星球大战营销体系"，它可以真正为企业提供全球领先的一站式智能网络营销解决方案。

具体来说，"星球大战营销体系"可以分为三层，如图 1-10 所示。

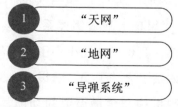

图 1-10 "星球大战营销体系"构成

其中，"天网"可以洞察品牌传播量，时刻为品牌口碑护航；"地网"

可以维护品牌的基础设施，以极佳的内容与运营保证销售终端的用户体验；而"导弹系统"则依据 Netconcepts 强大的数据源，指明品牌的推广活动方向，保证覆盖人群的精准性。

"星球大战营销体系"是应行业发展而生的。现今的营销渠道太过分散，对企业而言，因单一渠道用户覆盖面有限，单一渠道的投放越来越无法达到预期效果。而通过"星球大战营销体系"，企业可以布局全渠道，抓住 80% 的用户，"星球大战营销体系"能够让企业明白先做什么，后做什么，哪些点应该优化，哪些渠道如何投放，能够为企业拼出一个有机的组合体。

"星球大战营销体系"所关注的是开展营销的顺序，以"天网"带动"地网"，加上"导弹系统"的催化，便能奠定商战的胜局。

1.4.2　企业如何打造"星球大战营销体系"

随着"星球大战营销体系"的不断改良，未来 10 年里，在大数据与智能科技的飞速发展下，营销方式将不再单一化，甚至不再具象化、生硬化，而是可以真正做到为企业提供所需的服务。那么，"星球大战营销体系"应该如何打造？

笔者认为，首先搭建一个"天网"，为企业品牌形象的树立打下坚实的基础；其次搭建一个"地网"，使流量可以高效、迅速地转化为消费，以确保不浪费过多的营销资源；最后在中间加入大量的"导弹系统"，进行多维度、全方位的营销。

总的来说，天衣无缝的"天网"和结实的"地网"，再辅以精准的"导弹系统"，便构成了"星球大战营销体系"。该体系可以使企业在激烈的竞争中脱颖而出，当然，要想成功还少不了经验的总结和实践的积累。

1. "星球大战营销体系"之"天网"建设

"天网"主要有监测机构和传播渠道的功能，利用 ORM 技术对网络进行监测，除了及时保护企业的品牌形象以外，还可以进行品牌正能量的传播。

2. "星球大战营销体系"之"地网"建设

"地网"是对企业 APP 和网站 SEO 等方面的建设。它对企业来说,就像公路、信号塔等基础设施对城市一样不可缺少,主要包括网站、APP、公众号、SEO、ASO、内容营销。

3. "星球大战营销体系"之"导弹系统"建设

"导弹系统"是指企业的营销方法,以百度、360、搜狗等 SEM 为主,结合 DSP 等付费推广模式,加上微信、直播等社交传播方式的帮助,实现企业产品的营销。

SEM 包括搜狗、输入法、百度、360 等搜索引擎的优化。

付费推广模式包括 APP 推广、社交平台、DSP、信息流。

SMO+(社交传播方式)包括微博、直播、微信、KOL、社群。

第 2 章

全网营销引爆流量的多元化方式

通过营销渠道把用户体验和运营效果做到极致是全网营销的最终目的。如果将事件营销、新闻营销、内容营销、体验式营销、情感营销、大数据营销、互动式营销整合起来，就可以为企业，尤其是 B2C 企业、B2B 企业在营销上打造一个强大的流量闭环。

2.1 事件营销：借事件之奇

日本的五十铃汽车借用"他在说谎"事件引爆用户好奇心，海尔冰箱创始人张瑞敏通过"砸冰箱"事件将其严格要求质量的理念传递给用户。这些案例的成功便是借助事件之奇，成功吸引无数人的关注。

2.1.1 用事件引爆用户的好奇心

事件营销的关键点在于引起用户的好奇心，而想要达到这一目的，其前提便是找到一个事件的特别之处。

日本五十铃汽车公司推出一则宣传片，共五个镜头，每个镜头的字幕中都有一个醒目的广告标题。

第一个镜头里约瑟说："五十铃房车被评为汽车大王。"字幕里便出现一行醒目的大字："他在说谎！"

第二个镜头里约瑟说："五十铃房车最高速度突破300英里。"字幕上方又出现了相同的一行大字："他在说谎！"

第三个镜头里约瑟说："五十铃房车只需9美元，低价甩卖。"字幕里相同的大字依旧挂在上方："他在说谎！"

第四个镜头里约瑟说："明天你来看五十铃房车，就可以获赠一栋房子。"字幕里再次显现相同的大字："他在说谎！"

最后一个镜头里约瑟说："我从来不会说谎。"字幕里的大字仍然没有消失："他在说谎！"

这部宣传片存在五个自相矛盾的数字式标题，与以往各种称赞自家品牌的广告不同，这种自嘲式的风格一时间引起了美国人的强烈好奇心，他们想知道这种汽车是否如广告所说的那么不堪。五十铃汽车的广告成功引起了"反嘲热"，也就此引发了无数人关注。

借由这种自嘲事件，五十铃汽车的广告创意得到了《广告时代》周刊的赞赏。从此五十铃汽车一炮而红，迅速打开美国市场。此后，该广告宣传片更是被评为20世纪美国经典广告之一。

2.1.2　寻找事件的引爆点

事件营销就是通过事件的新、奇、特制造局部热点，借助媒体传播迅速引起广泛关注。海尔"砸冰箱"事件就是很经典的一个事件营销案例。

张瑞敏是海尔集团的首席执行官。他曾派人检查库房400多台冰箱，其中有76台冰箱存在缺陷。张瑞敏决定将所有的次品冰箱全部砸毁，谁做的谁砸毁，并抡起第一锤。对当时的海尔来说，做出这样的决定，十分不易。

当时一台冰箱的价格大概抵得上车间工人三年的工资，而当时的海尔几乎发不出工资。在这么一个进退维艰的环境下，砸毁冰箱的损失不言而喻，但这件事强有力地传递出了海尔的品牌价值观，在人们心中留下一个"重质量、诚信经营"的深刻印象。

"砸冰箱"在当时的环境下是非同寻常的行为，这个行为就是事件营销中的引爆点。

国外很著名的图书分享活动"地铁藏书"是由《哈利·波特》中赫敏的扮演者英国女星艾玛·沃森在伦敦发起的。她将100本书随机放在地铁上，书中附有她的亲笔便笺，意在鼓励多读书，此举引起不小的轰动，很多人投入活动中。在"赫敏地铁藏书"事件发酵后不久，中国也开展了"丢书大作战"。黄晓明、徐静蕾等众明星加入其中，微博上众多大V宣传转发，引起了不小的关注度。

一个成功的事件引爆点必须同时满足以下两个条件。

1. 突发性

任何一个突发的事件都会引来人们的关注。这个突发事件就是营销者需要塑造的,因此,营销者在策划营销活动时,要密切注意活动中的哪个过程可以让事件突然间火爆起来,以吸引更多人的眼球。

2. 用户参与

许多企业为了吸引用户注意而尝试过多种促销活动,然而结果却不尽如人意,为什么？因为缺少了用户的参与。在这些促销活动中,用户只是被动接受商家的活动邀请,而不是主动参与到活动中,结果自然是不太理想。所以,在寻找营销事件的引爆点时,企业一定要注重用户能否实际参与其中。

2.1.3　有道翻译凭借《深夜,男同事问我睡了吗？》吸睛

网易有道翻译官凭借一则 H5 广告《深夜,男同事问我睡了吗？》在朋友圈刷屏,与其他广告刷屏不同的是,这则广告不仅使广告营销圈内人转发评论,还引起了圈外普通人的广泛关注。更令人惊讶的是,这则营销广告零成本,而且从初期的创意、制作到后期的上线,完完全全由有道市场部独立完成,前后耗时大约 2 天。这则 H5 广告的成功之处主要在于它引起了人的好奇心。

首先,单从标题来看,《深夜,男同事问我睡了吗？》就足以引起人的好奇心。时间点是深夜,主人公是男同事,一位不太熟的异性同事深夜询问"睡了吗",引人浮想联翩,令人好奇他到底有什么事情要在深夜说。广告中的女主人公也是如此好奇,内心纠结挣扎,甚至误以为男同事要向她告白,并在微信好友群里诉说此事。

其次,当我们以女主人公的视角看待整个事件时,会跟随她的情绪变化,纠结于到底要不要回复,要怎么回复,胃口完全被吊起之时,剧情"神转折":男同事发来一份英文文件,请求帮忙翻译。这时,推出营销的品牌——有道翻译官,女主人公用有道翻译官很快完成。

有道这则 H5 广告属于"标题党+神剧情"的完美组合,利用人们的

好奇心理赚足了眼球。好的营销不是费用堆积起来的，洞悉人性的心理特征一样可以用低成本制作高成效的营销广告。

2.2 新闻营销：借热点之力

华帝借世界杯的热度举行"夺冠退款"活动；New Balance 联合李宗盛推出"致匠心"视频短片，借着李宗盛的知名度，"致匠心"视频短片登上了娱乐新闻的热搜榜；魅族手机的魅蓝 note3、魅族 PRO 6、魅蓝 3 发布会，不仅精准地传递出了产品特色，还在消费者心中留下深刻印象。此等事件，都是借着热点的春风，才引来了大量话题关注。

2.2.1 借助体育赛事进行营销

每一次世界杯、奥运会、亚运会、NBA 等体育赛事的举办都会引发大众的关注。而穿插在这些赛事中的赞助企业也会通过赞助的形式获得影响力。

华帝是一家生产和销售厨房用具、燃气用具的公司。华帝在 2018 年世界杯期间进行了一场创意营销，它推出"夺冠退款"的活动，承诺若法国队在世界杯中夺得冠军，对购买"夺冠套餐"的消费者全额退款。其公告如下：

> 为庆祝华帝正式成为法国国家足球队官方赞助商，并迎接"6·18"到来，经过董事会慎重考虑，华帝做出以下决定：若法国国家足球队在 2018 年俄罗斯世界杯夺冠，则对于在 2018 年 6 月 1 日 0 时至 2018 年 6 月 30 日 22 时期间购买华帝"夺冠套餐"的消费者，华帝将按所购"夺冠套餐"产品的发票金额退款。此前，华帝与法国国家足球队签约，成为法国国家足球队官方赞助商。两者将在产品和品牌等众多层面展开密切合作，为热爱足球运动、热爱生活的全球华人带来欢乐。

在2018年的俄罗斯世界杯上,法国队披荆斩棘,时隔20年后再次取得冠军。与此同时,华帝也兑现了之前的承诺,发布公告宣布正式启动全网退款系统。鉴于法国队这次夺冠,华帝退款产品的总金额为7 900万元。但此次活动给华帝带来的收益是巨大的,在此次世界杯期间,华帝销售总收入达10亿元左右。

"体育赛事+网络"的营销方式不仅有利于企业销售额的增长,还能让品牌知名度获得更进一步的提升。

2.2.2 借助娱乐新闻进行营销

在当下这个信息时代,人人都有机会了解到世界各地的热点新闻,人们对于新闻的关注程度也空前高涨。其中,娱乐新闻一直是热点类型,被无数网友关注。借助娱乐新闻进行营销也被越来越多的企业采纳。

New Balance别具匠心地推出"致匠心"视频短片,该文案的主人公是大名鼎鼎的华语乐坛教父级别的歌手李宗盛,借着李宗盛在娱乐界的知名度,"致匠心"视频短片一度登上了娱乐新闻的热搜榜,借着"致匠心"视频短片所带来的热度,New Balance实现了大范围的宣传推广。"致匠心"视频短片的内容如下所示:

> 人生很多事急不得,你得等它自己熟
> 我二十出头入行,三十年写了不到三百首歌,当然算是量少的
> 我想一个人有多少天分,跟出什么样的作品,并无太大的关联
> 天分我还是有的,我有能耐住性子的天分
> 人不能孤独地活着,之所以有作品,是为了沟通
> 透过作品去告诉人家:心里的想法、眼中看世界的样子、所在意的、所珍惜的
> 所以,作品就是自己
> 所有精工制作的物件,最珍贵、不能替代的,就只有一个

字——"人"

人有情怀、有信念、有态度。所以,没有理所当然

就是要在各种变数、可能之中,仍然做到最好

世界再嘈杂,匠人的内心,绝对必须是安静、安定的

面对大自然赠予的素材,我得先成就它,它才有可能成就我

我知道手艺人往往意味着固执、缓慢、少量、劳作

但是,这些背后所隐含的是专注、技艺、对完美的追求

所以我们宁愿这样,也必须这样,也一直这样

为什么?我们要保留我们最珍贵的、最引以为傲的

一辈子总是还得让一些善意执念推着往前,我们因此能愿意去听从内心的安排

专注做点东西,至少对得起光阴岁月。其他的就留给时间去说吧

随着长达 12 分钟的视频播放,在李宗盛平淡的叙述中,视频画面显示出 New Balance 慢跑鞋的工艺流程。整个过程中没有任何机器化的工艺生产,只有 New Balance 的资深工匠为了苛求品质而进行的精细化的手工制作。

当李宗盛说完最后一句话"专注做点东西,至少对得起光阴岁月。其他的就留给时间去说吧",New Balance 的资深工匠正在仔仔细细地对跑鞋进行再次检查,期望能够找出不足之处继续改进。

New Balance 的匠人精神通过这样一个独特的视频完美展现出来,它借助李宗盛的名气与口碑,通过共鸣的形式宣传跑鞋,通过跨界宣传,以娱乐话题成功引起用户关注。

New Balance 借助娱乐的元素将产品与客户的情感建立联系,吸引忠诚的客户。这种营销方式是感性的,它不是从理性上去说服客户购买,而是依托感性共鸣,引发客户的购买行为。这种迂回策略会在不知不觉中让客户认可企业的产品,最终使企业赢得客户的信赖。

2.2.3 利用企业活动进行营销

很多企业利用发布会宣传自己的产品,扩大品牌影响力。一场好的发布会配合媒体的宣传,能达到良好的宣传效果。

魅族手机曾经一个月连开三场新品发布会,分别是魅蓝 note3、魅族 PRO 6、魅蓝 3 的发布会。这三种产品定位不同,对应的消费人群也不同。从发布会的邀请函到发布会的内容,魅族都精心策划,使发布会本身就成为热点。

魅蓝 3 发布会的邀请函是博朗闹钟、LAMY 钢笔还有巴慕达的电风扇以及任天堂 Game Boy 游戏机,而这些礼品都是塑料材质。魅族想借助此邀请函致敬经典。魅蓝 3 主打的消费人群是年轻人,因此发布会上魅族邀请的是在年轻用户中有人气、受追捧的美少女偶像组合 SNH48 等人来助阵暖场。

魅族手机发布会的成功与魅族提前做好的准备工作分不开。接下来我们分析一下魅族发布会活动的准备工作,剖析魅族发布会成功的真正原因。

1. 多场不重样

魅族手机一个月内连开三场不重样的发布会,不仅精准地传递不同产品的特点,而且短时间内的持续曝光让产品在消费者心中留下了深刻印象。

2. 赠送实物礼品

对用户来说,能够直接看到的礼品往往更有价值,因为这些礼品给予他们的信息刺激更加强烈,也更容易让他们产生参与活动的想法。

3. 定位准确

魅蓝 3 的主要客户为年轻人,因此魅族邀请了拥有众多年轻粉丝的美少女偶像组合 SNH48 等人,借助这些人的人气吸引目标客户。

企业通过发布会展示自身的产品和品牌形象,与客户产生更多的沟通、互动,将企业文化传递给用户,展示企业的实力,让用户对企业产生信赖感,以此实现企业品牌产品大范围传播,增加曝光度。

2.2.4 网易 LOFTER 借"佛系"热点走红

"佛系青年"是一个网络流行词,表达了当下年轻群体的一种生活状态——无欲无求,看淡一切。

LOFTER 是网易旗下的社交平台,覆盖摄影、美妆、旅行、娱乐等兴趣板块,深受年轻人的喜欢。网易 LOFTER 六周年时借助"佛系"这一热点吸引"90后"年轻人,在圣诞节期间打造了"LOFTER 不正经青年生活节"。

此次"LOFTER 不正经青年生活节"线下开展的活动分为四个板块:"黑市市集""方桌怼谈""没主题 live 派对""老司机驾校"互动展,意在让年轻人来认识自己、找到有相同兴趣爱好的人。

其中在"方桌怼谈"这一板块中,网易邀请到众多深受年轻人欢迎的嘉宾,比如《大内密谈》节目的创始人相征等。话题也很贴合年轻一代的生活,比如"靠嘴皮子赚钱是一种什么样的体验"等。

"老司机驾校"是 LOFTER 结合"老司机"称号打造的互动性活动,仿照驾考分成三科考试"段子区""吸猫区"和"氪金区",通过三科考试的参与者会获得"老司机证书"。

网易 LOFTER 开展的线下活动与自己的品牌定位相关联。在"佛系"盛行之际,借助热点打造一个与众不同的展现年轻人朝气的"不正经"活动,引起年轻人共鸣,丰富了网易 LOFTER 的品牌形象。

2.3 内容营销:借内容之质

内容营销也是全网营销引爆流量的多元化方式之一。内容营销的本质是创造符合产品定位的内容,输出符合用户价值的内容,形成风格、打造品牌内容。

2.3.1 创造符合产品定位的内容

在互联网和自媒体快速发展时代,用户已很难接受传统硬广告植入式的广告营销。现如今，比起通过介绍产品做工优良、外形精美、价格公道来推荐一件商品，写一篇文章，以优质的内容潜移默化地向消费者推荐商品似乎更能引起消费者的兴趣。

信息的轰炸使消费者停留在广告上的时间也许只有1秒，因此抢占消费者的注意力是营销的重中之重。新奇的、有价值的、以全新方式传递的内容是抢占注意力的好方法。很多企业都是通过内容营销的方式来提升企业或个人品牌的影响力，即使在艰难的营销环境中，内容营销仍能开辟一条道路，吸引消费者的目光，取得成功。

不过，内容营销不单单是写个段子、拍个视频，更重要的是它的核心——内容。成功的内容营销首要做的是创造符合产品定位的内容。

第一，要确定目标人群。好的内容营销是以用户为导向的。一件产品的适用范围是有限的，以产品定位锁住一定的人群，有的放矢地向他们输出内容，契合他们的需求。

第二，要保证具有持续产出优质内容的能力。要想提高用户对产品的黏合度和忠诚度，就需要优质内容的不断输出。创造符合产品定位的内容时，运营者一定要考虑自身能力，做合理规划。

第三，要有差异性。同一类产品那么多，为什么用户会选择你的产品？产品的定位与用户需求之间建立起特定连接是极其重要的。

2.3.2　输出符合用户价值的内容

内容是为用户服务的，它的价值在于为用户带来价值。内容只有具备了用户所需的价值才有可能获得用户的认可。

什么是符合用户价值的内容？

简单来讲，就是用户需要什么，我们就提供什么；用户有什么问题，我们就解决什么问题。有价值的内容一般有以下几个特征。

（1）引起用户的共鸣。情绪能够吸引注意力、增加记忆点和诱发行为。不论是积极的情绪还是消极的情绪，都是巨大的驱动力。

（2）制作精良。原创的内容包含作者独特思想，具有一定趣味性，可读性强，发人深省。

（3）内容能够发挥的作用。内容可以是某一领域的专业知识，也可以是日常生活中的小技巧。总之，干货多，具有实用价值为好。

有价值的内容能够吸引广大用户群体，经用户层层传播，不仅营销成本低、营销效果好，还能够扩大品牌影响、提高知名度，而且有价值的内容与用户紧密联系，也极易培养用户忠诚度。

2.3.3 形成风格，打造品牌内容

消费者个性化需求越来越多，要求企业必须打造品牌内容，形成品牌风格，满足用户需求。

企业产品不再局限于满足"少数人"，而应该满足"人的小部分"，企业追求的应该是场景的"小"，而不是受众的"小"。

从这个角度来看，小米与华为其实都满足了品牌风格化的需求。小米与华为的产品都支持一键ROOT，用户可以自主选择安装APP、更改文字风格等，用户在这些产品中能够找到一种独属于自己的服务体验，找到一种"被满足"的尊崇感。

2016年，国内最大电影评分网站之一的豆瓣网发布过一则视频，这则视频在短短几天时间内引起了无数人共鸣，它以"不平凡"的内容打造出追求文艺情怀的品牌形象。该视频的文案如下：

> 除了一个小秘密
> 我只是一个极其平凡的人
> 我张开双臂拥抱世界，世界也拥抱我
> 我经历的，或未经历的
> 都是我想表达的
> 我自由，渴望交流
> 懂得与人相处，但不强求共鸣

我勇敢，热爱和平

总奋不顾身地怀疑

怀疑……我在哪里，该去哪里

童年，或许还有过些……

可和你一样

小时候的事，只有大人才记得

我健康，偶尔脆弱

但从不缺少照顾

也尝过

爱情的滋味，真正的爱情

如果不联络

朋友们并不知道我在哪里

但他们明白

除了这个小秘密，我只是

一个极其平凡的人

我有时会张开双臂拥抱世界

有时，我只想一个人

（我们的精神角落——豆瓣）

　　豆瓣的宣传视频如同一个小故事，豆瓣就是主人公，用户伴随着豆瓣的视角，追寻着自己的一个小秘密，这使得整个视频内容处处流露出一种追求独立于世的韵味、一种淡然处之的品牌文化。当看完所有内容以后，许多用户会随着主人公豆瓣一起沉浸在文艺世界里，这个世界充满傲气与自信，这是一种不平凡的自信与傲气，是人们特意追求但有所欠缺的东西。通过观看视频，用户会真正理解豆瓣的文化，豆瓣的风格。

　　通过这则视频，豆瓣与一种独立于世的风格文化融为一体，达到了成功宣传的目的。

　　豆瓣的成功与这种独特的文艺风格无法分割。这种品牌风格更容易吸引目标人群的关注,让他们从心底产生一种感觉:豆瓣是懂他们的,是能够接纳他们的,最终他们会从豆瓣的品牌风格上得到精神共鸣。豆瓣的风格文化深深烙印在用户内心深处。

2.3.4　三只松鼠玩的不只是萌,还有风格

三只松鼠是休闲零食行业里不断创造奇迹的坚果品牌。三只松鼠的LOGO是三只笑脸盈盈的松鼠,它们各有自己的名字、鲜明的个性以及各自代表的产品品类。三只松鼠卖的是"萌文化",这种"萌文化"逐渐将一个扁平的LOGO向多元、完整的品牌形象和故事转变。不论是线上店铺还是产品包装、赠品都在强化三只松鼠的卡通形象,给消费者留下了深刻印象。

三只松鼠定位"森林系",提出了森林食品的概念。其目标人群定位在年轻一代的"80后""90后""00后",贴合目标人群有个性、有准则、享受生活的特点,将产品的萌形象植入消费者心中,打下标签印记。

在同行业零售休闲食品竞争激烈的情况下,三只松鼠以"萌文化"占领消费者内心。客服会亲切地称呼消费者为"主人",产品包装箱上写着"主人,开启包装前仔细检查噢",三只松鼠将消费者与自己的关系转化为主人和宠物的关系,增加与消费者的互动,优化消费者体验,同时增强品牌的独特性,宣传品牌。

三只松鼠借"萌文化"拉近与消费者之间的距离,使年轻消费者感到愉悦、新奇,通过与粉丝互动,增加了黏合度,培养了粉丝的忠诚度。现如今,三只松鼠已在芜湖、蚌埠、南通、苏州有了自己的线下"投食店",为的是进一步扩大自己的粉丝群体。

三只松鼠从线上到线下,又从线下到线上,从坚果零食再到全品类零食,将自己独特的品牌风格不断做大做强。

2.4 体验式营销：借媒体之"道"

体验式营销即站在用户角度设计营销方式，当前，体验式营销已经渗透到市场中的各行各业。体验式营销能够帮助企业整合多样营销方式，积累用户数据；进行精确数据分析，生成个性营销方案。

2.4.1 整合多样营销方式，积累用户数据

用户在浏览网站、观看视频、发送邮件时会产生大量的数据，企业需要做的就是从中获取自身所需要的有效数据，这就要求企业整合多种营销方法，不断积累用户数据，最终实现用户增长。

亚马逊作为全球知名的电子商务公司，便是通过整合多种营销方式所得的数据，对用户行为特征进行分析，最终实现精准定位，成为全球互联网巨头之一。例如一本历史类书籍上市时，亚马逊对其进行推广的流程如下所述。

首先，亚马逊挑选出购买过该历史类书籍的用户数据，同时还会举办"你最喜爱的历史书籍"等投票活动来确定潜在用户。

其次，亚马逊会对目标用户群体的行为特征进行分析，制定恰当的促销方式。例如，网页浏览痕迹显示用户更易于选择价格低廉的配送方式，这说明用户期望配送费便宜。因此在推广时可以适当采取"购买该书籍免运费"的方式。

最后，亚马逊会对用户的反馈信息进行记录，例如用户是否收到推广邮件，是否打开邮件，是否进入销售界面等信息。这些数据的记录有助于日后的推广活动。

亚马逊通过多种方式对用户数据进行积累，使其转化为一种独特的营销方法，持续不断地为用户提供个性化服务，让用户获得更为出色的服务体验。企业在整合多种营销方式时，也需要掌握以下技巧，如图2-1所示。

一	多维度分析
二	数据量化
三	"打分"功能

图 2-1 数据分析技巧

1. 多维度分析

针对不同维度的营销活动，用户的地域、性

别、年龄等数据都可以作为分析维度,从而实现精准营销。例如,如果目标用户大多数居住在北京东城区,那么线下活动的地点就要选在东城区。否则即便优惠力度很大,也会有很多用户因路途遥远而放弃。

2. 数据量化

数据量化包括用户的浏览历史、购买产品的价值、购买次数、最近一次的购物时间等。这些量化的数据可以帮助企业对用户价值、用户接受信息的难易程度以及用户对产品的喜爱程度做出判断,从而制订正确的营销计划,有效提高用户转化率与购买率。

3."打分"功能

企业的营销渠道应该添加"打分"功能,它能直观分辨出用户的喜好程度,从而避免无效推广,节约人力、物力资源。

如今,越来越多的企业将精力集中在整合营销方式、积累用户数据之上,期望借此为用户提供精准服务,增强企业的市场竞争力。

2.4.2 进行精确数据分析,生成个性化营销方案

随着企业的不断发展壮大,为谋求更大的发展空间,许多企业开始重视用户的数据分析,纷纷建立用户数据库,进行各类用户的细化区分,并以此推出个性化营销方案。

全球知名的女性用品品牌多芬推出过一则经典的个性营销广告——"You are more beautiful than you think"(你比你想象的更美丽)。

多芬的用户是18~30岁的女性,这个年龄段的女性要完成多次身份转变(好学生—好女孩—好妻子—好妈妈),情感容易波动,具有情感诉求的产品更能打动她们。

多芬经过一段时间的策划,先是请来美国罪犯肖像艺术家吉尔·扎莫拉(Gil Zamora),而后找来7位女性,在双方都只看到对方的情况下,由7位女性描述自己的外貌,再由Gil Zamora依据这些女性的口述画出画像W。之后,多芬找来7位陌生人,让她们描述这7位女性的外貌,并由Gil Zamora画出画像M。

画像 W 的描述大多带有悲观的观点："我的眼睛太小了""我的鼻梁太低了""我的脸太圆了"等。

画像 M 的描述则乐观得多："她的嘴唇很性感""她的脸蛋很可爱"等。具体样式如图 2-2 所示。

图 2-2　左边是画像 W；右边是画像 M

女人很容易低估自己的美丽。而实际上，你在别人的眼里，其实比你想象的更美丽。所以，要相信自己的美丽。多芬推出广告"You are more beautiful than you think"，期望的是在女人们丧失自信时，给予她们坚定的鼓励。

如今广告形式越来越多样化，如何在多样的营销方式中找出最适合用户的方案才是企业需要重视的问题，而通过精确的数据分析，便能生成最适合目标用户的个性化营销方案，优化用户的体验。

2.4.3　网易云地铁文案营销

2017 年 3 月 20 日，一条消息登上了热搜，网易云音乐与杭州地铁达成合作，进行了一场名为"看见音乐的力量"营销活动。这场营销活动中，网易云音乐的"看见音乐的力量"文案深深触动了地铁上每个驻足的乘客。

"看见音乐的力量"文案内容来源于网易云音乐的"乐评"，网易云团队从 4 亿条评论中，挑选出点赞量最高的 5 000 条评论，最后从中选出 85 条，并将其铺满了杭州地铁 1 号线与江陵路地铁站。如图 2-3 所示。

图 2-3　网易云音乐的"乐评"

下面为大家摘选了一部分网易云音乐地铁文案的内容。

当你觉得孤独无助时,想一想还有十几亿的细胞只为你一个人活

我喜欢我望向别处时你落在我身上的目光

一个人久了,煮个饺子看见两个黏在一起的也要给它分开

校服是我和她唯一穿过的情侣装,毕业照是我和她唯一的合影

人生的出场顺序太重要了

我想做一个能在你的葬礼上描述你一生的人

我离天空最近的一次,是你把我高高地举过了你的肩头

哭着吃过饭的人,是能够走下去的

喜欢这种东西,捂住嘴巴,也会从眼睛里跑出来

最怕一生碌碌无为,还说平凡难能可贵

网易云音乐的文案全部由用户评论组成,将其投入杭州地铁站获得如此大的成功,其背后原因值得深究。

1. 为什么网易云会选择杭州这座城市?

杭州虽然比不上"北上广深",但经济发展速度一直位居全国前列,尤其在 G20 峰会后,其影响力得到进一步提高。它的城市规模、人口数量、人口流动性都符合大范围传播的条件。而且杭州的文化具有一种人文情怀,这与网易云"有情怀、有温度"的主旨十分契合,综上,网易云音乐广告文案的宣传地点便选在了杭州。

2. 网易云为什么会选择在地铁投放广告？

从商品角度出发，音乐是一种讲究场景化消费的商品。当情绪、天气、时间等因素发生变化时，用户愿意倾听的音乐也会发生改变。而天气、时间、情绪等因素难以被人力所改变，如果想要让"音乐"这件商品的价值得到最大化的提升，就需要找到一个容易让用户情绪出现波动的场景。于是，地铁就进入了网易云营销人员的视线内。

对于生活在城市中的人们来说，地铁已不单是一个方便出行的交通工具，更是一个充满回忆的地方。它代表着"不断奋斗的孤独者们"，相信大多数前往大城市的年轻人们都曾满怀希望地搭上地铁前往工作岗位，也曾疲惫不堪地靠着座椅沉睡。这个时候的他们十分容易受到外界的环境影响，形成情绪的波动与情感的共鸣。同时，地铁车厢类似于一个长条形的密闭空间，科学研究表明，人类在这种环境下，更容易被外来的感情所影响。

3. 网易云音乐为什么选用乐评为文案内容？

从文案推广的整体思路来看，营销效果出众的文案必然是让用户"念念不忘"，引起用户情感强烈触动的，而网易云音乐的"乐评"完全符合这一点。

（1）乐评来源于网易云音乐用户本身，代表着用户最真实的情感宣泄，这比营销者撰写的文案更能吸引用户，毕竟营销者撰写的文案并不能代表用户的需求，而相同的群体更了解彼此，因此选用"乐评"更容易赢得用户的情感认同。

（2）网易云的乐评文案是从4亿条评论中千挑万选出85条作为最终内容的，确保每一条评论都击中听歌人的内心。而网易云的大多数资深用户都有"听歌刷评论"的习惯，这部分用户对于乐评也更为熟悉，乐评文案无疑更能引起这些用户的情感共鸣。

（3）带有用户强烈主观感情的乐评赋予了文案情感交流的功能。通过它，网易云音乐的用户能有效缓解孤独的感觉，加快用户与文案间的情感交融速度。

能静下心听歌的人都是有故事的人。有故事的人，往往是容易感怀的人。所以，当网易云音乐的乐评文案产生之后，许多用户自发宣传，广泛分享。如今的用户已经不只是追求服务体验，而是开始在乎产品背后的情感价值。越能够打动用户的产品，便越能够带给用户良好的情感体验。

2.5 情感营销：借情怀之暖

情感营销需要结合文化底蕴，符合产品品位，满足用户调性，打造浪漫情怀。西安的"摔碗酒"、华为的"爱在防水"、招商银行的"番茄炒蛋"等案例便是企业借情怀之暖，对自己的产品进行营销。

2.5.1 结合文化底蕴

文化底蕴是蕴藏于不同文化载体深处的思想精华，它是人类文明进程中，经过千锤百炼形成的一些最根本的价值标准和思维方式。这种文化底蕴渗透在人的情感品格中，需要营销者们去发掘、领悟和积累。

抖音上很火的西安"摔碗酒"便是通过结合文化底蕴，激起消费者对这种文化的好奇心，从而"一炮走红"。永兴坊特色美食街区有一家店，消费者只要掏上5元喝一碗米酒，随后就可以将酒碗摔碎，意味着"保平安"。这家店的宣传口号是"摔碗酒，摔掉烦恼；摔碗酒，摔出福气；摔碗酒，摔出平安；喝了摔碗酒，家里啥都有"。

摔碗酒起源于陕西省安康市岚皋县，是当地的一种民俗习惯，其寓意很好，饱含着人们对生活的美好期许。很多人慕名前来，不仅仅是因为网络的传播宣传，更主要是想体验地道的风土人情。

单从摔碗这一行为来看，虽然其形式特别，能吸引游客的注意力，但这只是一种营销的卖点，而当这种行为与当地民俗融为一体后，便派生出特殊意义。它成为中国传统文化习惯，无数人为之好奇，并愿意为之花钱，以求亲身体验。

2.5.2 符合产品品位

任何产品都有其独特的功能和优势，而这些功能和优势的外在延伸便是产品品位。一个符合产品品位的营销方式会增添产品感召力，让产品散发出一种强大的魅力，温暖用户内心，获得用户青睐。

生活中难免发生意外，手机进水对用户来讲简直是噩梦。针对这一棘手的问题，越来越多的手机拥有了防水功能。但如何让用户了解并让这一功能的传播效果更为广泛？华为的"爱在防水"广告值得我们学习和借鉴。

这则广告有一种打动人心的力量：一方面直接点明了手机在联络沟通方面的作用；另一方面直接为防水功能打 call，其广告词为："当你身上承担着更重要的责任，当你和亲密的家人分隔两地，不得不隔着屏幕诉说衷肠，手机将不仅仅是沟通工具，更能让你思念的他触手可及。爱无固定形式，这样天真烂漫的行为让人心头一暖。HUAWEI Mate 10 Pro 拥有 IP67 防溅抗水等级，精雕细琢每个细节，实现抗水、防溅和防尘性能。"

优秀的广告词必须配备优秀的广告场景，华为以女儿为消防员爸爸洗脸为切入点，提升了"爱在防水"广告的吸引力。

视频大致内容是这样的：消防员爸爸执行完任务后，脸没来得及擦干净，一脸疲惫地用手机和妻女视频通话，传达平安。小女儿倚靠在妈妈怀里并对爸爸说自己很想他。当小女儿看到满脸油污的爸爸时心里很难过，立即拿起妈妈手中的手机跑到厨房，打开水龙头直接对着手机屏幕冲水……原来她是想帮爸爸洗脸。

视频的最后，弹出"爱在防水"的广告语。这样的设计极具煽情，通过小女孩的天真"无知"以及她对父亲的关爱达到了应有的传播效果。这一广告也在用户心中引起了强烈的共鸣。

很多品牌都想借助情感营销打动用户，华为的温情路线值得企业学习和借鉴。最为关键的是，品牌情感营销要与产品品位密切结合，并以创意的形式推广开来，同时企业还应该站在旁观者的角度，对用户的类型和偏好进行正确分析。这样才可以引起他们的情感共鸣。

2.5.3 满足用户调性

人是有感情的生物,在情感营销上,满足用户调性最根本的就是要激起用户内心真正的情感需求。

知名公众号视觉志的一篇文章《谢谢你爱我》的阅读量、点赞量和留言区首条评论都突破10万次,这是视觉志第一篇超4 000万次阅读量的文章,该文章使得视觉志两天涨粉超过50万人。

4 000万次阅读量是什么概念?一般而言,50万人粉丝的公众号,一年365天的阅读量大约是4 000万次,而视觉志完成这一目标只用了2天。

《谢谢你爱我》这篇文章共由18个小故事组成,每个小故事都是独立的单元,由文字和静态或动态图片构成,整篇文章围绕"爱"这个主题。故事中主人公不局限于人,还有动物。具体内容如表2-1所示。

表2-1 《谢谢你爱我》部分内容摘选

主人公	特征	金句
双胞胎	亲情	即使命运对我不公, 我也会用尽全力去疼爱你
流浪汉与狗	善心	善心无关贫富,垃圾虽然脏, 可内心却是一片净土
狗与狗	忠诚	接触的人越多, 发现自己就越喜欢狗
猫与狗	保护	愿有一人能知道你的强大,更懂得你的脆弱, 不要害怕,有我在
老人与爱人	爱情	从前车马很远,书信很慢, 一生只够爱一人
父亲与母亲	爱情	在远方的她此刻可知道, 这段情在我心始终记挂
环卫阿姨与乞讨者	善心	不要对生活中的那些磨难和艰辛充满怨怼,更不要为此一蹶不振。那些不期而遇的温暖,都在悄然改变着那些看起来惨淡混沌的人生
环卫工人与小伙	善心	善良与学历、职业、年龄、身份无关
老师与学生	崇高	学高为师,身正为范
狗狗与救援人员	善心	命运看起来残酷,但不会对你不管不顾, 无论你变成什么样,依旧会有人爱着你
狗狗与路人	善心	生而为人,请不要忘记善良
小毛驴和小主人	爱	你身边有个像小驴一样爱你的人吗

《谢谢你爱我》以最简洁的方式传递情感，没有长篇大论，只有简短的文字配以相应的图片。简洁，也最真诚。真诚，所以也最简洁。有些话不必说满，感情就会自然流露。

情感这种无形的力量素来被很多人忽略，但这些情感却从未消失。在营销时，企业只需唤醒人们内心深处的真实情感，譬如工作时受到的委屈、找到给自己幸福的另一半、思念家乡的亲人等，从而满足用户的调性，将用户强硬的拒绝化为欣然的接受。

2.5.4　打造浪漫情怀

人都有浪漫情怀，希望爱与被爱。情感营销中的浪漫情怀便是借助浪漫的感染力，让用户心甘情愿地购买产品。

康师傅茉莉花茶根据清新甜蜜的口感，以营造浪漫情怀为品牌定位，将茶饮品以"浪漫""告白"为主题植入年轻人的文化中。自2016年以来，人气明星杨洋一直是康师傅茉莉花茶的代言人。杨洋曾与郑爽合拍茉莉花茶的微电影，与赵丽颖共同代言茉莉花茶的CP模式，渲染康师傅茉莉花茶的品牌定位。随后，康师傅将该品牌的营销进行到底，"浪漫"再度升级，与杨洋主演的热门IP电影《三生三世十里桃花》进行合作，打造"茉莉浪漫电影院"。

2018年，康师傅茉莉花茶以"告白"为切入口，与QQ音乐开展合作，推出音乐告白瓶，只要通过QQ音乐扫描瓶身二维码，消费者就可开启告白之旅，制作生成属于自己的告白视频。而且在重要的时间节点上，比如母亲节、"5·20"等，康师傅茉莉花茶也会鼓励消费者表达爱意——"音为茉莉，真情告白"，康师傅茉莉花茶为你大声说出爱。

康师傅茉莉花茶全方位多维度体现产品定位，意在将场景与消费者的需求联系起来，打造"茉莉式的告白场景"，不仅贴合年轻人心理需求，而且有利于树立品牌形象。

打造浪漫情怀触动用户心理固然是一个很好的方法，但企业应注意，这种浪漫情怀应该是柔软的，润物无声的。如果情怀以直白的形式展现在用户面前，则会让人产生虚假感，引发用户不满，企业切记营销时要避免这种情况。

2.5.5 招商银行："番茄炒蛋"情怀至上

情感营销就是打动消费者，选择一种情感或是美好的道德品质，引发消费者感同身受。情感营销要想深入人心就得洞悉人性。

招商银行的一则 H5 广告《世界再大，大不过一盘番茄炒蛋》在深夜刷屏。这是招商银行为了推广留学生信用卡打的一手温情牌，获得了极大的关注和热议。

这则广告讲述了一位中国留学生准备做一盘番茄炒蛋带给朋友分享，却不知道是先放番茄还是先放鸡蛋，于是与远在中国的父母联系。美国与中国有 12 小时的时差，父母深夜在厨房与他视频联系，教他做番茄炒蛋。最终他的番茄炒蛋获得同学的一致好评。

这则广告当天的微信指数达到 2 445 万，刷爆朋友圈，引发热议。有的人表示"温情的广告依然最动人，看哭了，给满分"。

招商银行的这则广告引起部分人的情感共鸣，在他们心中树立了"温情"的品牌形象。

2.6 大数据营销：借数据之准

大数据营销的本质是投用户所好，改善用户体验，发现新市场。而企业想要达到这三点要求就必须构建出"用户画像"，对用户的潜在需求进行深入了解，有意识地引导消费者购买产品。

2.6.1 投用户所好，实现精准营销

互联网行业的快速发展衍生出大数据营销。区别于传统营销，大数据营销从各大平台收集数据，以用户为导向，能够实现精准化营销。大数据营销基于数据的采集、分析、预测、引导用户行为，利于企业找到目标用户，投其所好，实现精准营销。

"用户画像"这个概念最早由交互设计之父艾伦·库珀（Alan Cooper）提出，是指在真实数据基础上建立用户模型（这个模型是真实用户的虚拟代表），企业通过数据库内数据的分析整合，构建完整的用户画像，对用户的内在偏好、消费行为和需求实现精准描绘。

从大数据的角度，企业通过构建用户画像能够较为精准地了解用户的潜在需求，进而向用户推荐产品，引导消费。这样不仅降低了营销成本，而且营销效果也更有成效。

2.6.2 利用大数据，改善用户体验

随着数据量的增长和数据分析技术的发展，用户画像越发清晰、完整。企业可以根据用户的心理、消费习惯和需求，提供用户所需要或感兴趣的产品和信息，改善用户的体验。

精准营销实现了企业与用户点对点的连接，不再是"我有什么卖什么"，而是"用户需要什么我就销售什么"。成功的营销不是让用户产生一次性消费行为，而是使用户对产品或企业具有忠诚度，重复性多次购买，提高用户忠诚度，这需要企业改善用户体验。

在大数据背景下，企业根据用户画像为用户进行个性化推荐和服务，满足不同用户的不同需求。

2.6.3 利用大数据，发现新市场

事物的发展变化都是有规律可循的，利用大数据技术可以发现这种规律，洞察先机，发现新市场。比如，阿里巴巴通过大数据技术分析热销产品，并依据分析结果有针对性地投放广告。

大数据就像是石油、铁矿能源一样蕴藏巨大价值。随着大数据的普及，一次新的时代转型浪潮即将到来。企业需要合理运用大数据技术不断开拓新市场，才能在市场的浪潮中屹立不倒。

德国汉德技术监督服务有限公司早已开始通过数据分析方法实现新市场的开拓。

以蒂森克虏伯电梯总部为例，在整个项目实施中，德国汉德技术监督服务有限公司运用大数据技术，在设计阶段、施工阶段、运营阶段等不同环节，以数据化管理系统实现了建筑工程的低碳、绿色、智能化。

无独有偶，车来了APP通过对公交车上的GPS定位系统数据进行分析，结合公交车时刻表，能够精确预测出城市公交车的到站时间，并显示出拥堵路段，让用户避开高峰期，方便出行，最终车来了成为人们欣然下载的APP之一。

在大数据时代，企业需要利用大数据开拓新的市场，提升核心竞争力。企业收集用户数据后，必须对数据进行多维分析，深度发掘用户偏好，精确定位优质用户，找准下一个市场的运营、推广着力点。

2.6.4 海尔SCRM大数据会员管理平台

海尔曾启动SCRM（Social Customer Relationship Management，社会化用户关系管理）项目。海尔建立了一个用户平台，用大数据分析用户需求，为用户提供精准服务。该平台推出社交化会员互动品牌"梦享+"，吸引用户通过短信、网站等形式主动注册。海尔SCRM数据平台是一个动态、闭环的数据平台，该数据来自企业运营全流程。

海尔利用SCRM数据平台通过数据融合、用户识别、用户标签、用户聚类进行目标用户筛选，最后开展个性化精准营销。

数据融合就是将分散在不同系统中的数据（比如会员注册数据、销售数据、售后服务数据）聚拢在一起，之后通过数据整理，识别用户的姓名、年龄、住址、电话、电子邮箱等。通过Acxiom的AOS受众操作系统，SCRM获得了用户的行为数据，能够生成360°用户视图，更加全面地了解用户。SCRM根据用户特点、生活习惯等给用户打上不同的标签，并根据标签将用户进行分组，形成用户聚类，这样就完成了用户的筛选。最后根据用户的不同需求开展精准营销。

海尔SCRM数据平台通过对用户数据的收集分析做出预测。数据取之于用户，用之于用户，为用户提供定制的专业化服务，优化用户体验。

2.7 互动式营销：借互动之髓

互动营销的精髓是让企业与用户之间形成一种特定化交流方式，并通过主动倾听用户诉求，让用户一步步喜欢上企业的产品。本小节将通过"双11"购物节、尿不湿、ALS冰桶挑战等案例揭示互动营销的精髓所在。

2.7.1 互动：网络营销的精髓

互动营销就是企业和用户之间在一定时间点以特定形式进行沟通，在一来一往中拉近彼此距离，逐渐放下防备心的一种营销形式。换句话讲，就是要让用户具有参与感。一个简单的问答、一次话题的讨论都是在构建一个交互环境，让对方意识到自己与此事有关，增加消费者黏度。

企业若不时常与用户沟通联系，怎会知道用户的真实想法？与用户互动也是为了广泛了解用户需求，有针对性地为用户提供服务，占领用户内心。

有些互动活动很有特点，能让用户即时参与进来。比如支付宝的集五福互动营销。在春节期间推行一个集五福分红包的营销活动，用户可通过支付宝AR扫描福字或者朋友之间互换的形式获得福字，集齐五张福卡即可瓜分现金红包。

2.7.2 互动内容与多元互动形式相结合

提升互动内容的精彩程度是个难题。眼下，越来越多的企业尝试将互动内容与多元互动形式相结合，以提升互动效果。

淘宝"双11"购物节每年都会创下新的成交记录，活动形式也越来越多样化。"双11"预热期有购物津贴、预售定金、红包、"双11"晚会等活动；"双11"当日很多商家都有前几秒购买半价或者前几名购买免单的优惠，在整点时刻还会放出限量大额优惠券及各种抽奖活动；花呗在"双11"期间会临时提升额度，有"到店用花呗赢'双11'免单"的活动。

淘宝的购物津贴相当于满减活动，不仅多渠道发放，还可以跨店使用，也可以和店铺优惠叠加使用；预售定金提前锁定消费者，"双11"当天交付尾款；红包形式多种多样，有明星密令红包、捉猫猫红包、火炬红包等，其中狂欢桌面红包使众多品牌获得高效率曝光，它与红包深度捆绑，每逛满 10 个品牌就可抽奖一次，提高了用户的浏览率；淘宝页面上还有实时榜单，引导不知道买什么的消费者购物；"双 11" 还会举办两场晚会，邀请国内外明星参与，明星是大批粉丝关注和追捧的重点，有了明星也就有了流量。

截至目前，淘宝"双 11"已经举办过 11 届，玩法花样层出不穷，让消费者参与其中、乐在其中。红包形式多种多样，虽然金额不大，但多种形式的红包活动让广大消费者与淘宝商家互动起来。消费者为了红包或优惠券付出时间和精力，不忍心浪费掉优惠券，从而会刺激消费。

淘宝"双 11"以各种形式营销活动相结合的方式，让众多参与其中的消费者热情高涨，也使参与其中的商家实现了销量的突飞猛进。

2.7.3 主动倾听，让用户讲喜欢的故事

营销者需要主动倾听用户需求，让用户自己提出需求。但有许多营销者投机取巧，以为只要简单摸索出用户需求以后，就能完成一次出色的互动式营销。实际上这只是"纸上谈兵"而已。

成功的营销需要营销者不断倾听用户需求，从各种需求中提取用户最迫切的需求，最终将其转化为卖点。这就要求营销者对目标用户知根知底，并且敢于成为一名倾听者，让用户讲自己真正喜欢的故事。

尿不湿在国内销售时，因为它无须像尿布一样来回折腾好几次，所以广告多以方便作为宣传内容。但广告投放一段时间后，营销者却发现销量提不上去。为了解决这个问题，营销者找来一群二十多岁的年轻妈妈面对面访谈调查。

营销者问："尿不湿方便吗？"
年轻妈妈们答："挺方便的。"
营销者又问："你们一般什么时候用啊？"

年轻妈妈们议论纷纷，过了好一会儿，有一个妈妈起来回答："其实我们用的少，很多时候都是婆婆不在，或者自己照顾孩子的时候才用。"

营销者有些好奇，接着问道："为什么？"

这个时候，年轻妈妈们异口同声回答："婆婆不让呗。"

原来，由于工作压力日渐增大，年轻妈妈们照顾宝宝的时间越来越少，因此她们更倾向于选择使用方便的尿不湿替代尿布，但婆婆们却对此十分不满，她们认为尿不湿厚而不透气，整天穿在身上，宝宝会感到不舒服。而且尿不湿容易侧漏，所以觉得还是尿布好。由于婆婆们坚持这种想法，年轻妈妈们也只能选择使用尿布。

这下营销者终于厘清了症结所在。随后，他们立刻改变了诉求，以透气、柔软性极好、含有立体防漏隔边的尿不湿为主打产品。年轻妈妈们见到这样的产品自然也是大喜过望，总算有一个产品能够解决她们的难题了，于是纷纷自发宣传这些透气、含有立体防漏隔边的尿不湿的好处。通过她们的努力，婆婆们渐渐接受了孩子们使用尿不湿，尿不湿迎来了销量增长。

所以，有时候，营销想要成功，营销者不仅需要了解用户，还要能够主动倾听用户的心里话，让用户主动讲出自己的故事。为用户解决想要解决但又无法解决的问题，在满足了用户需求的同时，促进自身产品的销售。

2.7.4　逐层引导，让用户喜欢上你的产品

用户购买产品的过程并不是一蹴而就的，而是逐层递进的关系，如果想要让用户喜欢上某个产品，营销者需要对用户进行逐层引导，让用户在不知不觉中喜欢上自家产品。

著名的全球品牌迪士尼开展的业务有迪士尼主题公园、玩偶、影视、图书及游戏等。华特·迪士尼是迪士尼的创始人，他创造了许多经典的卡通形象，比如米老鼠、唐老鸭。

上海迪士尼乐园是中国内地首座迪士尼主题公园，共由六大主题园

区构成，分别是"米奇大街""奇想花园""探险岛""明日世界""宝藏湾""梦幻世界"。每个园区环境设置与主题相呼应，而且有不同故事中的经典卡通角色，如迪士尼公主、小熊维尼、唐老鸭、米老鼠等。游客们可以沉浸在童话故事中，与不同的卡通角色拥抱、合影。

"梦幻世界"是最大的园区，标志性建筑是迪士尼动画电影里的经典城堡。"梦幻世界"中的项目有"七个小矮人矿山车""小飞侠天空奇遇""百亩森林""仙境迷宫"。游客们可以在这里体验卡通动画片里的场景。

迪士尼乐园里有230多道美食，既有路边小食亭又有专门餐厅。比如"米奇好伙伴美味集市"有炖菜、烧烤等美食式样。

迪士尼主题公园为每个来此度假的游客营造了独特、有趣的童话世界。主题公园可提供吃喝玩乐全方位服务，每个园区都各有特色，玩法众多，让人应接不暇。除此之外，还有卡通人物在主题公园中来回走动，与游客互动。当游客饿了、累了，还有主题餐厅和主题酒店为游客提供服务。游客在主题公园内的整个行程中，可随时获取他们需要的服务。

迪士尼主题公园为人们提供的是一个娱乐休闲场所，自然最注重用户体验。用户体验好，自然就喜欢企业的产品，就容易形成口碑传播，扩大营销影响。

2.7.5　ALS 冰桶挑战，开启全民互动模式

ALS 冰桶挑战是由美国波士顿学院前棒球手，患有 ALS（Amyotrophic Lateral Selerosis，肌萎缩侧索硬化，俗称渐冻症）的皮特·弗拉特斯发起的活动。该活动风靡全球，旨在让更多的人了解渐冻症这种罕见的疾病，且达到募捐的目的。活动要求参与者被冰水浇遍全身，点名其他三个人一起来参加这个活动，并将全过程发布到网上。被邀请者在 24 小时内可以选择接受挑战，或者捐出 100 美元。

从国外到国内，各界名人纷纷响应。国外有比尔·盖茨、扎克伯格、罗纳尔多、贾斯汀·比伯等，国内有雷军、李彦宏、刘德华等。

毫无疑问，在极短时间内引爆无数人关注的"冰桶挑战"活动可谓互

动式营销的经典案例。本质上看，它的规则设定是有效确保全民互动，能够得到快速传播。ALS冰桶挑战规则的巧妙之处如下所示。

1. 发布冰水浇身视频

（1）简单快捷可操作。一个活动之所以能快速吸引大众关注，最快速有效的策略便是参与者的身份地位要高。但这些人时间宝贵，如果一个活动规则设置复杂，完成时间过长，很可能难以吸引他们来参与。

所以"冰桶挑战"的活动规则设计十分简单，只需要冰、水、桶，往头上一倒，全过程不足三分钟即可搞定。

（2）渠道多样化。挑战者完成挑战后将视频发布在网络上，由于网络传播途径的多样化，十分容易形成大范围传播，紧接着便有可能形成从众效应。毕竟人是群居动物，都有各自交友的圈子。假如你的朋友参与了，在他的带动下你很有可能也会参与。

（3）规则有趣。冰桶挑战活动中，参与者需要将一大桶冰水浇在身上，这一规则满足了大众围观的心理：看上去很好玩。虽说活动发起是在夏天，但一大桶冰水从头而下，没有几个人能不打冷战的。大众何时见过如同落汤鸡一样的比尔·盖茨、雷军、刘德华？但现在却有这个机会同时看见一大群名人落汤鸡般的模样，因此大众传播的热情也空前高涨。

2. 点名三个朋友参与挑战

第一，点名三人参与最大程度上保证了该活动的延续性，只要三个人中有一个参与，那么他就可以重新点名三个朋友参与，等于把一个即将熄灭的火种再次点燃。

第二，从心理学角度看，参与者很多时候会选择较为熟悉的朋友参与挑战，由于彼此的关系比较密切，因此，他对朋友的性格应该是较为了解的，被点名的朋友参与挑战的概率应该是较高的。

3. 在24小时内接受挑战，否则捐款100美元

24小时的时限有效保证了"冰桶挑战"的热度。这就使得冰桶挑战每间隔24小时都能寻找到一波新的参与者，不断掀起新的热点。

假设A被淋成落汤鸡，然后A点名B参与，观众便会快速围观挑战者

B，B挑战结束后，观众又会围观下一位参与者。

同时，对于绝大多数参与者来说，100美元不是问题。因此更多的参与者选择既捐钱又参与。如此一来，"冰桶挑战"既实现了活动的初衷，又保证了活动顺利延续。

2.8　B2C企业全网营销精髓

B2C（Business-to-consumer，B2C）是企业直接面向用户销售产品和服务的商业零售模式，这种电子商务一般以网络零售业为主，通过网络开展在线销售活动。

2.8.1　大数据提供技术支持，互动营销直抵用户

淘宝、天猫在B2C行业处于领先地位，这些电商巨头收集的用户数据非常全面，包括访问时间、访问次数等。通过对这些数据的细致分析，企业能够清楚识别出用户偏好，进而选择恰当的互动方式销售产品。

例如，北方人在羽绒服销售页面上停留的时间比南方人长很多，那么商家在推荐羽绒服的时候会优先考虑北方人。同时，商家选择简化页面也减少了用户查找信息的难度，这样一来，用户在购买产品时能够更加便利。

这种互动方式属于无声式互动，商家通过大数据对用户数据进行分析后，依据用户喜好进行营销方式的调整。B2C属于线上销售，这种互动营销模式较主流。

一般而言，用户在网站停留时间过长的原因主要有三个方面：第一，网站功能复杂；第二，用户出现疑问，网站不能解决；第三，用户正在对信息进行阅读和理解。

如果用户在网站停留时间过长是前两种原因造成的，那么用户就会失去购买欲望。如果用户在网站停留时间过长是最后一种原因造成的，有可能是用户逛淘宝时没有明确目标，随意浏览，然后购买一些喜爱的产品。对网站来说，用户流量转化是决定企业成败的关键。如何才能在较短的停

留时间内实现用户流量的转化？我们归纳总结出以下三种方法，如图2-4所示。

图2-4 实现用户流量转化的三种方法

1. 页面导航准确

网站导航是用户最先浏览的部分。因此，商家应该设置搜索功能，帮助用户节约大量时间，提升用户的购物体验。

2. 配置专业客服

网站需要配置专业客服，如果用户对感兴趣的产品有疑问，客服可以进行专业的解答，打消用户疑惑。如果客服不够专业，就会降低用户的购买信心，所以商家需要经常对客服进行培训，确保其具有专业知识。

3. 简化网站功能

网站功能太过复杂可能会降低用户的体验感。所以商家需要简化网站功能，保证网站的操作简单明了。

2.8.2 体验营销做口碑，内容营销拓展用户

一般B2C网站都有用户信息反馈页面，以保证与用户的交流，获取用户对产品、服务的意见和建议。这个页面设计的好坏直接关系到用户的体验效果。

因此，信息反馈页面应该设置在产品、服务页面之中，方便收集用户的反馈意见。由于用户的表达水平不一，对产品意见、服务需求等未必能描述清楚，信息反馈页面最好提供一些产品性能、服务质量等指标选项，让用户通过点击鼠标即可完成，目前天猫、京东等平台都会提供表单服务，用户通过智能表单可获得一些基础咨询服务。

用户体验一般可以分为三个层次：信息层面上的体验、交易层面上的

体验和服务层面上的体验。

信息层面上的体验主要是为了吸引用户注意力，汇聚人气，建立营销环境；交易层面上的体验不单是指用户在网上选货、提交订单、结算等，它还包括网站为用户提供的咨询服务，通过信息交流帮助用户做出选择；服务层面上的体验不仅仅是带给用户的某些信息、某笔交易，还包括与用户建立长期关系，树立企业品牌。

例如，亚马逊推出了读者书评功能。亚马逊网站开辟自由讨论区，消费者可以将自己的评论添加到网页上。作者通过它了解读者反馈，出版商透过它了解销售形势。

B2C企业需要注重网站的用户体验，同时也需要以内容为主，拓展客户来源。

5月20号是许多情人互相告白的日子，对花店来说更是不能错过的大好促销机会。许多花店为此提前半个月推出各种促销活动，企图吸引热恋中的情侣们购买鲜花，而某一年当这一天到来的时候，最先火起来的却是一家专门为失恋人士开放的"分手花店"。该花店的网站内容，如图2-5所示。

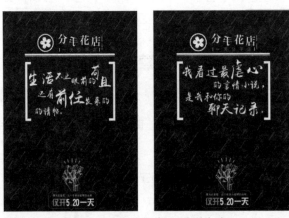

图2-5 "分手花店"页面广告

"生活不止眼前的苟且，还有前任发来的请帖"源自高晓松老师的一句名言——"生活不止眼前的苟且，还有诗和远方"。经过改编后，设定的玫瑰花使用场景显然更加贴切：失恋以后，收到前任发来的请帖，大多数人的情感是复杂的,既不想去,却又想试着挽回;既不想面对,却又苦苦思念;既想要忘记,却又无法忘记。因此当这种情景发生的时候,试着为他或她买上一束花,作为告别、安慰的礼物,何尝不是一种妥帖而体面的方式?

又或者当一个人看到与前女友或前男友的过往点滴时,如曾经的聊天记录,触景生情,内心的痛点一下子被点燃,对于失恋中的男女来说,正如网站页面内容所制造的情境一样,"我看过最虐心的言情小说,是我和你的聊天记录"。

失恋中的男女正需要一个安慰为他们抚平这个伤口,那么在5月20日这一天,买上一束花纪念曾经拥有过的爱情,或许能够减缓内心的悲伤,给予自己一种心灵上的安慰。

正是凭借营造出的特定的产品使用场景,让花不再只是代表"活着"的爱情,更可以代表"死去"的爱情,分手花店在情人节到来的那天销量大增。至此,"分手花店"每到情人节便会增加一大批处于"失恋"状态的客户。

"分手花店"的成功以失恋作为营销内容,以新意开拓旧市场,从而实现了客户源的拓展。

2.8.3 B2C 企业营销要点:流量营销 + 口碑保护 + 品牌塑造

对 B2C 企业来说,营销要点应该有三个:流量营销、口碑保护、品牌塑造,这几个要点可能比较抽象,如果将其具体化,则可以分解为以下六个方面。

1. 提供充足信息

B2C 营销的长处在于,它可以向客户提供任何他们需要的产品信息。例如,对于亚马逊公司的书籍产品,亚马逊可以向客户提供书籍评价、图片、客户评论和评级。

B2C 企业更倾向于将一些信息公开展示,显示在网站、登录页面上。这样,如果客户想要获取更多的产品信息,他们只需要登录产品页面即可。

2. 公布产品价格

B2C 企业的网站、登录页面、博客等都需要明确公布产品或服务价格。价格透明使得客户与企业之间的购物过程更加快捷，如果价格超出预期，客户可以选择退出。

假如某个商家的产品针对不同客户（例如，VIP 客户与普通客户）标有不同价格，商家可以将产品价格差别一同公布，供所有潜在客户查询。这将使得推销人员在价格上拥有谈判的优势。

3. 简化购买流程

B2C 企业需要构建一个简单方便的客户购买流程。通过消除无关障碍，最大程度简化客户购买流程。

4. 优化服务

B2C 企业通过打造一套标准化、流程化、模块化的服务体系，可以消除无关障碍，最大程度简化服务流程，让企业产生自然的口碑传播。

5. 附加值

如果 B2C 企业承诺客户购买产品后可以赠送一些产品，那么 B2C 企业就一定要赠送。B2C 企业可以通过这种方式培养客户忠诚度，提升品牌口碑。

6. 信任

美国成功学大师戴尔·卡耐基曾说："专业知识对一个人的成功所发挥的作用只占 15%，而其余的 85% 则取决于人际关系。"所以说，解决客户最终的信任问题的关键，便是与客户成为朋友，积累人脉。

2.9 B2B 企业全网营销精髓

B2B 平台是电子商务的一种模式，B2B 企业通过 B2B 网站与客户紧密结合起来，通过网络的快速反应，为客户提供更好的服务，从而促进企业的业务发展。

2.9.1 B2B 企业的有效询盘获取

企业利用 B2B 平台或者搜索引擎寻找客户时，常常会遇见询盘回复率低的问题。一般而言，询盘分为四类：毫无关系的询盘；不询问相关产品，只谈合作的询盘；没有提到具体产品信息的询盘；提及产品信息的同时，询问价格、出货资料等信息的询盘。

对于这四类询盘，B2B企业可采取以下方法处理：对于毫无关系的询盘，B2B企业可以将其过滤；B2B企业要维护追求合作的询盘，假如发盘之后没有联系，可以定期发送邮件进行跟踪；B2B企业要对于第三类的询盘予以重视，可能这些客户正处于观望状态，因此对待他们需要给予极大的热情；面对第四类询盘，B2B企业需要用多种销售方式促进成交。需要注意的是，在回复不同类型询盘客户的同时，B2B企业需要警惕客户使用不同邮箱询问价格。对于同一个地区的同一产品，B2B企业的回复需谨慎。

下面列举一些有效的询盘内容。

（1）客户要求业务人员就某种产品报价时，会询问数量规格、质量标准、原产地、交货时间、到货港口等。

（2）客户询问业务人员本公司网站有没有类似产品，同时要求业务人员提供相似产品的款式、规格、颜色等信息。

（3）客户直接提供本公司可以制作的产品，并附上图片，要求业务人员提供详细说明资料。

（4）客户收到样品之后，会对样品的质量进行检测。比如对于纺织品，客户可能会测试其成分等，如果产品质量过硬，则客户会再次联系业务人员，这时的成交概率会大大增加。

（5）客户收到样品后，对于相关交易条件不满意。这时客户会再三询问交易细节，业务人员碰到这种情况时要有耐心，一一进行解答。

遇到以上五种情况时，业务人员需要与客户加强沟通，保持联系，做好客户的资料档案，随时为他们排忧解难，最终使得有效的询盘变成一次成功的交易。

2.9.2 B2B企业的品牌打造

哪里有市场，哪里就需要做品牌。品牌能够帮助企业赢在当下并展望未来，它不仅让企业产品更有价值、成交更快，也会为企业带来效应。

如何打造品牌是大多数 B2B（Business-to-Business，B2B）企业需要面对的问题。如何高速、有效地打造一个大众品牌，更是 B2B 企业需要重点思考的问题。以下从五个方面出发，介绍 B2B 企业该如何实现品牌打造。具体内容如图 2-6 所示。

一	员工支持企业价值理念
二	品牌形象的塑造
三	外界形象的"四位一体"
四	在工作中塑造品牌形象
五	选择传播渠道

图 2-6　B2B 企业打造品牌的五个出发点

1. 员工支持企业价值理念

所有员工对企业的愿景、使命、价值观都要有一个全面细致的理解。企业的愿景与使命体现了 B2B 的企业精神，"我们的使命是让天下没有难做的生意"这一句话让无数中小企业客户感受到了阿里巴巴愿意承担重任的决心，华为以"迈向全联接世界的开放之路"的愿景将企业员工与客户联系在一起，迈瑞以"成为守护人类健康的核心力量"的愿景宣告了企业的梦想。对于客户而言，一个有梦想的企业更能受到信赖。

2. 品牌形象的塑造

品牌形象为品牌提供了目标和存在意义。B2B 企业的品牌形象显示出品牌的核心战略，它是品牌战略的延伸。可以说，品牌形象是企业渴望创造并保持的独特联想，这些联想表达了企业对消费者的承诺。

品牌形象分为核心形象、外界形象，核心形象包含企业口号、价值观、企业精神，外界形象主要从产品、企业、个人、符号四个维度来塑造。

3. 外界形象的"四位一体"

品牌外界形象包含产品的品牌、企业的品牌、个人的品牌、符号的品牌四个角色，因此，B2B 企业需要从产品、企业、个人、符号四个方面着手塑造品牌形象。

（1）产品的品牌。

与产品相关：利乐——纸包装；英特尔——芯片。

产品品质：德国道依茨。

产品的使用场景：OPPO 手机——充电 5 分钟，通话两小时。

产品产出国：德国——汽车制造；瑞士——名表。

（2）企业的品牌。

企业属性：创新，消费者关注，可信度。

本地化属性：市场地位，行业地位。

（3）个人的品牌。

个性属性：活力，精益求精，工匠精神。

关系属性：朋友，顾问。

（4）符号的品牌。

形象属性：LOGO 形象，民族符号。

4．在工作中塑造品牌形象

B2B 企业通过市场活动、行业展会、领导人访谈、新技术发布会、明星演唱会等活动构建企业品牌形象，其中行业展会可作为重点。因 B2B 行业属性，软文宣传更有利于品牌资产积累。

5．选择传播渠道

B2B 企业在传播渠道选择上，重点是让更多客户相信，这就需要媒体具有强大的公信力与传播力。虽然移动、PC 客户端是主流人群关注的渠道，但缺乏权威性，报纸、杂志权威性强，阅读量却不如前者。将这两类媒体结合是 B2B 企业选择传播渠道的重要策略。

2.9.3 以效果及内容营销为突破点，扩大企业潜在营收

现在的 B2B 企业在进行产品销售之前，都会先进行市场研究，这使得内容营销成为 B2B 企业成功的关键。什么样的 B2B 内容营销能更好地扩大企业潜在营收？

1. 内容少而精

《哈佛商业评论》报告显示，大部分营销人员认为向客户推广的内容越多越能帮助他们制定更好的营销决策，于是以"确保客户获取所有数据、案例来指导决策"为理念，这就使得许多 B2B 企业的内容非常高产。

但是，"越多越好"的效果并不出众。它使 B2B 企业的关注点从质量转到数量，这无疑增加了客户的辨识负担。《哈佛商业评论》报告发现，B2B 企业大量推广低质量的内容导致买卖双方的成交率降低 18%。让客户消化所有信息是不可能的，越简单精练的信息会让事情变得越轻松。

2. 提供相关性内容

内容营销成功的关键是具有相关性。"广撒网"的内容营销策略并不可取。营销人员通过 Node 等预测工具了解客户的采购偏好，以及形成这些偏好的原因。然后，营销人员可以根据客户的购买意愿规划销售方案。

《哈佛商业评论》相关数据调查显示，当 B2B 企业为客户提供定制内容时，客户同意交易的可能性会提高 86%。具有专业性的 B2B 企业能够了解客户的业务，并主动改善客户的用户体验。

3. 降低客户后悔的可能性

B2B 企业为客户提供的指导内容，可以降低客户后悔的可能性。当客户被繁多的内容包围时，就会产生不愉快感，最终产生后悔购买的心理。《哈佛商业评论》报告指出，当营销人员向客户推广大量低质量内容时，客户后悔的概率提高 50%。而当营销人员为客户提供高质量的精简内容时，客户后悔的概率降低 37%。

对于企业买卖双方来说，成功的过程变得越来越有压力。B2B 企业提供内容前需要考虑客户所处行业、技术前景，甚至包括其年龄。

高质量的内容营销能够提高客户的认可度，从而影响他们的经营决策。因此，B2B 企业需要采取出色的内容营销策略，扩大企业的营收能力。

2.9.4　B2B 企业营销要点：口碑保护 + 效果营销 + 内容营销

B2B 企业营销的要点需要从以下三个方面进行解析。

1. 从客户购买的不同阶段着手，增强口碑保护

第一阶段：认知阶段。

在最初的认知阶段，客户知道B2B企业的产品或服务，但并未做好购买准备。

B2B企业这个阶段的策略应该是创造需求。B2B企业与客户之间需要建立持续的互动关系，搜集客户的需求点，个性化推送解决方案。例如，B2B企业可以提供大咖博客文章、专业的研究数据、有趣的视频及信息图表等。

具体实施过程可以分为三步：第一步，将企业品牌内容发布在相关行业的网站上；第二步，让公司在搜索引擎中的排名靠前，如百度第一页；第三步，将搜索页面直接导入案例页面，让客户看到实例。

第二阶段：考虑阶段。

当客户进入考虑阶段，说明对方已经对企业品牌产生了一定的兴趣。

这个时间段，内容的营销策略应该以产品或客户行业的解决方案为主，借此传递信任感，同时还需要准确表达出解决方案的特色。例如，B2B企业可以以购买指南、ROI计算器、分析报告等方式提供解决方案。

具体实施过程可以分为三步：第一步，通过第三方测评增加公信力；第二步，增加公司文化宣传；第三步，让产品介绍宣传更加美观。

第三阶段：偏好阶段。

此购买阶段表明潜在客户有成为客户的意愿。此时，B2B企业需要让客户更深入地了解产品，让客户在购买之前就已经知道产品的所有好处。当然，B2B企业也可以尝试分享成功案例，同时给出具体优惠措施，让客户买得放心。

2. 从客户类型细分着手，确保效果营销

B2B企业选择正确的客户细分市场可以扩大市场规模，吸引目标客户，确保营销效果。

（1）企业客户类型。很多企业的目标客户一般都会有几个不同类型。客户分类的方法很多，但大致可以分为两部分：增量客户与存量客户。

增量客户：企业通过不断获取新客户实现客户增长。

存量客户：企业尽量维系与老客户的联系，稳定收入。

（2）客户角色模型。客户模型是指虚构出某个客户代表一个客户群。一个代表典型客户的资料需要包含客户的性别、收入、地域、情感、年龄、购买记录等。

（3）客户类型注意要点。客户只能记住他们阅读内容的20%，但能记住亲自动手事情的80%，所以B2B企业在营销时，需要保持客户的互动性和参与性。此外，内容营销的过程不能太快，否则会失去客户的关注。同时也要保持内容的连贯性。

3. 从营销渠道着手，提高内容营销质量

（1）微信服务号+官网。微信服务号可以作为一个丰富的移动端网站入口，客户在其中除了可以获取文章，还可以得到在线会议、案例研究、社交内容等多维度的功能服务。微信服务号从某种意义上能够对官网形成互补。

（2）白皮书。有深度的内容能够满足客户的深层次需求。B2B企业通过发布深度的白皮书内容，能够塑造权威地位，显示企业在本领域的领导地位。同时，客户会不断分享这些有价值的资料，给企业带来广泛且持续的宣传。

4. 在线直播

如果营销人员觉得文字难以充分阐明观点，那么在线会议便是有效而简便的营销方法。

5. 电子邮件营销

电子邮件营销将信息内容直接发送给对产品有兴趣的客户的收件箱。电子邮件的内容包含月简报、服务更新、特别优惠、打折等。

客户访问的每一秒钟都十分宝贵，通过优质的内容将客户导入销售的下一步，完成转化，这就需要B2B企业协调好口碑保护、效果营销、内容营销三方面，走好B2B企业营销的每一步。

第 3 章

全网营销之搜索引擎营销：SEO 与 SEM

随着网络营销在互联网推广中占据的位置越来越重要，国内 SEO 的从业人数持续攀升。当然，除了 SEO 以外，SEM 也逐渐进入发展稳定期。本章从 SEO 发展概述谈起，论述 SEO、SEM 所涉及的各方面内容。

3.1 SEO 的最新策略及定位

SEO（Search Engine Optimization）被称为"搜索引擎优化"，是指 SEO 营销者根据搜索引擎排名规律，对网站进行内外优化调整，提高网站在搜索引擎中的自然排名，从而获得更多流量，占据更多曝光机会，达成销售和品牌建设的目的。由此可见，SEO 是一种营销思想，通过自然搜索获得流量，让搜索引擎带来客户。本小节从这里入手，对 SEO 的最新策略及定位进行简单剖析。

3.1.1 SEO 发展概述

随着互联网的高速发展，SEO 也完成了从"单细胞生物"到"高等生物"的进化过程。由简到繁，SEO 从未停下脚步。SEO 的发展史大致可以分为六个阶段。

1. 萌芽阶段：1991—2002 年

1991 年 8 月 6 日，世界上第一个网站（http://info.cern.ch）正式上线，它由蒂姆·伯纳斯·李搭建，向世界展示了什么是万维网，网页浏览器该怎样使用等内容，之后几年，万维网逐步完善，用户体验得到了提高与优化。

而当网站开始普及时，新的问题出现了：用户如何快速找到自己想要的网站呢？在这种需求的刺激下，搜索引擎诞生了。1993 年，包含 Excite 在内的搜索引擎彻底改变了互联网信息的分类管理，使得信息搜索更加简便。

2. 滞缓阶段：2003—2005 年

在这个阶段，黑帽 SEO（作弊或可疑手段的 SEO，都称为黑帽 SEO。

如隐藏网页、桥页、关键词堆砌等）盛行。为了给所有网站一个公平的竞争环境，谷歌搜索在搜索引擎技术方面进行进一步探索。这段时间里，谷歌不断更新算法，改进惩罚机制，加大了对作弊手段的打击力度。

3. 个性化阶段：2006—2009年

在这个阶段，用户对搜索引擎的需求已改变为追求个性化、响应式的搜索体验。搜索引擎也由此转为全局搜索机制，搜索结果不再只以文本形式呈现，图片、视频等元素作为新的元素加入搜索结果中。

2008年，谷歌发布了搜索关键词建议系统，配合关键词研究工具、Google Analytics等工具，分析用户搜索历史、搜索趋势等内容，帮助用户完成搜索热门关键词、热点话题等。

4. 迅猛发展阶段：2010—2012年

2010—2012年，SEO市场发生了巨大改变，无论是品牌还是内容质量、用户关注内容，甚至惩罚机制等都出现了变化。

伴随新的搜索规则而来的是新事物的诞生，众多搜索引擎的搜索机制也从全局搜索向局部搜索转化。比起不断搜索网页获得答案，更多用户希望直接在搜索结果中获取自己想要的一切。看准机会的谷歌立马出手，改进了Google Suggest功能，提供更快速的查询体验，并在搜索结果页展示出用户想要了解的内容。

在这样的背景下，SEO营销者不仅要在内容质量上花大力气，还需要在内容分享方面做文章。当网站内容依托社交媒体渠道分享后，收获的不仅仅是外链与曝光率，还有网站的权威性。社交媒体与SEO的结合使得优化工作更加快节奏化、个性化、细分化。

5. 过渡阶段：2013—2016年

当今的SEO营销者站在了十字路口上，既想要追求个性化，又想尊重用户的个人隐私。在如今这个被搜索引擎与科学技术占据的时代，人们抗议信息安全和个人隐私问题，却无法摆脱它们。

诸如百度、谷歌这样的大企业通过分析用户的搜索历史、地理位置、使用设备等数据来完善自己的产品，而SEO营销者则利用这些信息来达到内容优化的目的。

在这个时期，SEO营销者的战场也由PC端转向移动端，搜索引擎巨头们也在移动搜索算法方面加强优化，不断提升用户体验。

碎片化内容、响应式设计、以用户意图为导向等内容都是当下SEO营销者需关注到的焦点。当下的SEO营销者最需要做到的就是内容的个性化与质量方面的探索。

6. 用户至上阶段：2016年至今

这个阶段的SEO无疑以用户为导向为中心，实行个性化内容推荐，致力于提高网站与电商营销的质量。

这对搜索引擎的要求无疑越来越高，用户期盼通过最少的操作步骤得到最需要的信息。为此，笔者在第六届SEO排行榜大会上提出了"星球大战营销计划"，如图3-1所示。

图3-1　第六届SEO排行榜大会

"星球大战营销计划"中的"天网""地网""导弹系统"（如图3-2所示），无疑会为SEO营销者在做好网站内容和用户体验、提升互动关系与社交媒体营销等方面提供帮助。

图3-2　"天网""地网""导弹系统"示意图

3.1.2 关键词优化策略

关于 SEO 的重要性，胡歌曾在电视剧《猎场》中表示："SEO 就是优化网络工程师，能让公司在搜索引擎上排名优先，甚至是进入首屏。"总之，SEO 能帮助网站获得更多流量，从而达成网站销售及品牌建设的预期目标。

在做 SEO 时，关键词优化是搜索引擎优化的一个较为重要的环节，需要贯穿搜索引擎优化的始终。所谓关键词，是指输入到搜索框中的词、词组和短语，以此作为索引，通过搜索引擎来查找信息。从关键词本身来说，有品牌词、竞品词、产品词、人群词、行业词之分，SEO 营销者的目的是尽最大可能性截取关键词搜索流量。那么，如何选择关键词呢？

首先，SEO 营销者需要分析自身的核心用户群体，即描绘用户画像。例如在家政行业，用户的搜索习惯多以"保姆""维修""搬家""保洁"等词语为主，而不会直接去搜索"家政"。

其次，SEO 营销者需要分析用户终端的设备，它区别于 PC 端搜索，手机的操作系统会影响用户的搜索习惯，所以 SEO 营销者要尽可能选择短词、搜索指数比较大的词。

再次，SEO 营销者需要研究自己的竞争对手，看哪些是企业能够模仿或者超越的，哪些是应该避开竞争的。比如关键词"外卖"已经被"美团""饿了么"等行业"领头羊"所霸占，布局的意义不大。

最后，SEO 营销者要注重关键词分析工具的使用，例如百度指数、微信指数，包括 Google 关键词工具等。

关键词优化策略除了要在关键词选择上做优化，还要在关键词的布局和提升关键词权重上面下工夫。

1. 关键词的布局

关键词合理布局涉及位置和密度。关键词可以合理分布在网站 URL、页面标题、文章内容、图片 ALT 等细分位置，以便让用户更快地找到其需要的内容。

2. 提升关键词权重

关键词布局好后，如果想让关键词获得较大权重，单单依靠主站的权重继承是难以实现的，为此，SEO营销者需要对单个关键词进行优化操作。

3.1.3 内容生产与运营策略

网站内容不仅体现了一个网站的产品与服务，而且在搜索引擎优化中也起到很重要的作用，所以SEO营销者在网站内容建设上需要精心研究，制作出优质内容，满足客户的搜索需求。

高质量的内容可以推动关键词排名，而低质量的内容可能不会被收录。那搜索引擎到底喜欢什么样的内容呢？

网站内容可以包括文本、图片、视频等，内容不在多，而在于精。简单来说，内容是要有价值的。

1. 原创内容

原创内容是作者对某一具体的产品、服务、行业或事件的个人看法。若原创内容包含的观点独到或知识属性极强，那么就具备很高的价值属性。

2. 热点内容

时事热点自带大量流量，所以很多SEO营销者喜欢借用时事热点做文章内容，这样在短时间内会为所属网站带来大量曝光量和访问量。

但无论内容建设得多好，少了运营策略的帮助，就难以实现SEO效果的提升，内容建设只有在运营策略协助之下才能发挥最大效用，SEO运营策略的五大要素如图3-3所示。

图3-3　SEO运营策略的五大要素

（1）排名。网站用户来源皆因为当用户在搜索关键词时能看到目标网站，从而对这些网站进行点击浏览咨询和下单，即"让有需求的客户找到你"。

(2）内容。搜索引擎理解的优质内容就是真心对用户有帮助且用户浏览无障碍，更没有误导性的内容。

（3）匹配。"匹配精准"简单地说就是让用户在搜索词进入的页面对应 URL 是匹配的。

（4）品牌。品牌是一种文化现象，品牌的内涵来源于文化。SEO 对于门户品牌同样适用。

（5）访问。SEO 运营策略的目的主要是让线上客户可持续增长，保证访问者对网站内容的满意度与访问速度体验感。

3.1.4 外部资源整合策略

影响 SEO 的因素有很多，技术只是内在因素，它对于资源整合起着相当重要的作用，但这并不是唯一正确的方向。许多 SEO 营销者忽略了另一个因素——SEO 优化的外部资源。

SEO 外在的资源整合包括很多方面，例如 SEO 经验总结技巧、SEO 数据分析技巧、网站 SEO 优化资源整合等。那么，SEO 营销者应该如何整合外部资源？

1. 从"来者不拒"到"宁缺毋滥"

资源是一个慢慢积累的过程，在开始阶段 SEO 营销者对于外来资源尽量要做到来者不拒，因为处于这个阶段的新手 SEO 营销者的资源是十分匮乏的，需要多认识一些经验丰富的 SEO 营销者，多找到一些质量过硬的内容资源与外链资源，从而让他们快速成长，毕竟生存下来才能谈发展。

当网站发展到一定程度后，SEO 营销者对 SEO 有了深入探究，这个时候在挑选外部资源时就需要做到宁缺毋滥。SEO 营销者可以从外部资源的真实性、原创性、多样性等方面分析外部资源的质量。

2. 选取权重高的外链资源

对于外链资源优化，首要便是选取权重高的外链。高质量的外链需要从外链收录速度、锚文本的数量以及多样性等方面判断。这里需要提醒 SEO 营销者的是，外链要从多渠道选取，切忌把外链集中到单一平台上面。

3. 优化的外链渠道

外链优化的方法很多，SEO 营销者需要紧抓一种方法深挖，其他方法用作辅助。

（1）友情链接。如博客、新浪、搜狐、39 博客、天涯、企博网、百度空间等。

（2）行业相关论坛。如 58 同城、赶集网、豆当网、今题网、分类信息、易登网等。

（3）视频网站推广。SEO 营销者可以将产品推广信息制成视频在网络上推广，网站包含土豆网、优酷网、搜狐网、爱奇艺视频等。

（4）百科。如百度百科、搜搜百科、互动百科、维基百科等。

（5）问答。如百度知道、知乎、悟空问答、天涯问答、贴吧等。

3.2 打造更智能的 SEO，实现 SEO 的四个优化

网络发展的速度愈来愈快，SEO 营销者必须打造更智能的 SEO 优化，才能实现企业的腾飞。本小节主要对 SEO 数据化、SEO 产品化、SEO 营销化、SEO 效果化进行介绍，帮助 SEO 营销者掌握智能的 SEO 优化。

3.2.1 SEO 数据化

在大数据、移动时代之下，广告行业发生巨大改变，比如 banner 广告（网站页面的横幅广告、游行活动时用的旗帜、报纸杂志上的大标题等，能够形象鲜明地表达主要情感思想）逐渐消失，因为大数据的到来，彻底改变了传统营销方式。包括这几年比较火的 O2O（Online To Offline，O2O）模式，都是在这样的时代背景下兴起的。

而对于大数据的应用，常常体现在数据的搜集与分析上，也就是 SEO 营销者搜集市场数据以及网站数据之后，对用户需求进行充分发掘，这一点便是 SEO 数据化的由来。

过去许多企业闭门造车，并不重视用户数据收集，导致用户反馈周期

十分漫长。但现在通过大数据的帮助，无论是自有数据还是市场数据，企业都可以轻松获取。

这会促使企业优化布局，使今天大多数企业与互联网之间产生紧密联系，这个联系不仅会涉及市场部门、技术部门，还会涉及企业的管理流程、运营流程。企业可以通过数据化搜索引擎营销改善公司运作体系，洞察企业网站的优势与不足。

行动就会引起变动。以前的很多企业由于没有数据，想做 SEO 优化却做不了。而今天有了更智能的 SEO 数据化，SEO 的优化也能够更好地实现。

3.2.2　SEO 产品化

产品化是指企业网站不仅排名要高，而且还要做用户喜欢的产品。聚美优品是一个化妆品团购网站，初期相对流量较小，知名度也低，购物方式基本以团购为主。

Netconcepts 在和聚美优品合作的过程中，前期针对一些主要关键词进行优化，如化妆品团购，直接把控聚美优品的品牌、用户群。经过优化，在百度搜索引擎化妆品团购等关键词排名搜索中，聚美优品稳步排在第一位。对化妆品团购有需求的客户，通过搜索关键词便可以直接获取聚美优品网站信息，这是 Netconcepts 第一阶段做的事情。

第二阶段，针对聚美优品团购每天提供商品数量有限，难以获取更多客户的问题，Netconcepts 策划出聚美优品的口碑中心。

聚美优品的口碑中心是指将市面上化妆品的品牌、产品，汇聚成一个产品库，在里面添加许多用户评论。Netconcepts 把整个网站的收录量从原来的十几万页面扩充到如今的一二百万页面，团购产品的品种也大大丰富了。

通过这些优化与信息的收集与整理，聚美优品获得了更好的搜索排名，同时也获取了更多的客户意见以及他们对于化妆品的消费记录，有利于产品的适当调整以及更新换代。

当客户来到网站之后，即便某些产品聚美优品没有在售卖，但如果聚美优品正在出售有关这种产品的特价团购，也能满足客户要求。通过这种方式，聚美优品进一步提升了网站的知名度与覆盖面，网站流量以及消费者数量也出现了大幅度提升。这也正是 SEO 产品化的成果体现。

3.2.3 SEO 营销化

营销随着互联网的出现已经演化成一个行业。以往的营销是广告，偏娱乐的形象，如同当年大家看的美剧《广告狂人》一样。但因为互联网的发展，营销戴上了技术的帽子，技术支持使得营销实现了精确定位，效果得到最大化体现。

对于今天的 SEO 营销化而言，技术手段必不可少，而且不能回避。反过来说，技术属于 SEO 营销化的一部分，洞察消费者心理需求以及营销创意等都是营销的重要环节。因此，将技术与 SEO 营销化结合起来运用，企业就会有一个非常好的未来。

3.2.4 SEO 效果化

SEO 的效果体现是没有捷径的，很多 SEO 营销者在开始做 SEO 的时候，觉得它是一个有捷径的路途，比方说优化算法速度来调整、优化，或者找到一些搜索引擎算法的漏洞，如此一来就能实现排名的快速提升。

这种 SEO 并不可取，因为它虽然见效快，但有可能因为搜索引擎的算法调整会出现重新排名。真正有效果的 SEO 是通过网站本身，从网站的技术架构到网站的内容体系，到最终的用户体验、购物流程，以及一系列网站运营体系优化等的整体优化。

一旦将这些工作做到位，不管从技术方面、内容方面、用户方面来看，企业的网站都是一个靠谱的网站，一个具备真正实力的网站，一个能够体现出 SEO 优化效果的网站。这时候，无论搜索引擎如何变化，企业的网站都会符合企业的排名。智能 SEO 优化所带来的流量会出现一个逐渐提升的过程。

这几年，谷歌也好，百度也好，虽然都有些新的动作，但更新的内容无外乎两个方面，即对低质量内容和垃圾外链的处理。回到源头来讲，也就是说网站不能出现这些低质量的内容。

无论何时，SEO 的优化绝不应该以欺骗搜索引擎、欺骗用户为目的。所以，企业的网站从自身而言，关于内容质量与外部链接质量都应该是高品质的。只需满足这些条件，不管搜索引擎如何变更规则，企业网站都很难受到影响。

回到应对方法上，简单来说，就是在搜索引擎算法调整的大趋势下，尽可能降低低质量内容的占比。过去的很多网站，不管是大型的、中型的还是小型的，都存在不少低质量内容，或存在低质量页面与低质量外部链接。

这些网站需要逐渐剔除这些低级内容，才能获取更好的排名。同时，随着搜索引擎对社交媒体越来越重视，企业需要加强网站 SEO 优化与社交媒体的联系，通过与其他媒体渠道结合，才能真正形成一个强有力的网站，一个能够在搜索引擎中获得足够推广效果的网站。

最后，企业要选择最适合自己的网站推广方式。例如：根据自身企业实力首选大流量平台，在运营过程中逐步淘汰效果不好的平台，逐渐加大效果好的平台的资金、人力投入，这种方法的最终结果是从海量的第三方平台中获得更适合自己企业网站推广的渠道，从而产生更好的经济效益。

例如，对于教育类网站而言，分类信息优化、各搜索引擎竞价、与第三方垂直平台的合作，这三种推广方式是最基本的，也是投入产出比更高的推广方式。其余的诸如网站的长期优化、部分腾讯系产品如朋友圈，部分优化系统如云网客等，则可根据自身实际情况自由选择。

3.3　360°SEO 优化策略

2010 年有多起互联网大事件发生，例如谷歌退出中国市场、微博崛起、3Q 大战、百团大战等。同样，SEO 行业也有众多变更和成长。在企业方面，越来越多的 SEO 营销者更加懂得 SEO 的重要性与迫切性；从行业角度看，SEO 行业越来越重视网站优化和流量价值的提升。

Netconcepts 在 2010 年提出了 360°SEO 优化概念。2011 年，Netconcepts

更深入推广360°SEO优化策略。360°SEO优化概念包括流量优化、外部资源整合优化、数据结构优化、团队流程优化、用户体验优化、用户参与度优化和转化率优化。

3.3.1 流量优化

SEO的最直接目的是提升网站搜索引擎排名,从而提高搜索流量,那么基于网站关键词的流量优化便成为重中之重。网站流量优化通常包含排名优化、关键词选取、网站构造优化、页面优化、长尾页面优化、网站内容优化、内部链接优化等。

除了关键词优化之外,Netconcepts还有一系列网站优化工作,这里列举几点进行论述。

1. 完善的网站框架

Netconcepts能够帮助企业构建较好的网站框架,便于进行网站内容爬取。

2. 完备的SEO团队

Netconcepts具备一个战斗力极强的SEO团队,能够提供企业所需的"血液"。

3. 网站权重基础较好

Netconcepts能够帮助企业网站建立一定的优势及提高网站质量,百度已收录链接及关键词库都会较丰富。

3.3.2 外部资源整合优化

外部资源整合优化包括外链资源优化、站群优化、消费周期优化三个方面。Netconcepts深知外部资源对搜索引擎优化的重要程度,外部资源的质量和数目都会影响网站权重与排名。从SEO角度来看,SEO营销者必须要改善现有外链的有效性,提升外链数量,获取更多高品质外部链接。

除了从第三方获取链接方式以外,在许多企业内部,还有其他的网站资源,包含公司内其他产品的网站、子公司网站、二级域名资源等。通过这些资源的调配对网站进行资源补充，可以大大提升 SEO 的效果。

此外，企业的微博、博客、论坛等内容也可以作为资源进行整合，通过企业内部员工的信息整合，将其展现到公司的官方微博、微信公众号上，也能发挥极大作用。

3.3.3 数据结构优化

对于企业来讲，搜索引擎仍是获取信息的最佳渠道之一，而进行数据结构优化，则是企业获取流量最有效方法之一。

一般而言，数据结构优化包含三个方面：数据挖掘、网站访问速度、本地化。数据挖掘的重要性不言而喻，但大多数网站却常常忽视它的作用。Netconcepts 通过 SEO 的关键词市场分析，找出更多用户需求点，在数据库中进行数据发掘，达到数据利用最大化。

如今的搜索引擎已将网站登录速度纳入排名算法中，这也恰好体现了 Netconcepts 精简页面代码、优化数据库结构的目的，能够提升用户搜索体验。随着搜索地区差别化的加深以及搜索地区的进一步普及，数据结构优化将进一步融入网站整体优化体系中。

3.3.4 团队流程优化

在执行一个 SEO 项目时，各个企业的 SEO 团队由于专业度不同，执行时间常常也会不同。即便是执行同一个项目，有的企业需要 1 周完成，有的企业需要 1 个月完成，而个别企业可能需要几个月甚至更长时间才能完成。

SEO 是全网营销中需要企业团队配合最多的一个种类，涉及部分包括技巧开发、产品、营销、经营等。因此 SEO 项目的执行力与效力最能体现一个企业团队的配合度以及流程化。

反言之，SEO 项目也能进一步促进网站内部工作流程的改进，从而提高企业的工作协同效率。而在 SEO 项目执行过程中，也能发现一些工作岗位的不足，比如网站编辑水平不够、外部协作专员缺乏等，从而促成企业岗位结构的进一步完善。

3.3.5 用户体验优化

企业履行 SEO 时必然会改变不少网站的页面布局，这样很容易影响用户体验。随着 SEO 优化，用户体验应该得到进一步提升。

换言之，SEO 优化的同时，企业需要借机改善网站整体内容，提升用户满意度。从用户角度出发，大多数用户更希望页面内容更符合他们的期望，并且经常可持续更新，以及看到更多用户的评价与留言内容。

因而，通过 SEO 优化，企业可将更多的用户互动内容与 Web 2.0 元素纳入网站之中，在加入更多高质量内容同时，提升用户参加度，并提升用户对网站内容的满意度。

3.3.6 用户参与度优化

用户参与度一直是 SEO 优化的一个重点内容。在内容层面，用户谈论的方式能够有效提高网站与用户的交互功效，提升用户参与度；在外部层面，社区营销方法能够让更多用户参与到品牌与网站的社区中，成为品牌与网站的探讨者、奉献者及传播者。

微博营销、病毒营销等方法也能够进一步扩大品牌知名度，企业则借此获得更多的外链资源及流量，同时品牌传播能够带来更多潜在搜索者。

3.3.7 转化率优化

SEO 优化的终极目的是提升网站转化率。经过之前累述的一系列优化，最终能够达到提高转化的目的。通过关键词选取和页面布局优化，企业网站可以提高流量及转化率；通过内部链接的优化与内容的引入，企业网站可提升单个订单的转化率；通过团队流程的优化，企业网站可以降低优化周期，获取更多潜在客户。

以上便是 Netconcepts 所提出的 360º 优化概念，从流量、外部资源、数据结构、团队流程、用户体验、用户参与度、转化率 7 个维度对网站进行优化，真正提高整个网站的竞争力，帮助企业获取长久的竞争优势。

3.4　SEO 系统与工具

企业进行 SEO 优化的系统与工具包含很多种。一般而言，国内的 SEO 工具分为四类：站长平台和各大管理员工具、外链工具、关键词工具、网站统计工具。对于 SEO 系统，本小节重点介绍 WebInsights 智能化 SEO 系统，它可以提供多种智能 SEO 工具，帮助企业实施"全网智能营销引擎"。

3.4.1　常用 SEO 工具介绍

SEO 工具主要分为以下四类。

1. 站长平台和各大管理员工具

站长平台和各大管理员工具包括百度站长平台、360 站长平台、搜狗站长平台、神马站长平台、中国搜索站长平台、Bing 网站管理员工具、Google 网站管理员工具、Yandex 网站管理工具等。

2. 外链工具

外链工具包括爱站：https：//www.aizhan.com、Seowhy：https：//www.seowhy7.com、Chinaz：http：//www.chinaz.com 等。

3. 关键词工具

关键词工具包括 Google Trends、Google Insights Search、Google AdWords、百度指数、百度关键词规划师、百度搜索风云榜、Google Zeitgeist、搜狗热搜榜、金花关键词工具、飞鲁达关键词挖掘工具等。

4. 网站统计工具

网站统计工具包括 Google Analytics、百度统计、CNZZ 统计等。

3.4.2　WebInsights 智能化 SEO 系统介绍

WebInsights 可以提供多种智能 SEO 工具，提高 SEO 优化效率。在全网营销世界里，流量与用户快速增长和品牌价值传播的洞悉同样重要，WebInsights 可以提供多种智能 SEO 工具，提高 SEO 优化效率，帮助企业开启"全网智能营销引擎"。

1. SEO 系统

SEO 系统是 Netconcepts 在 SEO 从业经验服务基础上建立起来的 SaaS（Software-as-a-service，SaaS）搜索引擎优化系统。SEO 系统致力于解决企业在日常 SEO 优化工作中的常见问题，全面监控分析企业站点，提高工作效率，科学化、数据化、精细化管理 SEO。SEO 系统的功能包括以下几个方面。

（1）关键词智能云检测。SEO 系统支持关键词排名智能监测、历史排名数据对比、关键词难易度分析、搜索可见度分析等功能。

（2）Links 全网数据分析。SEO 系统支持外链数量全网追踪、自动分析锚文本分布、自动分析外链域名分布、精确到页面的外链数据详细分析等功能。

（3）竞品数据对比。SEO 系统支持竞品数据对比分析，竞品排名、收录、外链分析等功能。

（4）智能 SEO 工具。SEO 系统提供指数查询、关键词排名监测、内容质量分析、页面诊断、关键词深度挖掘等智能 SEO 工具。

（5）历史数据可回溯。SEO 系统能够保存客户历史数据，可以从历史趋势中对比分析网站的优化效果，进一步指导日常工作。

（6）PC 端与移动端同时监控。SEO 系统能够同时监控七大搜索平台的关键词排名，同时可以做到 PC 端和移动端数据分别统计，便于客户对比分析。

2. ORM 系统

WebInsights 支持智能监控全网主流媒体及行业媒体，实时分析曝光程度及搜索行为，为客户及时提供定制化品牌监控预警和完整执行方案，帮助企业有效提升品牌形象。

ORM 系统的功能与 SEO 系统类似，都具有上述前四点功能，但 ORM 系统还有另外四点特色功能。

（1）微博、微信监控分析。ORM 系统能够同时监控微博和微信数据，并进行多维度的数据曝光分析和处理。

（2）自媒体抓取。ORM 系统能够对现在最主流的自媒体信息进行抓取、分析、处理。可以对用户最关心的问题进行舆情监控、负面分析。

（3）智能事件追踪。ORM 系统可以帮助企业追踪互联网事件发生的起因和过程，对活动以及事件处理具有重大参考意义。

（4）定制化预警。对于达到阀值的信息，ORM 系统可以及时发送预警信息到客户的邮箱、手机，第一时间了解企业网络事件发展情况。

3. 数据定制

WebInsights 以贯彻数据驱动营销为宗旨，以多年从事营销行业的经验为基础，通过积累的营销大数据帮助企业进行更多决策的分析与制定。数据定制具有以下特点。

（1）资源丰富。网站建设专家能够提供高质量的网站建设服务。

（2）经验丰富。Netconcepts 团队不追求数量，但追求质量。他们经验丰富且专业，合作时就如同一个人。

（3）专家团队。丰富的团队资源及专业资深的实战团队可以让企业少走弯路。

（4）海量数据抓取。Netconcepts 团队能够定制化采集规则，自定义导出格式，各种类型数据均可抓取，满足企业的数据需求。

（5）强大关键词、行业词库抓取引擎。Netconcepts 团队自主研发的数据采集平台能够定时抓取各搜索平台的关键词数据，满足企业关键词分析和搭建内部词库的需求。

3.5 SEO 项目管理

SEO 项目管理分为五步：制订合理的 SEO 目标，制订有效的 SEO 策略，制订可实施的 SEO 项目计划，资源投入与过程管理，项目质量管理与效果评估。本小节就从这五步出发，解析 SEO 项目管理的重点内容。

3.5.1 如何制订合理的 SEO 目标

网络上的信息铺天盖地，资源散布在全世界的各个角落，用户想要通过互联网找到需要的信息，利用搜索引擎是重要手段之一。从用户角度考虑，做搜索引擎优化可以方便用户搜索信息、节省时间和优化体验；从企业角度考虑，企业在搜索引擎上排名越靠前，自然曝光率就越高，用户就越容易点进去，那么就有可能转化为销量。所以，搜索引擎优化是非常重要的。

搜索引擎优化是一个长期过程，企业需要制订一个合理的目标来做规划和检验成果。在制订合理的搜索引擎优化目标时，企业需要考虑众多因素。

（1）人员配备

企业首先需要一个优秀的团队执行搜索引擎优化目标，这样的团队应具备这样几种角色：SEO 专业技术人员，主要负责优化规划、数据分析、关键词分析等；美术编辑，主要负责整个网站的美化工作；内容编辑，主要负责日常内容生产和维护；外链编辑，主要负责外部优化。

（2）策划和分析

企业需要想好网站的整体定位和走向：网站的特色和风格是什么？网站的 SEO 方向是什么？用户是哪些？竞争对手网站的情况怎么样？

（3）站内优化

站内优化涉及网站标题和描述、网站 URL、网站导航、内容、图片 ALT 标签等。企业需要对站内优化的诸多工作进行合理安排。

（4）站外优化

站外优化主要涉及外链和品牌曝光。在这方面，企业需要寻求优质并稳定的外链。

（5）其他考虑因素

企业还需要考虑一些其他因素，比如，网站的打开速度、静态化处理等。

搜索引擎优化的最终目的是提升网站访问量、增强用户体验，以及提高业务转化率。

3.5.2 如何制订有效的 SEO 策略

SEO 策略是指一种通过实践、总结、组合各种资源来实现 SEO 优化的技巧，它与 SEO 网站优化技术的不同之处在于思想、创新以及技巧的运用。SEO 策略具有以下几个突出属性：经验性、前瞻性、创新性。

SEO 技术永远是服务于 SEO 策略的，掌握再多的 SEO 技术却不讲求 SEO 策略，那网站的排名绝对难以上升。正确的 SEO 策略给网站带来的效果远远大于 SEO 技术所带来的效果。制订有效 SEO 策略的步骤如图 3-4 所示。

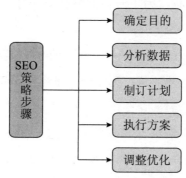

图 3-4　制订有效 SEO 策略的步骤

1. 确定目的

每个网站背后的企业所属的行业都各有不同，面对的潜在用户群体自然也不一样。同时，每个企业在 SEO 优化方面所投入的财力与时间有多有少，内容建设方面会出现明显差异。此外，网站所处行业的排名也是需要考虑的内容。这些因素对于 SEO 策略的制订都有着重要影响。

在确定目的这一步中，企业至少要明确三个方向。

（1）推广目标：是提升知名度，还是依靠网站推广？

（2）受众目标：受众目标是"80 后""90 后"还是"00 后"？是学生还是家长？

（3）网站目标：是提升网站流量，还是提高转化率？

明确这些目标后，企业网站的 SEO 策略才能做到有的放矢，做出相应的调整，从而快速达到吸引潜在用户访问的目的。

2. 分析数据

在 SEO 行业中分析数据特指分析目标关键词与长尾关键词的相关数据。具体操作办法是结合上一步中确立的目标进行关键词确定，然后从目标关键词中拆分出长尾关键词，将其编撰成"词表"，作为以后进行内容优化的资料库。

这一步非常重要，新网站切忌选择竞争力较大的关键词，这对于网站的权重提升并不友好。较为稳妥的做法是选取行业中竞争力中游的关键词与2～3个竞争力较小的关键词。这样可以做到在短时间内提高网站信任度，以及增强企业的信心，为下一步调整关键词打好基础。

3. 制订计划

计划的制订需要量力而行。假如，网站的SEO营销者只有一个人，每天更新十篇高质量的内容很难完成，因此企业需要制订可行的计划，量力而行。

4. 执行方案

按照之前制订的计划进行日常执行。这一步最考验SEO营销者的耐心。因为新网站正处于一个竞争激烈的SEO领域，排名的上升会非常缓慢，时常还会有波动的情况出现。

实际上，搜索引擎收录网站的内容是一个持续的过程。即使在竞争并不激烈的领域，一个新网站的排名达到了较为理想的状态，搜索引擎还是处于一个收录状态。这个过程的长短由网站内容的质量以及相关性所决定，之后搜索引擎会为该网站打上若干标签，例如"信任""原创""垃圾源""更新慢"等。

在执行方案过程中，假如网站排名出现波动，SEO营销者首先要做的是冷静寻找原因，切忌不可对网站大动干戈。

5. 调整优化

SEO行业中的资深人士都明白："SEO是不可控的"，行业的变化、竞争者的加入、算法的优化，这些都是SEO营销者没有办法控制的。既然如此，SEO就不能依靠猜测判断问题的原因，而需要利用科学的依据（日志和统计数据）将一些不可控因素可控化，这才是调整优化这一步的重点。

3.5.3 如何制订可实施的SEO项目计划

SEO项目计划的制订可繁可简，也就是说SEO营销者可以制订未来几个月的计划，也可以制订未来一周的计划。SEO项目计划制订视团队成员而定，毕竟SEO是一个依靠团队配合才能发挥更大效果的工作。

一般来说，团队更适合周期长的计划，而如果仅有单个人则推荐周期短的计划。无论是繁是简，在 SEO 项目计划制订中，需要包含以下内容。

（1）确定主关键词优化的时间与目标（1 个月首页，3 个月前三，1 年前十等）。

（2）确定网站程序与服务器情况（是 CMS 还是 BLOG）。

（3）确定 URL 标准化方案与内容结构层级（栏目分类，URL 标准确立等）。

（4）确定内容风格趋向（图片为主还是文字为主，原创比例是多少，偏向大众还是专业等）。

（5）确定内容更新频率（多久更新一次，每天的更新时间等）。

（6）确定社会化方案（是否需要其他网站的支持，如何更新等）。

（7）确定外链建设方案（企业具有哪些外链资源，是否需要企业其他网站的外链资源等）。

3.5.4 资源投入与过程管理

制订完 SEO 项目计划书以后，下一阶段便是将这些资源投入 SEO 过程管理之中。这些资源包括新媒体平台账号、高质量软文编辑、高权重论坛账号、数据分析报告、SEO 项目团队、高质量外链等。

在接到一个新的 SEO 项目时，SEO 营销者首先要做的是全面了解该项目的实施情况，具体有以下步骤。

（1）SEO 营销者需要了解优化项目的具体需求。也就是 SEO 营销者需要对网站进行全面诊断，包括对目标网站的分析，对百度、谷歌算法规则的分析，对竞争对手的 SEO 方案分析等。

（2）SEO 营销者需要了解这个项目牵涉哪些方面的人。在过程管理中，SEO 营销者需要征求项目相关人员的看法与意见。

（3）在 SEO 项目执行过程中，SEO 营销者需要时刻计算手头资源。SEO 营销者首先需要计算时间；其次需要计算人员，依据项目预算和以往经验准确判断项目小组的进程，并留有一些预备措施。

（4）在项目实施阶段，SEO 营销者需要关注网站的 URL、后台优化、内部链接优化、页面优化、页面布局改造、关键词竞度分析及优化、高质量外链导入、数据统计分析、跟踪优化分析等。

这里值得注意的有两点：一是 SEO 营销者需要与用户保持交流沟通；二是 SEO 营销者需要考虑怎样检查优化结果。

3.5.5 项目质量管理与效果评估

SEO 项目的过程管理进行到最后，基本上能实现 SEO 优化项目的预期目标。而在这之前，SEO 营销者除了需要提交文档工作以及报告成果以外，还需要让用户对自家公司的 SEO 优化流程有所了解，这也是一种营销推广手段。

当营销效果达到之后，为确保 SEO 项目质量过硬，SEO 营销者通常都需要对用户进行 SEO 培训，帮助用户维护排名，确保后续优化质量不会下降。假如用户没时间维护，SEO 营销者也需要指派专业人士进行后期维护工作。只有做好 SEO 项目质量管理工作，才能确保项目持续高效地完成。

完成项目的质量管理工作之后，即进入项目效果评估阶段。它需要平衡用户期望与实际情况之间的关系。效果评估要实事求是，不能因为最终效果不好而放弃底线伪造数据，这对团队的伤害以及对企业信誉的影响是极大的。

3.6 SEO 项目案例解析

Netconcepts 是一家结合搜索引擎优化、搜索引擎营销、品牌名誉管理、社会化媒体营销、移动营销、大数据营销及网站建设等为一体的综合性互联网营销解决方案提供商。其在 2008 年成立北京总公司，随后又先后成立了上海、深圳、天津分公司。

作为中国互联网营销服务行业领军品牌，Netconcepts 以"敬业执着 信守承诺"为品牌核心价值观，基于搜索优化创新型智能网络营销平台，形成 SEO、SEM、社会化媒体营销及移动营销四大项目管理服务系统，为企业真正提供全球独步领先的一站式智能网络营销解决方案。

3.6.1 平台类网站案例

Netconcepts 凭借全球领先的网络营销专长及国际化团队，先进的 Inbound Marketing（全网营销）理念与营销 4.0 手段相结合，服务团队分工明确、专业、专注、相互协同打造复合型智能网络营销创新体系，为近千家全球知名企业提供网络营销解决方案并取得巨大成就。

Netconcepts 先后创立了中国 SEO 排行榜大会，成立了 SEO 大学，为推动中国网络营销行业发展做出巨大贡献，被全球行业权威机构 TopSEOs 评选为"中国最好的 SEO 服务提供商""中国最具竞争力十大电子商务服务品牌"。

Netconcepts 曾与非常多的知名企业合作过，早期合作的多为旅游类企业，比如艺龙旅行网及相关的旅游类在线预订网站。而到了后期，随着 Netconcepts 的发展成熟，Netconcepts 的合作方变为一些大中型电商，包括一些平台型的企业，如当当网、卓越亚马逊等。

例如，苏宁易购拥有大量稳定用户，在电商行业中品牌知名度较高，Netconcepts 根据苏宁自身优势给予定制化策略，帮助其突破流量瓶颈，在 PC 端、移动端上针对用户需求及产品需求完善各个产品线，深度挖掘客户信息，实现网站点击速度优化，以达成用户预期流量、转化率等考核指标。

Netconcepts 通过内链锚文本优化方案、移动适配、网站结构化字段匹配与释放、购物车优化体系最终实现流量提升 1.45 倍。

3.6.2 品牌类网站案例

近几年，Netconcepts 在化妆品垂直领域帮助不少品牌类网站进行 SEO 优化，如乐蜂网、聚美优品等网站，双方合作期间，无论是网站流量，还是用户覆盖群，均得到很大提升。

当然，Netconcepts 这两年更多的是帮助一些传统企业进行互联网转型，包括互联网的电子商务，例如一些互联网品牌在网上的品牌保护，用户群的获取等。这方面的合作方包括飞利浦、华为、泰康人寿、新东方等企业，Netconcepts 帮助它们在整个互联网营销上更上一层楼。

例如，央视网拥有品牌知名度高、页面类型多样化、超大页面数量级别等特点，但网站也存在内容整合困难、移动数据对接困难、移动无法抓取等诸多待优化问题，最终从搜索引擎处获得的流量并不理想。

然而，Netconcepts 通过页面结构优化方案、移动适配及优化策略、网站公共元素优化方案、技术结构优化、网站入口调整等方法使得央视网的流量提升 1.3 倍。

爱空间属于互联网家装网站，Netconcepts 通过对该网站公共元素优化、网站架构调整、网站关键词库搭建、网站内链系统搭建，在行业竞争压力不断增强的情况下，实现了爱空间网站流量的 20 倍提升。

3.7 垂直平台 SEO

垂直平台 SEO 优化分为四个方面：电商平台 SEO，社交平台 SEO，生活服务平台 SEO，其他垂直平台 SEO。

3.7.1 电商平台 SEO

SEO 可能看起来不难，但在实践中，SEO 营销者需要监控多个方面。对于电商平台来说，这个过程更复杂。电商平台 SEO 的基本原则为：发布精彩内容，链接高质量外链，持续的社交媒体活动。除此之外，SEO 营销者还需制订特定的电商平台 SEO 策略。

1. 为产品创建独特的说明

事先做好文字编辑工作，避免重复内容，保持页面独立性。

2. 引导访客评论

淘宝、京东等电商平台都建立了健全的用户评价体系，这种做法有利于保持页面的更新频率。此外，通过让用户深入了解产品口碑，有利于提升用户对产品的信赖。

3. 建立简单的网站导航

这有利于获取更高的搜索引擎排名，改善用户体验。电商平台需要使得产品页面易于搜索、易于理解。

4. 通过减少图像大小优化网站加载时间

许多电商平台的产品页面图像清晰度很高，期望借此带给访客强劲的视觉冲击，但不可过度。在一个页面上出现过多的高质量图片会降低访客登录网站页面的速度，这并不利于SEO优化。

3.7.2 社交平台SEO

社交平台SEO优化有以下策略。

1. 制订合理的内链结构

社交平台网站页面之间的访问应保持在3次点击之内，同时SEO营销者还需要保证相关产品页面的合理推荐。

2. 移动适配

这点对社交平台尤为重要，通过特定的移动设计，给用户提供流畅的移动体验，让他们访问的速度更加快捷，这在未来几年愈发重要。

3. 分享按钮

对社交平台网站而言，社交分享按钮不建议给用户提供过多的选项，可以精简到1～2项。

4. 创建内部论坛与博客

社交平台网站需要流量来支撑，而流量来源于社交，这就需要社交平台SEO营销者为用户搭建一个交流平台，例如，论坛、博客等，用户可以在其中分享各自喜爱的产品信息，并相互提供建议。

3.7.3 生活服务平台SEO

生活服务平台SEO优化有以下策略。

1. 创建季节性产品

这部分产品往往可以产生大量长尾关键词，生活服务平台的 SEO 营销者需要将这部分流量导入核心关键词主体页面，为其排名提供权重。

2. 视觉营销

图片与视频逐渐作为网站内容的主要媒介，对生活服务平台来说更是如此。SEO 营销者需要为平台上的服务添加视频与高质量图片，并增添 ALT 标签，使得每个图片都能出现在搜索引擎图片搜索结果中。

3. 定期核查链接结构

生活服务平台网站容易生成大量无意义的页面，因此 SEO 营销者需要利用软件工具定期清理这部分页面。

4. 优化网站内部搜索功能

如果用户经常性登录某个网站，必然有相当一部分原因是网站的内部搜索功能十分快捷、便利。这就要求 SEO 营销者优化网站内部搜索功能，并对每个页面进行排序。

3.7.4　其他垂直平台 SEO

所谓万变不离其宗，其他垂直平台的 SEO 优化其实离不开以下三个核心要点。

1. 原创优质内容

网站内容一般分为原创和伪原创两大类。优质的网站内容自然大部分都是以原创为主。此外，原创内容需要与网站内容密切相关。

例如，网站以提供搜索引擎服务为主，自然内容应该以教导"小白"如何进行 SEO 优化、SEO 优化注意事项、SEO 专业知识等为主。

2. 强大外链

外链对网站而言就像是化学反应的催化剂一样，能够起到至关重要的作用。但在找外链时，SEO 营销者最好找一些同行大咖的网站。

3. 不断更新

网站的更新需要像海水一样不断流动，假如网站内容很少更新，或者经常不更新,那么访客也会随着更新的减少而减少。对于网站的更新,建议每天一次,或三天一次,注意一定要有规律。

3.8 SEM 投放与管理策略

SEM 的投放形式越来越多,但对于 SEM 行业内量级较大的中小企业而言,如何选择正常的投放形式是一个需要思考的问题。

首先,对 SEM 的前端样式而言,优先级越高的创意形式更符合用户审美和检索需求,但对初次进入 SEM 行业的企业来讲,高级创意形式的必要条件较多,门槛较高。

其次,对目前搜索市场而言,在移动端高速增长的情况下,移动展现样式如何获取用户的信任,在仅有三个广告资源位的情况下保持高精准度的点击,是企业需要注意的问题。

总之,SEM 投放与管理策略是一项技术性工作,需要企业管理者运用理性思维进行工作。SEM 的投放与管理策略是如何贯穿在 SEM 优化的全过程中?受众需求如何与卖点相结合?B2C 企业与 B2B 企业的 SEM 如何投放?这些都是本小节要解决的问题。

3.8.1 B2C 企业的 SEM 投放策略

一家经营男士服装的网站,虽然品牌口碑不错,但销量却一直不见增加。为了改变现状,这家网站的负责人邀请专业人士进行搜索优化。结果发现,用户通过搜索关键词进入网站后,网站常常会自动弹出一些不相关的链接;同时进入该网站的速度很慢,一般要七八秒钟;而且页面设计杂乱无章,很多用户点开后就直接关闭了网站,或者由于等待页面打开时间太久就关闭了网站。

根据这些分析结果,专业人士对该网站进行了 SEM 优化,使该网站的登录速度大大加快,同时关闭不相关链接,重新设计页面,不到一个星期时间,该网站的搜索排名跃至行业第三名,并且花费的成本不及广告宣传的一半，最后该品牌的销量节节攀升。

SEM 的英文全称是 Search Engine Marketing，中文名为搜索引擎营销。简单来说，SEM 就是利用人们使用搜索引擎平台的习惯，将搜索引擎平台上的特定信息传递给目标用户。SEM 追求高性价比、小投入和大收益，其目的是让网站出现在搜索引擎靠前的位置，从而增加点击量。为了达成销售目标，SEM 的设计、策划、咨询阶段都要符合用户习惯，因此 SEM 包含了从用户打开搜索引擎到最后销售成功的全过程。由于 SEM 的高速发展，竞价专员这一新兴职业也随之产生。

从字面意思理解，SEM 的重点在于"营销"，即企业在营销过程中需要考虑如何优化排名，使产品更容易被用户发现，体现出竞价机制。

如今，许多人分不清 SEO 和 SEM，它们的实现效果比较如表 3-1 所示。

表 3-1　SEM 与 SEO 的实现效果比较

区别	见效快慢	花费资金	可信任度	排名稳定性	时间周期
SEM	快	多	低	高	短
SEO	慢	少	高	低	长

由以上内容出发，B2C 企业的 SEM 投放策略如下。

1. 关键词有效率

关键词有效率是指展现的关键词数量，它直接影响 SEM 优化的关键词质量。对 B2C 企业而言，想要提高关键词有效率，可以从企业商品销售量与知名度两个方面出发进行拓词创建。同时可以融合创意关键词匹配模式，包括广泛匹配、短语匹配、精准匹配等。其中，短语匹配尤需重视，因为短语匹配能在不断提高关键词精确度的同时维持一定的展现量，这对关键词有效率的提高有很大帮助。

根据大数据平台的参考数据，一般平台电商关键词有效率维持在 15% 左右，知名垂直品牌电商则维持在 30% 以上，B2C 企业可通过这样的数据判断自身处于何种水平。

2. 点击成本

B2C 企业在投放 SEM 过程中会不断获取新的关键词，成本也会不断上升。此时控制点击成本便能对投入产出比产生关键性影响。互联网市场数据分析结果显示，关键词的点击成本每年都在增加，其根源是 B2C 企业对于 SEM 投放更加重视，这使得关键词的竞争更加激烈。

不过，虽然点击成本不断增多，但 B2C 企业的 SEM 市场依然可观，且点击成本的优化比较容易。调整点击成本策略的方法如下所示。

（1）对于宽泛流量型关键词降低出价，必要时可以删除该关键词。对于不相关的关键词，可以阶段性停止竞价，防止出现无效点击。

（2）对于重点关键词可以先保守出价，再依据需要逐步调整排名。反之，如果关键词出价居高不下，就难以调整点击单价。

（3）品牌词＞竞品词＞通用词＞产品词＞活动词，依据该规则进行出价策略的调整，可有效控制点击成本。

3. 订单转化率

对于 B2C 企业而言，订单转化率决定订单量。订单转化率的高低体现出该企业网站运营能力的强弱。对于订单转化率的提升，B2C 企业可以从反面进行思考：为何用户不下单？

（1）有关数据显示，50% 以上的用户表示过长的网页加载速度是他们放弃购物的主要原因之一。由此可见，B2C 企业的首要任务是提高网页加载速度。

（2）有 50% 的用户表示由于找不到想要的商品而放弃购物。在解决这一问题时，B2C 企业除了需要做到关键词精准外，还需要做好站内导航，导航是引导用户行为的有效工具。

（3）如果购物的步骤太多，有 40% 的用户会放弃购物。购物过程中若涉及表单栏目，尽量简化设置，减少用户购物环节，提供更多的支付接口。

当然，这里仅仅是 SEM 关键词投放过程中最为重要的 3 个指标，在未来的 SEM 投放过程中，精细化管理以及数据分析非常重要，B2C 企业需要针对关键词投放过程中各个指标进行分析，逐一进行调整优化，才能够使最终的转化效果提高，获得理想的 ROI（投资回报率）数据。

3.8.2 B2B企业的SEM投放策略

SEM能够精准定位客户并高效率完成期望,相较于其他方法具有高性价比,简单来说就是高效、精准、高性价比。这三点核心使SEM具有四大优势。

1. 效果显著

利用SEM搜索引擎营销,企业网站关键词的排名和流量增长效果非常显著,且用时少,通常不到10分钟。

2. 指导SEO关键词策略

SEM搜索引擎营销可以指导SEO关键词策略。SEO收集用户浏览数据和消费习惯,进而挑选转化率高的词作为选取关键词时的参考。

3. 调整策略

SEM搜索引擎营销能够精准计算ROI,呈现用户具体的花费、点击和转化情况。SEM搜索引擎营销还能通过数据分析计算出CPS(按成交付费)和CPA(按行动付费)的指标,有助于企业及时高效地调整相应策略。

4. 提高投放精准度

SEM搜索引擎营销能够大幅度提高营销投放的精准度,在账户后台指定推广的区域投放关键词,锁定更多的潜在用户,减少成本浪费。

3.8.3 百度SEM投放策略简述

企业进行SEM投放与管理的策略在前两节中已经有所解读,但落实到具体的搜索引擎时就需要具体对待。例如,百度的SEM投放策略通常可以通过灵活运用百度指数来实现。

百度指数是一个数据分享平台,它拥有海量的百度用户行为数据。其一上线便引起业界轰动,此后,它被众多企业视为SEM投放策略的重要依据。

具体来说,百度指数通过对用户在百度网页、百度新闻、百度APP等多个渠道中产生的行为数据的研究分析,得出各个关键词在某段时间里的网络曝光率、时间热度等内容,然后直接、客观地将这些内容反映出来。

百度指数通常能够为营销者提供哪些信息？营销者可以利用百度指数估算某个关键词在百度的搜索热度，预测该关键词在某段时间内的点击趋势，以及与之相关的关键词变化情况。另外，营销者还可以得出这些关键词的用户画像以及相关的搜索需求等。百度指数查看关键词的趋势和热度的使用方法如下所述。

第一步：在百度搜索引擎的搜索框中输入"百度指数"，然后出现以下页面，点击带官网标识的百度指数，如图 3-5 所示。

图 3-5　搜索"百度指数"页面

第二步：打开百度指数页面，点击"登录"按钮，登录已注册成功的百度账户，如图 3-6 所示。

图 3-6　百度指数界面

第三步：在百度指数页面的搜索框中输入需要查询的关键词，点击查看该关键词的指数。以"SEO"关键词为例，在百度指数页面中输入该关键词，即可看到"SEO"关键词的指数趋势，如图 3-7 所示。

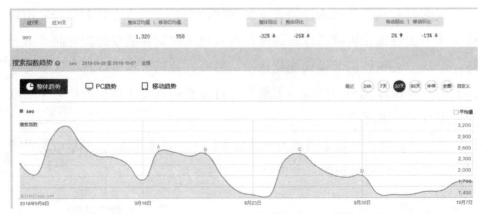

图 3-7 "SEO"关键词的指数趋势

第四步：在"指数概况"一栏里，营销者可以选择查看关键词最近7天、最近30天的搜索指数。在"指数趋势"一栏里，营销者可以选择查看最近24小时、最近7天、最近30天、最近90天、半年或者全部的整体趋势、PC趋势以及移动趋势。此外，营销者还可以选择资讯关注、需求图谱或者人群画像来对"SEO"做进一步了解。

第五步：运用关键词对比检索、关键词组合检索、关键词组合对比检索等功能对关键词进行全面分析。

关键词对比检索指的是在关键词旁边添加对比词，实现不同关键词数据的对比查询。例如，同时检索"SEO"与"SEM"（如图3-8所示）。目前，百度指数最多支持5个关键词的对比检索。

关键词组合检索指的是通过"加号"链接不同的关键词，从而对不同关键词的指数累计数据进行查询，例如，营销者可以检索"SEO+SEM"（如图3-9所示）。目前，百度指数最多支持3个关键词的累加检索。

图 3-8 关键词对比检索界面

图 3-9 关键词组合检索界面

此外，还可以将对比检索与组合检索交叉使用。例如，同时检索"SEO+广告"与"SEM+广告"。

百度指数越高，意味着用户关注度越高。营销者通过对企业产品涉及领域的多个关键词以及组合关键词的搜索量查询，可以知晓用户的搜索习惯以及趋势转变，从而制订出更适合企业的 SEM 投放策略，使关键词布局更加合理。

3.8.4 搜狗与其他搜索引擎 SEM 投放策略简述

搜索引擎 SEM 投放策略的核心要点就是要有方向与操作，落实到竞价账户之中便是企业需要打造最适合自己的账户策略。一个账户策略是否适合自己，需要通过多个方面检验优化。

企业进行 SEM 投放与管理是为了获取精准流量，扩大推广范围，进而实现用户转化。在搜狗以及其他搜索引擎的 SEM 账户搭建初期，各种数据与表现往往不尽人意，营销者需要不断对账户进行优化，实现账户结构的全方位提升。那么，营销者应当从哪些方面入手？

第一，建立一个层次清晰的账户。要想让账户结构层级清晰有序，营销者可以将每个单元依据不同标准和目标进行划分，比如预算、投放地区、业务种类等。此外，推广单元内的关键词数量一般应控制在 30 个以内，关键词数量过多容易增加成本，且营销者不易监测和控制。

第二，关键词投放要讲求一定的策略。营销者需要对关键词中的核心词、扩展词、长尾词等分组划分。同时营销者要多渠道提取关键词，不应拘泥于一种方式或渠道。而在匹配策略中，可以利用高流量常用词、短语匹配的方式尽可能增加精确匹配程度，对长尾词进行广泛匹配，获取更多潜在用户群体。当然，这两种匹配方式最终获得的展现机会也有所差别。

比如，广泛匹配的展现率高，而精确匹配的展现率明显偏低。两者带来的流量转化率也不同，精确匹配带来的用户转化成交的可能性更大。在初期投放时，关键词最好以短语与核心关键词进行匹配，这也方便营销者后期开展选词工作。

第三，考虑创意策略。创意策略与账户结构有密切联系，不同单元至少匹配 3 个创意，创意需要从不同角度出发撰写，最好长短搭配，2 条长创意适配左侧推广与推广链接，1条短创意适配右侧推广。

从策略上说，创意标题、描述、URL都要考虑到。标题尽可能短、精、准，同时避免使用禁用词，遵守《广告法》的相关规定。

第四，数据分析是一项必不可少的工作。比如，当关键词质量度部分低时，营销者需要借助数据分析找出具体原因。从战略层面到实操阶段，数据分析能够给出相对理性的结论。

数据分析从哪些方面入手？营销者可以从搜索词报告、关键词分析等方面入手，对竞价策略进行更好的优化和提升。

通过以上四个方面，营销者就可整体把控企业的SEM账户策略，包括优化和数据分析等。这样才可能制订出最适合企业自身的SEM账户策略，从而实现搜索引擎SEM投放策略的升华。

3.9 SEM优化技巧

本小节重点分析SEM优化技巧，帮助营销者区分企业在SEM优化中运用的基础技巧与高级技巧并给出分析方法与案例。

3.9.1 SEM基础优化技巧

1. SEM关键词精准度

对SEO而言，关键词是中心。对SEM而言，关键词同样重要，SEM通过竞价排名方式使企业关键词排在搜索引擎结果页面的靠前位置。因此SEM对关键词的精准度要求更高。

SEO的关键词是根据产品特点、行业和区域特征，并结合关键词流行趋势选取和规划的。SEM在此基础上需要更深入地考虑具有明确消费需求与能力，且易产生购买行为的用户会搜索什么样的词。

2. SEM中引导页的设计

有的时候关键词精准度很高，但转化率很低，也许问题出现在引导页面设计上。引导页面也称落地页，就是用户搜索相关词后点进去的页面。

SEM 的最终目的是让用户产生消费行为，如何实现转化，营销者需要考虑用户行为和用户体验这两点：引导页面上是否具备用户需要的内容？能否帮助用户解决问题？能否让用户值得信任？

3. SEM 中数据监测与优化

SEM 中的数据监测与优化是最重要的一步。营销者需要建立一个数据监测系统，监测关键词点击率、注册人数、订单转化率等数据，这样便于发现问题和解决问题。比如，转化率低无论是关键词不够准确，还是引导页面设计不符合用户习惯，营销者都能在数据中找到答案。

3.9.2　SEM 高级优化技巧

SEM 搜索引擎营销的核心就是将客户需求与卖点融合，从而为客户提供心仪产品，最终实现成交。

根据上面的思路，SEM 高级优化技巧亦可称为客户分类技巧。一般而言，客户分为四类：5% 为准客户，他们是认同产品的优质客户；30% 为意向客户，他们购买愿望强烈，但总是将几家产品相互比较，最终根据自己的喜好选择产品；35% 为潜在客户，他们有需求但并不急切；剩余 30% 是无效客户，这部分无法避免，只能降低。针对这四类客户，营销者需要采取不同应对措施，实施 SEM 优化。

1. 第一类：5% 的准客户

对 5% 的准客户来说，他们已经认同了公司的产品。比如，搜索品牌关键词的客户，已经了解了公司的业务。此类客户人数最少，但转化率最高。

2. 第二类：30% 的意向客户

30% 的意向客户常常具有强烈的个人诉求，他们希望产品或服务能够解决自己的实际需求。比如，患者晕倒急需治疗，他需要寻找附近高医疗水平的医院；客户手机出现故障，他需要寻找维修店进行修理。

从例子中我们可以发现一个问题，那就是客户的选择是以"他认为"为依据的，为什么会出现这种状况？原因很简单，因为客户在进行网络搜索时,判断的标准是能否解决他的问题,哪家网站提供的信息可以解决问题,客户便会选择哪家。挑选的标准自然就是产品符合要求、服务态度好、交流顺畅等。相对来说,此类客户比较容易被转化。

3. 第三类:35%的潜在客户

35%的潜在客户在短期内没有成交意向或者成交意向不明确。一般情况下,这部分客户搜索关键词的目的是收集资料,为日后做准备。

代表此类受众需求的关键词较容易分辨,一般以询问类长尾关键词出现。比如"Wi-Fi如何设置密码""夏天如何减肥""电脑浸水了该如何处理"等。此类客户转化比较困难,因为他们的需求并不迫切。

4. 第四类:30%的无效客户

剩余30%的客户基本属于无效客户,此类客户转化的可能性极低。比如,用户无意中点开页面搜索关键词时顺带点开页面等属于正常的推广消耗。

以上是按照需求强烈程度对客户进行的分类,那应该如何引导用户点击咨询?具体解决方法如图3-10所示。

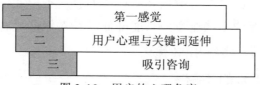

图3-10 用户的心理角度

1. 第一感觉

心理学认为,人的第一感觉会影响人的行为,对于网站来说也是如此。一个整体感觉良好、界面简洁明了的网站和一个功能复杂繁多、令人头晕目眩的网站相比较,大多数用户会选择前者。

例如,启德雅思培训的网页界面将企业优势用简单的数据模式展现,只留下一个功能入口,避免了繁杂的功能选项和文字说明,而且整体采用偏红色的色调,提升了整体观感,如图3-11所示。

图 3-11　启德雅思培训的网页界面

从心理层面讲，用户是带着期望值搜索关键词的。用户在潜意识里希望点开一个页面就能够看到想要的结果。因此，如果想要在第一时间吸引用户的注意，就必须带给用户良好的页面视觉感受，既美观大方，又能直击用户需求。

2. 用户心理与关键词延伸

如果想要深入挖掘用户心理需求，企业应通过用户搜索的关键词分析用户心理，进而满足其需求。营销的本质就是满足用户需求的一个过程。

例如，用户搜索"王者荣耀"时，可能是想要下载这个游戏，或者是想要观看游戏视频，又可能是希望寻找游戏攻略等。

清楚用户心理后，企业可以在产品标题和描述上花费更多精力，也可以通过用户心理延伸出更多符合用户需求的关键词。

3. 吸引咨询

当用户进入网站页面后，第一需求是寻找自己想要的信息，但是企业需要和用户进行沟通，所以企业必须在页面中添加对话链接，方便与用户交流。当然，链接的放置也有讲究，它需要出现在用户最想点击的地方，链接位置可以使用百度热力图确定。

3.10 百度竞价案例解析

本小节以百度竞价案例为主题解读百度凤巢系统。了解和熟悉 SEM 推广样式可以让 SEM 竞价推广更有针对性，满足不同广告主的个性化投放需求。

3.10.1 百度凤巢系统简介

2009 年，百度推出专业版搜索推广系统——百度凤巢，以帮助企业获取更多商业机会，提升推广效果。该系统的主要推广工具与产品包括以下几个方面。

1. 附加创意

百度凤巢推广系统的附加创意是指在原推广位或推广链接的下方，添加多种方式的推广信息，包含服务直达、APP 下载、蹊径子链（在百度推广内容中融入多条子链）等。附加创意为广告主提供更个性化的展现方式，能够提高推广链接被用户点击的概率，如图 3-12 所示。

如图 3-12 所示，最下面方框内便是百度的附加创意，用户只需点击即可进入相应的页面。

图 3-12　百度附加创意的位置

2. 动态创意

百度竞价的动态创意是根据网民搜索需求分析结果，为网民提供需要的信息的一种推广样式。动态创意是依据搜索词和数据分析动态抓取的，可为用户呈现他需求的信息，以实现 SEM 竞价推广的精准投放。

在具体设置时，营销者可以在百度凤巢系统的动态片段，包括栏目和长尾词进行设置。动态创意包括子链、标签子链、热点直达、动态标题。

3. 图文展现

随着百度凤巢推广系统的不断升级，其展示样式也在不断丰富。当推广排名在首位时，会显示出网站 LOGO，这对企业来说十分重要，能够进一步增强传播效果。

4. 百度闪投

百度闪投是附属于百度凤巢推广系统中的一款产品，其操作系统为一款升级版的插件。百度闪投可批量管理拓展优质流量，通过关键词拓展模板、关键词优化匹配抓取更多优质长尾流量。

百度闪投能够模板化生成创意，实现自动投放管理，降低广告主的工作强度，提升广告推广投放效果。

5. 品牌专区

品牌专区是一种针对知名品牌的推广模式，占据首屏大部分的展示位置，以文字、图片、视频等多种广告形式来全方面展示企业品牌推广信息。品牌专区直接将企业最精华的信息展现在用户面前，引导用户进入品牌官网，提升企业品牌形象。

品牌专区的标准样式还有"栏目+表格""栏目""表格"，共三种推广样式。除标准样式外，品牌专区还有多种高级样式供广告主选择。

3.10.2 百度 SEM 产品投放方案

百度 SEM 产品投放方案的具体实施步骤如下所述。

1. 方案背景

方案背景包括推广网站是哪个？目的是什么？一般而言，企业通过百度SEM产品投放都是为了增加知名度，提高客流量，获取潜在客户的联系方式（QQ、微信、联系电话）。

2. 行业分析

行业分析包含目标受众人群、受众省份分析、目标人群属性。这些数据都可以从百度指数分析查到。

3. 竞争对手

企业可以从着陆页面、沟通工具、创意展示、关键词等方面来分析自己与竞争对手在百度SEM产品投放方面的差距。

（1）着陆页面。例如，竞争对手产品都在首页投放。

（2）沟通工具。例如，竞争对手都是使用微信咨询+使用咨询沟通工具，大部分以使用咨询弹出框为主。

（3）创意展示。例如，竞争对手的创意展示以闪投为主，创意突出点包括"专业""价格低""口碑好"等。

（4）关键词。例如，从竞争对手的核心关键词排名中查看公司实力。一些出价较高的核心词长时间处于首位一般而言只有三个可能：公司没有专业的SEM人才，竞价不专业；公司有实力，期望通过关键词做品牌；该关键词的投入与产出比高。

4. 预算分配和投放效果

（1）预算分配：移动端占60%；PC端占40%。

（2）投放效果：咨询、点击量、平均点击价格、日预算、百度SEM。

5. 关键词选择

（1）行业核心词：行业核心词竞争热度高，曝光率高，转化率偏低。可根据预算有选择地添加部分行业词。

（2）行业词的长尾词：根据用户搜索词的变化拓展相关长尾词，按关键词属性进行分组。

（3）品牌名称：起价低，竞争热度低，用户意向明确。

（4）品牌关键词：起价低，竞争热度低，用户意向明确，转化率高。假如搜索品牌词无法找到该品牌，则会降低用户信赖度。

6. 创意描述

撰写醒目而有创意的标题,抓住用户痛点,吸引点击。

3.10.3 百度 SEM 投放案例

某口腔医院规模大,技术力量先进,通过创建多个账户,在百度上进行 SEM 推广,获得了一批精准客户。品牌关键词点击率由推广之前的不到 20%,上升到推广之后的 47%,知名度有了明显提升。

该医院的 SEM 竞价推广选择百度搜索引擎是各方面因素综合考虑的结果。百度平台大,对用户有较强的汇聚力和吸引力,曝光率高,可有效引导潜在用户。

经过 3 个月的投放,该口腔医院的推广数据整体质量有了很大提升,展现量从之前的 924 次 / 周下降到 397 次 / 周,但点击率由之前的不到 20% 增加到 58%。再结合来医院预约客户的成本对比,虽然 SEM 投放比单纯的搜索引擎推广在成本上增加了 25%,但医院整体形象有了较大提升,且客户预约数量有了明显增长。

通过百度 SEM 竞价推广,该口腔医院实现了客户的大幅度增长。

此外,某综合类大型招聘网站也通过百度 SEM 竞价推广优化关键词排名,实现了预算的合理化安排。

该网站的注册用户量大,覆盖范围达全国重点一、二、三线城市。同时,该招聘网站就业类型多种多样,覆盖各行各业,几乎包含所有的劳动力就业范围。

用户和就业范围广虽然意味着流量入口的多样化,但管理也成了难题。全国各城市的人才需求量各有不同,因此网站需要针对性地调整投放预算。

例如,北上广深等一线城市,行业选择性多,同时也有其他的招聘网站与该网站竞争。所以,为了获得更好的排名,该网站在这些城市的投放预算需要明显高于二、三线城市。

针对这一特点,该网站开设多个百度账户,并根据城市建立推广计划,优化关键词排名。

之后，营销者先根据地域列出关键词图表，并将其复制到其他城市。这样整体的城市推广计划基本制订完成。在推广单元上，营销者依据关键词词性和词义分组。比如，"品牌词＋上海""招聘网站名称＋上海＋职业""上海＋品牌疑问词"等。一般而言，地域词、品牌词、疑问词、通用词是重点词，可以将词性类似的关键词放入一个推广单元。

该大型招聘网站的 SEM 推广策略只是一个案例，营销者要擅长运用多种策略从而实现客户的目标。虽然与口腔医院的细节有所不同，但总体的 SEM 投放策略以及数据分析思路本质上是类似的。

3.11 搜狗竞价案例解析

本小节主要对搜狗竞价与百度竞价的区别、搜狗 SEM 产品投放方案、搜狗 SEM 产品投放案例进行探讨，期望对营销者在选择竞价平台时起到参考作用。

3.11.1 搜狗竞价与百度竞价的核心区别

百度竞价的优势主要包括以下几个方面。

1. 用户覆盖面广

百度是全球最大的中文网站，覆盖 138 个国家，每天响应几亿次搜索请求。

2. 按效果付费

百度完全按照给企业带来的潜在客户点击计费，没有点击不计费。数据统计报告让营销者能够明明白白知道自己的钱花在哪里。

3. 针对性强，轻松锁定目标客户

百度推广能够准确锁定目标客户，进行精准定位，同时，百度能够挑选推广的关键词，推广信息会依据算法推荐自动出现在潜在客户面前。此外，百度还能够将推广信息按设定时间、地区进行投放，精确覆盖潜在客户。

搜狗竞价的优势主要表现在以下几个方面。

（1）中小企业最佳搜索营销服务：众多渠道入口覆盖各种潜在用户。

（2）大品牌，值得信赖：搜狗是全球首个第三代互动式中文搜索引擎。

（3）覆盖面广：搜狗搜索覆盖了大约95%的中国互联网用户。

（4）免费展示、按点击收费：推广内容免费展示，只有进入企业网站浏览的潜在客户才会产生点击费用，能够有效为营销者节省预算。

从两者优势对比中可以看出，百度的流量比搜狗更多，这意味着百度的竞价更加激烈，因此它更适合服务于大品牌企业。搜狗搜索虽然流量不如百度，但其优势也是十分明显的，而且由于竞争压力小，投入回报较为明显，更适合中小型企业开展搜索服务。

3.11.2 搜狗 SEM 产品投放方案

搜狗 SEM 产品投放可以通过推广管家进行。需要注册之后才能使用该应用的全部功能。

搜狗推广管家支持下载到本地，支持多账户同时运行，营销者也可以对数据进行批量化管理，包括编辑、剪切、删除等。

"查找物料"是搜狗推广管家中的重要功能之一，如图3-13所示。

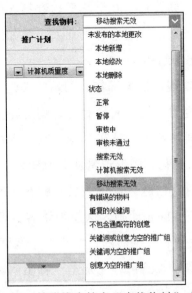

图 3-13　搜狗推广管家"查找物料"功能

在"查找物料"功能中，营销者可以查看关键词、创意、推广计划的数据情况，也可以搜索"审核未通过"查看有哪些关键词、创意、推广计划没有通过搜狗平台的审核，以此改进关键词、创意以及推广计划的选取。

在"本地新增""本地删除""本地修改"等功能中，营销者还可以进行推广数据的总结，把握市场动向，实现更为有效、更为全面的推广。

在搜狗推广管家的"关键词分组工具"中，营销者更是可以轻松将繁多的关键词分组；在"精确搜索"中，营销者能够更为准确地定位核心关键词、创意、推广组等数据，从而确保搜狗SEM产品投放方案的正确运行。

3.11.3 搜狗 SEM 投放案例

网上有一家花店刚开张就遇到了问题：开张几个月客户订单非常少。老板十分郁闷，他不明白自己明明已经在搜狗上投放了不少广告，为何销量还一直平平。为此，他找到了专业的 SEM 优化人员。

SEM 优化人员将该老板的网站数据进行统计后，发现网站一个月的展现量只有2万，访问量也只有1万多，依照访问量与购买量1%的转化率来计算，每个月的月订单只有100个，平均到每天的订单只有三四个。而这个鲜花店有近百种产品，员工也有十几人。假如这种情况继续下去，这家鲜花店很难躲过倒闭的结局。

SEM 优化人员还发现，这家鲜花店网站的关键词很少，很多访客经常搜索的关键词都无法搜到。优化人员对有订购鲜花需求的用户搜索方式进行了研究，结合关键词推荐工具，在鲜花店网站上添加了更多常见的关键词。一个月以后，这家鲜花店的展现量从2万变为6万多。

但这并没有完全解决问题。优化人员对鲜花店网站布局进行排查后发现，该网站首页植入了 Flash 动画，这使得访客打开首页的时间比一般的网站多出5秒钟，在网速较慢的时候，用户打开网页的时间会进一步变慢。

这对于大多数没有耐心的访客无疑是一种阻碍。于是，优化人员对鲜花店的网站进行了改版，将动画换成了图片。动画去掉之后，网站访问量再次获得提升。

经过优化后,该鲜花店的展现量、访问量有了明显提升,然而实际购买率并未得到改变,大多用户浏览网站后选择了离开,并未留下相关咨询信息。为了解决这个问题,优化人员对该网站的用户浏览习惯进行了详细分析,然后针对用户喜好调整产品分类、修改图片等,并且在网站中采用了更绚丽的图片,突出价格与联系方式。

经过几个月持续的搜狗 SEM 优化,该网站生成的订单量得到近 8 倍的增长,从每天几个变成每天 20 多个,生意越做越好。

搜狗 SEM 营销需要各环节相互配合,不断对每个细节进行优化,这样企业的营销效果才会更上一层楼。

第 4 章

全网营销之品牌名誉管理：ORM

品牌名誉管理ORM（Object Relational Mapping，对象关系映射）支持智能监控全网主流媒体及行业媒体，实时分析曝光程度及搜索行为，为客户及时提供定制化的品牌监控预警和完整的执行方案，帮助企业有效提升品牌形象。本章将主要针对品牌名誉管理ORM的策略、功能、重要性，以及管理步骤、多平台管理等功能进行解析。

4.1 全网营销之品牌名誉管理

品牌名誉管理仅通过某个方面的协助是难以完成的,因为其中涉及的步骤与功能要求复杂多变,所以这时就需要多个工作互相配合。

本小节将从品牌名誉管理策略、名誉管理的重要性、内容营销、事件营销以及品牌建设方面,具体介绍品牌名誉管理各项工作。

4.1.1 企业品牌名誉管理策略

品牌名誉已经成为用户选择产品时非常重要的参考属性。在移动互联网时代,企业要想做好自身的品牌名誉管理,打好品牌宣传基础,可以从以下两大方面考虑。

1. 搜索引擎作用不可忽视

移动搜索引擎作为用户寻找信息的入口,起着连接用户及信息的作用。所以,基于关键词的品牌搜索结果页面,其信息类型需要多样化,防止单一来源信息造成用户不信任感;其信息内容需要完善化,多样化平台包含的信息需要内容完整,防止用户找不到有效信息,造成无效流失。

2. 垂直类平台作用不可忽视

拥有一定用户基础的电商类交易平台如京东,或者某些点评类APP如大众点评等,要注意自身品牌在平台上的评论美誉度,以较好的服务引导用户散发自然真实的美誉之声,从而建立良好的品牌美誉度。

4.1.2 企业品牌名誉管理为什么重要

现如今市场竞争升级,从产品服务为导向的竞争逐渐向企业品牌竞争发展。企业品牌是区别于其他企业的独特标识。企业要想在激烈的市场竞争中脱颖而出，必须重视企业品牌名誉管理。

首先，公众愿意与声誉良好的企业交往。良好的声誉不是一日建立起来的，它需要企业在各方面长时间维护和管理。什么是有良好声誉的企业？拥有良好声誉的企业不仅能够生产高品质的产品和提供优质的服务，不违反法律法规，还能承担社会责任。企业拥有了良好的声誉，就代表着它获得了大众的认同和信任，自然企业生产的产品更易被接受。

其次，企业的声誉是一种无形资产。虽然看不见，但是却左右着大众的心理，它既能升值也能贬值。企业声誉是一种特殊资产，一旦被损害，虽能在一定程度上进行补救，但不能挽回以前的口碑。而且，企业的声誉具有强大的感召力，对引进人才、推广产品有巨大的作用力，能降低企业成本。

再次，好的品牌名誉能帮助企业脱离不利的境地。企业经营遇到风险是不能避免的，如果拥有良好的品牌名誉，不仅能为企业争取时间想办法，而且企业得到大众原谅的概率较大。企业日后重整旗鼓，恢复形象后也较容易重新赢得大众的信任。

最后，拥有良好声誉的企业能发展得更为长久。对内，良好的声誉激励内部工作人员努力工作，企业向心力强，员工士气高。对外，良好的声誉容易获得更多的融资和合作伙伴。因此，良好的企业声誉为企业的长期发展奠定了基础。

4.1.3 内容营销与品牌名誉管理

内容营销是通过文字、图片、视频向目标群体传播产品，达到销售目的的一种营销方式。与传统营销不同的是，内容营销不会直接介绍产品，而是先引导出问题而后提出解决方案，以潜移默化的方式深入消费者心中，无形之中获得消费者信任。

传统营销方式是从产品入手，通过不断重复提及产品或品牌加深消费者记忆。比如脑白金广告"今年过节不收礼，收礼就收脑白金"。而内容营销是从消费者入手,从更高层次——情感上与消费者建立联系。比如互联网坚果品牌三只松鼠,三只松鼠的客服都是以品牌形象三只松鼠的方式与消费者沟通,使彼此在沟通时更加亲切。

打造企业品牌的核心是产品。内容营销将消费者的问题、解决方案和产品有机结合在一起,引起消费者共鸣,使产品具有情感附加值,增加产品的独特属性。

信任不是一天两天建立起来的。内容营销能够培养消费者对于品牌的信任,当消费者将对于品牌的信任积攒到一定程度,就会将信任转化为实际行动,主动购买产品。若消费者对产品的消费使用体验感到满意,会继续购买产品,形成重复购买行为,并且主动分享给周围的人。

内容营销是企业建立品牌的方式之一,也是品牌名誉管理的重要方式之一。企业品牌名誉是人们对一个企业的产品、服务和文化的认知,归根到底是消费者对企业的信任。建立企业品牌就是在消费者心中建立信任,品牌名誉管理则是维护消费者心中对企业的信任。

4.1.4 事件营销与品牌名誉管理

事件营销是企业策划有价值的新闻事件、社会事件或是借助时事热点吸引媒体和用户,与用户互动,增加彼此之间的亲密感。企业是一个庞大的组织,也是有温度的、人格化的组织,打造企业的温度与人格化是企业塑造品牌所要做到的,就像小米为自己刻画的人物形象。

网络中总会不断出现各类热点事件,在事件爆发过程中,企业可以或多或少地参与到用户互动中。这样不仅可以赚得人气,还可以增加与用户的亲密感,使企业形象更接近一个真正的人。

现在网络媒体发达,信息传递速度之快、互动之强有目共睹,企业可以利用网络通过事件营销精确品牌定位,使企业品牌具有辨识度,增加品牌曝光,快速提升品牌名誉度。

事件营销注重创新和形式,话题要有亮点才有机会获得持续关注。不过需要注意的是,事件营销有风险。事件一旦发酵,传播广,速度快,当大众深挖事件时如果发现事件有假，就会产生反感情绪。虽然达到了营销的效果，有了热度和话题，但是损害了公司形象。所以，事件营销中策划的事件一定得是真实事件。

聚美优品的CEO陈欧"我为自己代言"的短片经网络传播二次创作发酵，使原本励志的个人展示效果多了娱乐性和趣味性，"陈欧体"的火爆也使得聚美优品的品牌得到大幅度曝光和关注。

事件营销是一种很流行的市场推广方式，提供给新产品推广介绍和企业品牌展示的机会。如果说内容营销帮助企业建立它们和消费者之间的信任，那么事件营销就是为企业提供曝光品牌、使品牌在搜索引擎中的排名靠前、增强品牌影响力、树立良好的品牌形象的机会。

4.1.5　企业品牌建设与品牌名誉管理

越来越多的企业开始意识到企业品牌的重要性，并开始打造企业品牌。一般打造企业品牌从三个维度考虑：精准定位、营销宣传、维护管理，如图4-1所示。

图4-1　企业品牌建设的三个维度

1. 精准定位

主推产品关系企业的精准定位，也就是未来企业品牌打造的方向。企业品牌的精准定位立足于主推产品在垂直细分市场中占领的品类。

2. 营销宣传

企业品牌的营销宣传是为了增加品牌曝光度，提高企业影响力，塑造一个良好的形象。企业应该注意自身的宣传内容和宣传渠道。企业宣传内容应围绕产品的研发和发展方向，加深消费者对产品和产品背后企业的认识。企业宣传内容实际上是企业价值观的输出，吸引有相同价值观的人聚合在一起，形成忠诚的粉丝团体，之后再通过粉丝裂变传播，扩大宣传。

企业品牌的宣传渠道分为内部渠道和外部渠道。内部渠道就是将员工作为企业品牌的主力军，让内部员工认可企业品牌，自愿主动宣传产品。内部员工自身就代表企业形象。外部渠道主要是各大媒体的宣传和企业的公关活动。

3. 维护管理

企业品牌建立起来后并不是一劳永逸的，需要后期企业品牌名誉管理。好的品牌建立只是第一步，后期的维护管理是加深消费者印象，强化品牌在消费者心中的形象，做好口碑的重要步骤，也是后期对品牌形象的持续推广和宣传。

4.2 品牌舆情系统的重要性

企业生存与社会舆论密切相关。面对舆论压力，企业必须做好舆情风险管理，这也是企业发展壮大的必修课。

舆情危机不可怕，可怕的是企业找不到正确的处理方法和应对措施。只有正确分析并选择正确的方法，负面影响才会降到最低。

如今，很多企业都设立了品牌的舆情系统，它就相当于品牌名誉管理的防火墙，能够防患于未然，从源头上掐灭可能对企业品牌造成影响的危机问题。本小节将从五个方面介绍品牌舆情系统的重要性。

4.2.1 数据全面化

随着网络的发展，网民会在网络上留下大量数据。这些数据记录了网民的活动轨迹，通过数据整合和分析，能反映出网民的行为习惯、个性喜好等信息，这使得企业有机会了解大多数网民的意见和需求，实现近乎全面化的需求解读。

大数据不仅记录网民的足迹，还能探究他们之间的互动方式、关系以及背后的社交网络。大数据具有强大的预测能力，对数据分析和建模能得到一个相应的预测模型,能够根据预测模型做出更为准确的预测。

大数据时代,收集信息是基础,分析数据是关键,做出预测和决策是目标,提供服务是方向。通过大数据技术收集的丰富用户数据及行为信息,企业能够引领新型互联网经济发展制高点,成功实现数据的全面监测。

4.2.2 监测流程化

互联网发展经历 Web1.0 和 Web2.0 两个阶段。两个发展阶段的主要区别在于用户和网站之间以及用户之间的交互方式。在 Web1.0 时代,网站和用户的交互关系是寻找和接受,用户之间的关系较为散落。在 Web2.0 时代,用户与网站以及用户与用户之间的关系是多层次的立体化的交互关系,是更加紧密的网状结构。

Web1.0 时代的监测流程一般是:(1)把需要监测的信息利用样本库匹配模板作为监测数据源;(2)爬虫抓取数据,将数据储存后进行净化和分析;(3)得出监测和分析结果,以简单的图表展示和文字描述为主。

因为 Web2.0 时代的强关系属性,舆情监控必须以大数据作为支撑,否则困难重重。舆情监测是以大数据收集和处理为基础,通过数据抓取和分析加工增加数据价值,这是舆情监测必须具备的能力。

Netconcepts 具备独创的数据抓取技术和数据追溯体系,能够快速、实时、完整地获取相关数据信息,并可在第一时间追溯原始信息,让数据分析更加便捷。

Netconcepts 舆情监控系统基于云端存储,简单易懂,上手迅速,可监控全网主流媒体及行业媒体,实时分析用户搜索行为和品牌曝光程度,其功能包含媒体分析、搜索分析、微博分析、微信分析、竞品分析、实时预警等,同时可根据客户实际情况,提供专业应对建议,帮助企业实现自身品牌形象全面提升。Netconcepts 借助中文自然语言处理技术和搜索引擎的网络舆情分析模型,融合数据挖掘技术、数据库技术、搜索引擎技术、语义分析和分词处理技术,能够实现精准的舆情语义分析。

4.2.3 预警智能化

如今,企业越来越重视网络舆情系统的建立,加大对舆情监测的投入。因网络舆情而使企业陷入危机的情况越来越多,可以说,网络舆情放大了企业危机。一些网络平台像微博、微信、论坛贴吧等都是网络舆情的主要来源。企业要做舆情预警首先要建立一套舆情监测系统,实现企业对舆情的实时监控、准确分析与跟踪处理。

预见和避免危机是舆情监测系统的目的之一,为的是制作应急预案,降低突发事件对企业的伤害。预警内容包括确定目标、寻找警源、建立预警分析指标、监测、根据预警报告采取行动。

Netconcepts拥有专业服务团队,对企业危机信息能够做到7×24小时快速响应,最大程度利用互联网快速、分散的传播特点,有计划地制订与实施一系列管理措施和应对策略,包括危机的规避、控制、解决,危机解决后的品牌复兴等,最大程度降低及减轻危机对企业品牌的伤害,甚至帮助企业转危为安。

Netconcepts拥有快速响应机制,针对负面信息进行人工预警,在突发情况下,通过电话、短信、微信和邮件方式同企业进行沟通,还能为企业提供日报、周报、月报、季报、年报、专题报告等各种类型报告,帮助企业制订科学的舆情应对策略。

4.2.4 分析专业化

舆情分析的基础是数据,其关键是如何对海量的数据进行加工、分析、解释。大数据的价值不在于数据本身,而在于通过数据分析建立起的模型做出决策和预测。数据分析模型影响着数据分析质量,同时也关系到舆情信息的价值。能否在海量数据背后发现人们的真正需求,能否判断人们的情绪变化和事件的发展趋势,能否预测舆情走向,这些都与数据分析密切相关。

企业在利用数据模型进行舆情分析时,要注意以下几个方面。

首先,企业要关注舆情主体。各大网络平台上都有意见领袖,他们影响着其他网民的舆论方向,甚至控制着整个舆论事件的发展方向。以意见领袖为首逐渐划分成小团体，再由小团体传播信息，就能实现裂变式传播。所以，企业进行舆情分析时要时刻注意大的舆情主体。

其次，企业要对舆情信息进行实时监控和分析。有效率地分析海量数据是一个巨大的挑战，需要强大的技术支持，以抓取有效数据，建立数据分析模型。

再次，企业在搜集舆情信息时要关联不同领域的数据并找出有价值的数据。网络上的数据是随机产生的，具有时效性、多元异构等特点，数据采集成本较低，同时价值量低，企业需要在大量杂乱无章的数据中找出有价值的信息。

最后，企业要注意舆情语义分析。人工对舆情进行分析时会带有情感主观性，而机器对语言的感知能力有限，再加上网络用语发展迅速，运用灵活，语言表现手法多样，包括比喻、借代、反讽等，这些对舆情分析的精准性都提出了挑战。

总之，在大数据时代，企业需要用大数据思维方式不断改进舆情分析方法，向深度和专业化发展。

4.2.5 Brand Insights 企业品牌舆情系统

Brand Insights 企业品牌舆情系统能够实现全网品牌洞察，智能监控全网主流媒体及行业媒体，实时分析曝光及搜索行为，及时提供定制化的品牌监控预警，提供完整监控方案，助力企业提升品牌形象。Brand Insights 企业品牌舆情系统具有四项功能，如图 4-2 所示。

图 4-2 Brand Insights 企业品牌舆情系统的四项功能

1. 媒体曝光分析

Brand Insights 企业品牌舆情系统能够实时监控关键词的搜索曝光与主流媒体中的曝光行为，提供曝光分析、竞品分析、微信曝光分析、微博曝光分析等功能，并能根据曝光智能分析正负面情感，实时把握媒体声音。

2. 智能预警提醒

Brand Insights 企业品牌舆情系统能够实时监控，订制预警。达到自定义的预警阀值时，Brand Insights 企业品牌舆情系统将会在第一时间内进行行为预警。

3. 事件行为分析

Brand Insights 企业品牌舆情系统能够针对不同程度的信息曝光分析媒体趋势，抓住热点事件与网民倾向，在分析企业品牌状况时先人一步。

4. 舆情处理中心

Brand Insights 企业品牌舆情系统能够针对企业品牌事件，提供订制化的舆情解决方案。其通过多种舆情处理方式和订制化报告，使企业有更多的正面信息曝光，提升企业形象。

Brand Insights 企业品牌舆情系统是一个全方位舆情监控平台，拥有顶尖的舆情监控系统和舆情分析系统。其能够实时追踪全网主流新闻媒体、社交媒体、搜索平台，实时抓取、智能分析、秒级预警、订制化报告等，全方位帮助企业关注品牌信息，提升品牌形象。

Brand Insights 企业品牌舆情系统能够实现全网事件追踪，帮助企业时刻洞察媒体声量。其拥有的深度学习引擎能够智能判断正负面报道，监控媒体趋势，当企业品牌事件发生时，第一时间掌握最新动态和事件趋势。

4.3 品牌名誉管理步骤

品牌名誉管理分为四步：第一步，品牌名誉现状洞察；第二步，品牌名誉管理策略制订；第三步，品牌名誉策略管理实施；第四步，品牌名誉管理效果评估。本小节从 Netconcepts 本身的功能着手,介绍 Netconcepts 是如何进行品牌名誉管理的。

4.3.1 品牌名誉现状洞察

Netconcepts 的舆情监控系统攻守兼备。攻是营造,即实现品牌在线名誉的推广和传播;守是监测,主要以品牌形象保护为主,实现品牌在线名誉的追踪和优化。

Netconcepts 基于云端存储,简单易懂,上手迅速,可以监测全网主流媒体及行业媒体,实时分析用户搜索行为和品牌曝光程度,包含媒体分析、搜索分析、微博分析、微信分析、竞品分析等。与此同时,Netconcepts 还可以根据企业实际情况,为其名誉现状提出整改意见。

Netconcepts 采用了网络舆情分析模型和中文自然语言处理技术,深度融合了数据挖掘技术、数据库技术、搜索引擎技术、语义分析处理技术,这不仅可以进一步完善数据追溯体系,使企业在第一时间获取到原始信息,还可以让品牌名誉现状的营造和监测变得更为完整。

4.3.2 品牌名誉管理策略制订

在品牌名誉管理策略制订方面,Netconcepts 拥有专业的 ORM 分析师团队,提供从局部到行业、从个体到大势全方位的预警、观点、情报和咨询等服务。Netconcepts 可以对企业危机实施 7×24 小时快速响应,还可以对负面信息进行人工预警,例如,当出现突发情况时,Netconcepts 可以通过电话、短信、微信和邮件方式同企业及时沟通。

Netconcepts 充分利用互联网快速、分散的传播特点,有计划地制订与实施一系列品牌名誉管理措施,这样可以减轻企业受到的伤害,帮助企业挽回名誉。

Netconcepts 熟知算法,具有强大的 SEO 优化能力,可以通过提升关键词排名、压制不良新闻等方法全面解决企业的品牌宣传问题。Netconcepts 的团队具有深厚的文化功底,可以撰写互动性良好的文案,还能够通过精准的口碑营销和话题制造，实现品牌名誉管理策略的效果最优化。

4.3.3　品牌名誉策略管理实施

Netconcepts 全网内容建设与传播基于互联网用户行为特性，创建多样化内容形式，并结合 SEO 技术选择媒体渠道，能够快速有效地将内容推送给用户，并可进行内容追踪，查看传播效果。

Netconcepts 汇聚巨量的多样化的媒体资源库，包括但不限于知乎、直播平台等，覆盖面更广、曝光量更高。Netconcepts 可以提供多形式的独特的内容创意，通过文字、图片、短视频等创意展示，最大化触达目标受众。

这些强大的功能使得 Netconcepts 能够做到实时监测，快速了解传播效果，方便制订管理计划以及下一步的宣传策略。

4.3.4　品牌名誉管理效果评估

Netconcepts 具有强有效的数据分析能力，可有效利用媒体库资源，通过大数据工具，以及多搜索端口（PC 端、移动端、垂直端）服务能力为企业提供丰富的展示效果。

内容建设与传播是品牌打造影响力不可缺少的要素，传统内容传播存在诸多弊端，如用户体验、传播效果、传播形式等。

4.4　多平台品牌名誉管理

本小节从搜索引擎平台、垂直平台、社区平台、电商平台四个渠道着手，以 Netconcepts 曾经的用户华尔街英语、嘉盛集团、合生元等品牌为案例，解析多平台的品牌名誉管理。

4.4.1　搜索引擎品牌名誉管理

品牌是企业财富的一部分，在网络时代，积极保护品牌在网络中的名誉是品牌经营者的一大话题。通过以下四个步骤能够解决搜索引擎中品牌名誉管理的问题，如图4-3所示。

一	选择品牌相关关键词
二	对各关键词搜索内容进行记录分析
三	处理现有不实负面信息
四	建立信息发布渠道

图4-3 解决搜索引擎品牌名誉管理的四个步骤

1. 选择品牌相关关键词

搜索引擎是基于搜索词来展示信息的，那么搜索引擎平台首先要做的就是选取合适的品牌关键词。合适的词应该具备搜索量大、用户关心、搜索词具有基础信任感这几个特征。

2. 对各关键词搜索内容进行记录分析

有了搜索内容记录后，搜索引擎平台应该从信息内容类型、信息平台类型、信息与品牌等多个方面进行分析，找出当前存在的问题，并制订出问题的解决方案。

3. 处理现有不实负面信息

品牌大了，搜索引擎中不免出现一些不实负面信息。当发生这种情况时不要着急，搜索引擎平台应对不实负面信息做出记录，并逐一处理。

4. 建立信息发布渠道

只有不断有信息发布，才能保证品牌信息不断完善、丰富。常规的发布渠道有新闻、论坛、问答、百科等，通过各类平台信息的发布，可以保证最终的搜索结果可以有一个由多种类型信息、多种媒体平台组成的可信的信息列表。

4.4.2 垂直平台品牌名誉管理

针对垂直平台进行的品牌名誉管理就是垂直平台品牌名誉管理。所谓垂直平台，主要是指注意力集中在某些特定领域或某种特定需求，并在此基础上进行深化运营的平台，例如百度搜索、天猫商城、360杀毒等。

进行垂直平台品牌名誉管理要把握几个重点：根据历史投放数据制订多渠道差异化投放策略，区分优化主次；根据转化数据重新分配各词性投放预算，提升重点关键词消费，控制高成本关键词消费；定期排查搜索词报告，添加否定关键词，规避无效流量；控制账户整体CPC，保证账户整体点击量逐渐增加。

嘉盛集团是全球外汇交易行业的引领者，Netconcepts从2017年4月开始对嘉盛账户进行接管优化，负责的媒体有搜狗、神马、谷歌等，嘉盛集团的推广目标是提升虚拟交易注册量与真实交易注册量。自Netcocepts接管优化嘉盛集团以来，嘉盛集团的客户虚拟交易注册成本稳步下降，逐步达到了嘉盛集团满意的转化成本。除此以外，嘉盛集团也实现了客户消费提升247.12%，展示量提升223.65%，浏览量提升123.53%的目标。

4.4.3 社区品牌名誉管理

社区是若干群体聚集在某一个领域里所形成的一个相互关联的大集体，比较有代表性的有知乎、Keep、天涯、豆瓣等。由于群体对社区有着天然的好感和强烈的需求，所以社区品牌名誉管理应该以这些群体为核心，要站在他们的角度考虑问题。

华尔街英语为培生教育集团旗下的分支机构，在Netconcepts与华尔街英语合作之初，因其品牌与华尔街重名，在搜索引擎上几乎找不到其良好的口碑信息，多为一些不相关信息，甚至存在一些大众对华尔街英语的误解信息，对此Netconcepts主要以扭转不良信息及建设企业正面信息为主，对其进行自然结果页面的良好展示，让用户能够全面了解企业信息，实现了企业名誉的广泛传播与大幅度提升。

Netconcepts进行了舆情监管、话题分析、搜索结果页面设计、内容传播及优化等工作，6个月后，当华尔街英语的用户在搜索引擎中搜索品牌词时，百度搜索引擎首页出现良好的结果信息，包括百科、官网、贴吧、地图、开放平台等，使用户可以一目了然。

4.4.4 电商平台品牌名誉管理

与其他平台一样，电商平台也需要品牌名誉管理。一般来说，电商平台品牌名誉管理的侧重点有三个，分别是关键词排名、内容设计、口碑建立。将这些侧重点把握好，有利于改善电商平台在用户心中的地位和形象。

合生元专注母婴营养与健康领域，与法国 Isigny Sainte-Mere、Lallemand 集团、法国 Montaigu 乳品公司等企业建立全球合作伙伴，一同研发高质量产品。

然而，合生元旗下产品（合生元奶粉、益生菌、HT 等）的品牌搜索排位并不理想，品牌曝光度不够，品牌口碑未得到大范围传播。对此 Netconcepts 主要着力提高品牌词排名，树立企业正面形象，让用户能够了解企业信息，实现企业声誉的广泛传播。

Netconcepts 进行了关键词挖掘、关键词选择策略、社会化媒体整合搭建、传播内容设计舆情管理等工作。几个月后，Netconcepts 帮助合生元选定的 100+ 口碑词、功效词及品牌词带来了巨大的流量，合生元全年实现排名达标情况超越 KPI 200%。

第 5 章

全网营销之互联网广告投放：多渠道广告投放与管理

在全网营销中，合理投放互联网广告是十分重要的一步。那么，在广告投放过程中有哪些渠道、哪些技巧？本章将讲解广告投放的各种渠道、方法及技巧，开启广告投放营销之旅。

5.1 三大广告投放模式

互联网广告的主要投放模式有三种：信息流广告、品牌图形广告、视频贴片广告，本小节将对这三种投放模式分别做出解析。

5.1.1 信息流广告投放与管理

信息流广告是原生广告的一种。不同于传统的弹幕广告、SEM 广告或其他硬性广告，信息流广告是很自然地将广告内容融合在信息流中，具有用户精准、关联性强和用户体验度高的优势。

信息流广告必须要以潜移默化的方式将广告植入其中。具体的投放步骤如下。

（1）进行目标群体需求分析。

（2）设计广告图片。

（3）设计着陆页面的逻辑顺序。

（4）设置信息流广告后台投放。

（5）进行推广数据追踪。

（6）进行 A/B 创意方案测试。

上述步骤看似比较简单，但在思维上却和竞价完全相反，因为信息流广告的主要目的是获取潜在用户；而竞价的主要目的则是获取意向用户。

另外，在完成信息流广告投放以后的管理工作也不能忽视，其中比较关键的就是总结经验，持续优化。换句话说，企业需要将一些投放成功的优秀创意进行分类、总结,并将其套用到下次投放中,以节省试错成本,提高转化效果。

5.1.2 品牌图形广告投放与管理

在移动互联网时代中,品牌图形广告是非常常见的广告类型,其以树立品牌形象和在消费者心中定位为目的,主要投放在综合类门户网站和垂直类专业网站上,具体有以下几种表现形式。

(1)横幅广告:也称旗帜广告,在互联网上出现较早,也最流行。

(2)通栏广告:类似横幅广告,但比其更长更大,更具视觉冲击力。

(3)按钮广告:通常以按钮形式表现,面积小。

(4)对联广告:能充分曝光,既不会产生视觉盲区,也不会影响浏览。

(5)"画中画"广告:也称矩形广告,嵌入文章内部,四周被文字环绕,通常是由 Flash 制作,具有多媒体特色。

(6)焦点幻灯图片广告:通常颜色对比鲜明,能够突出广告主题。

(7)巨幅广告:尺寸大,主要诉求点是被显示,被看见。

(8)导航条广告:打开一个网页后,原浏览器的工具栏被广告条覆盖。

(9)全屏广告:只有数秒展示时间,主要在网站频道首页出现。

(10)浮动广告:能按照指定轨迹飘浮或者在页面上任意浮动。

(11)弹出式广告:也称弹出式窗口广告。当用户打开网页时会弹出窗口广告。

在投放与管理过程中,上述十一种品牌图形广告不一定非得全部使用,企业只要针对自己的需求和行业特点选择最适合、最有效的就可以。

最后,因为品牌图形广告比较传统,所以企业应该多在创意和内容上下功夫,例如,企业可以根据产品特性找到可以和卡通相结合的地方绘制卡通图片等。

5.1.3 视频贴片广告投放与管理

视频贴片广告又称视频插片广告,就是出现在视频播放之前或之后的视频广告。视频贴片可分为前贴、中插和后贴。前贴是广告在视频播放前播放；中插是广告在播放中插入；后贴则是广告在播放后出现，其中常见的是前贴片。通常情况下，贴片时间为5s、15s、30s、60s。

视频贴片广告类似于在电视中播放的广告，能够在短时间内运用声音、形象立体地表现内容，生动形象地展示品牌，效果比图片或文字更突出。

当然，视频贴片广告如果制作不好也会适得其反，不仅没达到效果，而且还会引起观众的反感。制作精良的贴片广告虽然有的时间稍长，但如果在一开始就能吸引观众，观众愿意看到最后，那么其效果还是非常好的。视频贴片广告不应一味宣传产品，还应该在内容、拍摄和制作上改进，做有创意的广告，使观众的接受程度更高。

5.2 其他广告投放与管理及广告效果监测

互联网广告除了信息流广告、品牌图形广告、视频贴片广告三种主要投放模式以外，还有富媒体广告、H5 广告、VR 广告等。本小节主要对这些广告模式作以简单介绍，并从广告效果监测角度探究互联网广告的管理。

5.2.1 富媒体广告投放与管理

富媒体是一种信息传播方法，它的形式有流媒体、声音、Flash 等，此外还包含 Java、Java script、DHTML 等程序设计语言。它可应用于各种网络服务中，如电子邮件、BANNER、弹出式广告、插播式广告等。

富媒体广告结合 Flash、Java 等程序，将广告作为一种服务，增强用户与企业之间的联系。以某网站上的富媒体广告为例，用户点击该广告后，广告变成一张交易表格，当用户填写表格并将其提交之后便可以实现实时购物。

广告被赋予服务理念就很难令人讨厌，富媒体广告就是如此。它通过建立企业与用户的联系，将广告效果从过去的"吸引眼球"转变为"信赖"，寻求用户的长期认同。

5.2.2 H5 广告投放与管理

现在，H5 已经不仅仅是一个展示工具，它还可以和各种事物结合在一起形成新的事物，例如 H5 与游戏的结合能够提升游戏的互动性，H5 与图片的结合产生了移动海报，H5 与动画、音乐结合形成了微电影等。在这样的背景下，几乎所有的创意表现都可以通过 H5 来展现，H5 广告因此而兴起。

随着 H5 模板开发的快速更迭，制作优质的 H5 广告已经不再是一件难事。那么，在激励竞争下，企业应该如何通过 H5 广告完成推广和宣传？

首先，企业要提升 H5 广告的互动性，让用户参与进来。场景化的 H5 广告可以让用户产生代入感，激发他们的主动传播行为，而且在技术越来越发达的今天，H5 能够轻松实现绘图、擦除、摇一摇、重力感应、3D 视图等功能，有助于集中用户注意力。

其次，企业要通过 H5 广告讲个好故事，引发用户共鸣。好故事要有情怀，一个有情怀的好故事是 H5 广告的灵魂。在具体操作上，企业应该站在用户角度去思考，通过热点时事将情怀巧妙地与产品和品牌连接在一起，让用户重拾记忆碎片。

最后，企业需要根据实际情况不断调整和创新 H5 广告。一个成功的 H5 广告，往往会随着时间、热点甚至情绪的变化而变化，这样才能更好地传递品牌价值，引发品牌联想，让参与其中的用户获得新鲜的感受。

5.2.3 VR 广告投放与管理

近年来，VR 技术逐渐兴起并进一步带动了广告投放模式的创新，VR 广告就此产生。通过 VR 技术，用户可以在有限时间和空间内体验更多内容，例如产品配置、生产过程、功能及使用方法等。

VR 广告可以迅速吸引用户的注意力，让他们全身心投入并参与互动，从而获得情感共鸣，强化对品牌的认知，最终购买产品。但是，因为 VR 广告具有较强的独特性，对相关技术的要求会比较高，所以 VR 广告比较适合交给专业人士来制作。

HTCVR 广告服务平台的数据显示，VR 广告可以促进效益最大化，其拥有 85% 的可略过视频留存率以及高达 62% 的视频观看率，对于 2D/3D 植入型广告，则能够达到 72% 的观看停留率。

相比于其他广告投放模式，VR 广告可以为用户营造一种印象深刻且独一无二的沉浸式体验，结束后的精准应用推荐更是可以大大提高促销效果，让用户不再觉得广告是枯燥乏味的宣传。

5.2.4 广告效果监测

广告效果监测是指通过付费广告对用户进入网站后的一系列活动进行记录与观察。广告投放前、中、后的监测和评估是一个持续过程，广告效果监测不仅会对本次广告进行监测，还会将当次评估结果录入数据库中，作为下次广告投放的参考。

企业通过广告投放效果监测，可以对广告投放的实际效果做一个全面评估，让企业从投放后的分析评估中了解广告投放收益如何、广告投放覆盖范围有多少、产品的核心目标群体、有效传播渠道有哪些、最终投放效率如何等。

精准的网络广告效果监测可找寻出更深处的用户需求数据，为企业在前期寻找更好的媒介根据，减少广告预算花费。而广告投放完成后的整体评估也为下次广告投放带来更多参考数据。

企业在进行广告效果监测的时候，有很多软件可以使用，例如友盟＋（数据统计类产品比较全面，服务有付费和免费两种）、秒针（针对全媒体广告监测，需要付费）、AdMaster（既能跟踪也可以监测，需要付费）、百度统计（比较成熟，与信息流广告完美结合）。

第 6 章

全网营销之 APP 营销：ASO 与 APP 分发

移动网络的发展以及智能手机的普及，使得"APP"成为新一代流量黑马，全网营销产业向着 APP 蔓延。

APP 营销在全网营销中起到至关重要的作用，企业在 APP 营销中占据主动，便能把握未来发展主流。本章主要为大家介绍 APP 营销中的 ASO 与 APP 分发。

6.1 ASO 市场分析与策略

ASO（App Store Optimization，应用商店优化）市场分析与策略分为五步，企业需要先进行市场环境分析，然后进行产品诊断分析，接着进行竞品对比分析，并对用户属性进行界定，最后制订一个合理的 ASO 策略。

6.1.1 市场环境分析

IOS 系统和 Android 系统作为如今主要的手机系统引领着移动互联网 APP 的发展。装备 IOS 系统的苹果手机有自己独立下载 APP 的渠道——苹果手机商城，而装备 Android 系统的手机则有着各式各样的渠道。

若将国内的安卓应用商店市场细分，可以分为各大手机厂商如华为、小米等的应用商店，互联网巨头旗下的手机应用商城如腾讯应用宝、360 手机助手等，第三方应用平台如应用汇、安智市场等。

移动互联网行业市场信息调研的机构艾媒咨询发布的《中国移动应用商店市场监测报告》中数据显示，2018 年中国第三方移动应用商店活跃用户达 4.72 亿人，2020 年用户预计达 4.85 亿人，如图 6-1 所示。

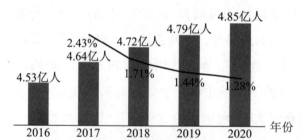

图 6-1　2016—2020 年中国第三方移动应用商店活跃用户规模及增长率分布

与手机硬件厂商的应用商店相比,第三方的优势主要在于 APP 种类齐全,用户选择多样化。

6.1.2　产品诊断分析

企业需要从三个层面去做产品诊断:企业层面、用户层面和产品层面。

(1)企业层面:做这款产品的目的是什么?这款产品在企业的整个产品体系中的位置是什么?具体的产品运营数据是否达到企业考核量化指标?

(2)用户层面:这个产品的目标用户人群是哪些?用户群体覆盖面是多少?解决了哪些问题?用户体验如何?用户还有什么需求?用户注册量和转化率怎么样?

(3)产品层面:画面布局是否美观?操作起来是否简单流畅?是否处理好在细节上对用户的指引?是否在合适的场景为用户提供需要的帮助?是否在用户体验和产品目标之间找到一个平衡点?产品性能是否过关?产品测试是否全面?

6.1.3　竞品对比分析

企业可以通过与竞争产品的对比分析,了解竞争对手的产品及市场发展方向,不断调整自身产品。一般情况下,竞争分析流程是竞品选择—竞品分析—得出结论。

1. 竞品选择

在选择竞品前,企业需要明白做竞品分析的原因,这是选择竞品的依据。若是为了深入探究整个行业,那么企业需要尽可能找更多的竞品去做分析。若是为了改进产品功能,那么企业只要有针对性地找 2~3 个优秀的可满足同样需求的同类竞品就可以。

企业应该如何获得竞品信息?有以下几种方式。

(1)搜索。企业可以提取关键词后,在搜索引擎、行业网站、专业领域网站、资讯类网站、应用商城等渠道上搜集。

(2)用户访谈。企业可以调查不同用户的需求和使用的产品,了解产品有什么问题，用户需要产品为他们解决什么问题。

（3）其他。企业还可以参加行业展会，咨询对方客服等。

2. 竞品分析

分析的维度包括目标用户、产品定位、主要功能、交互方式、市场数据、运营及推广策略、现状及发展策略。

3. 得出结论

企业通过对比分析大致能得出一个结论，以便根据结论制订运营改进方案。

6.1.4 用户属性分析

对用户属性进行分析能够更精确地明确产品的定位。在分析用户属性时，企业需要遵循以下步骤。

首先，企业需要进行用户定位。从各种渠道收集到的数据基本能得到用户的年龄、职业、所在地区、消费习惯等基本信息。

其次，企业需要划分用户特征。企业需要将初步得出的用户基本信息整理划分为基本属性、社会属性、消费属性、心理属性等。

最后，企业需要设定用户标签。用户标签分类与用户使用场景相关。APP 分类有工具类、社交类、游戏类等。通过用户在各类 APP 中经常浏览的具体内容能更细致地分类用户标注标签。比如，新闻类 APP 中的内容又分为经济、社会民生、体育等方面，用户经常浏览的内容即代表用户的兴趣爱好所在。

6.1.5 制订 ASO 策略

ASO 一般由三个部分构成，分别是关键词优化、详情页面优化、榜单优化。用户触达 APP 的过程大致是 App Store 搜索（或热门 APP 推荐）—浏览 APP 截图—查看 APP 评论—下载。其中，通过搜索浏览下载 APP 的占比高达 85% 以上。从用户选择和决定下载 APP 的步骤可以看出 APP 的详情页面很重要。关键词决定用户能否在搜索引擎中搜到 APP，详情页面在很大程度上决定用户是否下载,因此详情页面上的 APP 名称、产品描述、截图展示、用户评价等属性愈加重要。

企业在制订 ASO 策略时需要注意以下几个方面。

(1) APP 名称所占权重比较大。APP 名称要言简意赅,突出品牌和体现价值,让用户能一目了然地了解这个 APP 是做什么的。企业可以在名称上加上用户搜索功能相关的关键词,提高排名。

(2) APP 的图标设计要有独特性,企业需要在图案和颜色搭配上要下功夫。

(3) APP 的产品描述是向用户介绍其功能,让用户明白它能为用户提供什么价值和解决什么需求。语言简洁和文笔流畅的产品描述能更好地触动用户内心,对增加下载量很有帮助。

(4) APP 的截图展示能直接展示产品,吸引用户下载使用。产品截图需要展示出 APP 特色,美观好看。图片上配合文字讲解更能吸引用户下载。APP 新版本更新后,在截图展示中可以体现出产品的变化。

(5) APP 的用户评论影响着用户下载行为,用户可以通过评分和评论直接判断该 APP 的质量,好评多的 APP 更能刺激用户下载。由于 APP 的用户评论不是很好控制,企业可以在 APP 中设置激励用户打好评的任务,增加好评。

除此之外,企业还需要注意搜索关键词优化和榜单优化。前者是企业对标题和 100 字符的关键词进行优化,企业应该多关注热门特征词,覆盖更多的相关词汇;后者主要指的是积分墙优化,企业可以通过购买道具刺激用户使用积分墙的产品来实现积分墙的优化。

6.2 新生态下的 ASO 技巧及策略

ASO 是指提升 APP 被用户看见概率的一个过程,而通过新生态下的 ASO 技巧及策略,便能加快这个过程的执行速度。本小节将从元数据优化技巧、关键字布局优化、积分墙投放策略着手解析 ASO 技巧及策略。

6.2.1 元数据优化技巧

ASO 中的元数据是指 APP 应用中的标题、副标题、图标、描述等内容，如图 6-2 所示。

1. APP 标题

标题决定着用户能否在 App Store 中快速地找到 APP。因此，企业要注意，APP 标题要尽量简短、易记、易拼写，力求用最短的篇幅展示 APP 的功能与独特性，而且要尽量避免使用与竞争对手太过相似的标题。

一	APP 标题
二	APP 副标题
三	图标
四	描述

图 6-2　元数据优化的技巧

2. APP 副标题

APP 副标题需要以一种既简洁又带有吸引力的方式介绍 APP，让更多用户点击产品介绍页面。为此，企业需要避免使用如"中国某行业第一 APP""最 ×× 的 APP"之类的文案，并尽量让副标题突出 APP 的独特之处，让用户在下载之前就感受到 APP 的出色功能。

3. 图标

图标是用户接触 APP 的第一个信息元素，它对于建立用户对 APP 良好的第一印象起着至关重要的作用，简单易识别的图标更容易吸引用户。为了确保图标的清晰度，图标不宜添加过多细节。

4. 描述

一段精彩的描述有利于突出产品的自身特点和功能。这段精彩的描述应该是一个简明的段落，其中包含产品的主要特征。同时，产品文案的内容需要符合产品性质，并使用相关的专业术语，让用户了解这款产品的与众不同之处。

6.2.2 关键词布局优化

ASO 中的一个重要步骤是关键词布局优化。用户在 App Store 上搜索产品，最先做的就是在搜索框中输入关键词。所以企业在选择关键词时，首先要考虑用户会搜索什么词才能搜到自己的 APP。关键词归类有行业核心词、品牌词、竞品词、高热度词等。

在进行关键词布局优化时,企业需要遵循以下步骤。

1. 建立关键词词库

企业需要建立关键词词库。企业可以根据关键词的分类,从品牌词、竞品词、行业词中选取关键词,也可以利用 App Store 搜索栏查看用户评论获取关键词。

2. 确定最佳关键词

企业需要确定最佳关键词。企业可以根据关键词的难度、相关度和热度筛选最佳关键词。企业可以利用相关工具,比如百度指数来确定最佳关键词。百度指数能看出某一个关键词的热度,百度指数需求图谱显示越靠近核心词的词汇,其相关性就越强,红色的词代表该词的搜索呈上升趋势,绿色的词代表该词的搜索呈下降趋势。

3. 确定标题和副标题

企业需要根据关键词确定标题和副标题。依据关键词的权重比例:标题>副标题>关键词>产品描述>用户评论,可以看出产品标题与副标题的组合是提高关键词权重的最佳策略。

6.2.3 积分墙投放策略

积分墙是指应用商城内展示各种积分任务(下载安装、注册、填表等)的页面,当用户完成这些任务时就可以得到相应的积分,同时该应用的开发者也能得到相应收入。

积分墙获取流量快,效果显著,大多采用 CPA(Cost Per Action,按照行为指标计费方式),价格在 1 ~ 3 元左右。但积分墙投放活跃用户较少,成本偏高,用户留存率低,一般只适合有资金,需要快速发展用户的企业。

积分墙投放看似简单,实则大有门道。市场上积分墙的质量参差不齐,使用同样的关键词,有的企业只需要花一半的钱便能达到预期效果,而有的企业可能需要花费双倍的价钱。企业到底如何去选择?其实只需看两个词:效果和成本。

影响积分墙投放效果的因素有平台技术、用户质量、投放时间段、关键词权重、国家政策、应用市场更新周期与频率以及算法调整等。企业需要从这些因素入手分析积分墙的质量。

除了平台成本以外，人工服务成本、广告宣传渠道费用都属于积分墙投放成本，有的平台会配备专业优化师，及时反馈投放效果，帮助企业节省推广时间成本。

通过上述两个词的把握就可以判断积分墙的质量和渠道规模如何。

下面将介绍3种判断积分墙投放策略的方法。

1. 验证代理商

企业选择积分墙时需要对其是否为代理商进行验证。如果不是代理商，企业可以询问自家APP什么时候能够上线，从而间接验证该平台的日常活跃情况。同时企业也可以每隔一段时间去该积分墙查看哪些产品正在投放、效果如何。

此外，企业也可以注册一个账号提前体验一下积分墙的功能，从这一块也能判断出该平台是否为代理商。一般而言，代理商的后台只有一个，所有的APP产品都是经过该账号投放到积分墙中，而且积分墙的实力越强其功能越复杂。企业通过查看积分墙后台功能也能剔除质量欠佳的平台。

2. 日常活跃度，日常新增用户

通过验证代理商的方法，企业便能找到市面上优质的几家积分墙，例如钱咖、试客等，对于其他积分墙的选择就可以这几家作为标准衡量。同时，在对比几家积分墙的优劣时，企业可以从积分墙用户的日常活跃度和日常新增用户来进一步对几家积分墙进行分析。

3. 了解积分墙新增用户来源

积分墙一般是通过邀请模式增加新用户，部分积分墙通过自家企业的其他产品导流，甚至有部分积分墙以广告形式吸引新用户，这些模式都是企业需要了解的。此外，企业需要了解积分墙的用户结构，是白领居多，还是学生居多等。了解积分墙新增用户的来源和用户结构能够帮助企业分析积分墙的用户与自身产品的用户是否匹配。

6.3 ASO 项目案例

本小节通过列举 Netconcepts 接手过的企业案例，详述 ASO 项目如何展开。案例有金融类泰康人寿、旅游类锦江之星等。

6.3.1 金融类 ASO 案例

泰康人寿保险股份有限公司于 1996 年 8 月 22 日经中国人民银行总行批准成立，其总部设在北京。2016 年 8 月，泰康人寿位居"2016 中国企业 500 强"第 114 位。始终奉行"专业化、规范化、国际化"战略，坚持"稳健经营、开拓创新"理念的泰康人寿在移动时代来临之时亦需做出相应改变，适应这个时代的发展浪潮。

Netconcepts 通过了解泰康人寿所处的推广阶段，挖掘 ASO 所在阶段不同的侧重点，实现了快速提升自然搜索用户量的目标。同时 Netconcepts 通过提供关键词检测服务，帮助泰康人寿迅速占据榜单排位，大大提高了其用户下载量，提高了品牌知名度。

Netconcepts 在金融榜单中优化关键词，在应用市场中进行广告投放，增加了泰康人寿 APP 的下载量，最终帮助泰康人寿 APP 实现总榜排名前 10 位、金融分类榜单排名前 5 位、用户下载量增加 300 000+ 次。

6.3.2 旅游类 ASO 案例

锦江之星创立于 1996 年，经过 20 多年发展，旗下各品牌酒店已超 1 000 家，分布在全国 31 个省、直辖市，客房总数超 100 000 间，是国内知名的快捷酒店品牌。锦江之星以酒店快速预订、会员特价预订、地图查询预订等特色服务而闻名。

Netconcepts 针对锦江之星酒店的特色制订适合此款 APP 应用推广的阶段性优化方案，注重产品与运营活动的协同性，保留真实有效的用户数据，提升 APP 自然下载量，并提高其在应用市场榜单中的排名。Netconcepts 分别在 APP 排名总榜单中进行优化，在旅游分类榜当中进行优化，使锦江之星迅速获取自然新增的搜索用户。

Netconcepts 通过在移动应用市场选择合适的位置进行 APP 广告投放，对 CPA 效果进行预估，最终实现锦江之星 APP 用户自然下载量 400 000+ 次，APP 排名自然上升到分类榜前 10 位。

6.3.3 游戏类 ASO 案例

手机游戏 APP 本身就是一个大类，它包含动作游戏、探险游戏、休闲游戏、益智游戏等子类。企业只需将自家的游戏 APP 发布到对应的子类即可。

游戏类 ASO 要注意关键词的选择。苹果商店中允许 APP 使用大约 90 个字符描述产品，所以，游戏类 ASO 一定要选好当下最符合产品特点的词语，不能胡乱填词。

例如，某个游戏的描述是这样的："全民网游格斗，史上最好玩，QQ 空间聊微信，爱切水果斗地主，音乐节奏无限多，户外直播连线看，趣味休闲欢乐多"。这种用热词拼凑的描述方式会带来巨大的审核风险。

企业在填充游戏类 ASO 的关键词时，需要在确保语句通顺的前提下，兼顾与产品的关联性和热点。这就需要企业明确自己游戏的主题，以及用户搜索的相关描述词有哪些。例如，企业选用高流量的描述词，如 RPG（Role-playing Game，角色扮演）、动作、策略、冒险等，可以增加被搜索到的概率。

此外，截图和视频对游戏 APP 的 ASO 优化同等重要。用户都希望能够直观地看到游戏画面，而最能展示游戏情节的元素便是游戏截图与视频。

截图与视频是对游戏描述的补充，可以更直观地反映游戏的精彩之处。截图越精致、视频越精彩对用户的吸引力也就越大，越容易抓住用户的注意力。

6.4 APP 分发渠道

由于分发渠道的多样性，APP 具有十分强大的黏合度，能够有效降低用户对APP营销的反感程度。APP分发的渠道分为五类：应用市场、信息流广告、资源置换、社交媒体传播和线下推广。

6.4.1 应用市场

应用市场聚集着大量的应用，市面上大部分应用都能在应用市场找到。其优势在于流量多，容易让用户习惯应用市场的下载方式。其劣势在于应用市场中应用过多，维护较为复杂。

应用市场有华为应用市场、小米应用商店、OPPO应用商店、HTC商城、OPPO软件商店、魅族商店、联想乐商店、金立易用汇、360手机助手、搜狗手机助手、91市场、UC应用商店、豌豆荚等。

应用市场分发有付费推广和免费推广两种方式。付费推广基本上以下载量或推广时间计费，通过这种方法获取用户的成本较高。免费推广的渠道有应用市场首发、应用市场自荐、SNS运营、SNS互推以及垂直媒体投稿等。

国内的主流应用商店大都支持免费首发申请。首发分为新品首发与更新首发两种：新品首发指产品上架到应用商店的首发，更新首发则指产品在更新版本时的首发。此外，首发还可以分为独家首发与联合首发。

例如，某捕鱼游戏在豌豆荚独家首发，则除了豌豆荚以外，用户在其他应用商店都下载不了该游戏。

企业在选择自身APP的首发应用商店时，要选择最适合自身的应用商店。大市场的首发不一定能够带来满意的效果，如果位置不好，效果自然也一般。同时，企业也可以多申请几个市场联合首发，增加推广范围。

6.4.2 信息流广告

APP的信息流广告分发是指用户使用产品的时候，将APP分发广告融合进产品内容中，这些广告常见于社交平台、资讯平台，包括文字、图片等形式。

2014年，Facebook、Twitter有超过一半的广告收入源自信息流广告。在国内，2015年1月21日，微信朋友圈的广告上线。2016年10月20日，百度上线信息流广告产品。

随后，国内互联网巨头纷纷上线信息流广告。信息流广告的成功，归功于它能同时满足企业、媒体、用户的需求，企业可以依据需求投放。

6.4.3 资源置换

资源置换即企业用自己手中的资源换取其他企业手中的资源，这种方式成本低，推广效果不错，但需要企业之间经常保持联系沟通，维持关系稳定。资源置换最常见的方式是"换量"——互相推荐与买量换量。

1. 互相推荐

这种方式可以充分利用企业彼此的流量，给对方带来曝光度与下载量的增长。有内置推荐位的应用可以尝试这种方法，但前提是各自拥有一定的用户量。

例如，支付宝和滴滴打车就通过资源置换实现了彼此的进一步推广。滴滴打车借用支付宝的巨大线上流量，将支付宝流量资源转变为滴滴打车的用户，而滴滴打车用户又通过支付宝付款。用户到达目的地后，直接下车，体现出支付宝的方便与快捷，进一步提高了彼此的品牌口碑。

2. 买量换量

假如企业自身流量很低，可以通过其他渠道购买流量，比如 W 产品可以给 A 产品带 2 万的流量，但是 A 产品只能给 W 产品带来 8000 的流量，剩余的 1.2 万流量就可以通过其他渠道购买，以此达成一比一的换量要求。购买流量的渠道包括应用宝、小米、OPPO 等应用商店。

6.4.4 社交媒体传播

社交媒体传播分为五个渠道。

1. 论坛平台推广

企业可以在百度贴吧、天涯社区、豆瓣小组、猫扑社区、知识星球等论坛上通过发帖子撰写宣传推广软文、回复留言等方式吸引相关用户聚集，增加帖子曝光率，引导他们下载 APP。

2. 自媒体推广

自媒体推广也是常见的社交媒体传播方式，例如微博、公众号、抖音、今日头条等。

3. 微信推广

企业与同类的公众号平台合作，在公众号发布的文章中可以投放广告。

4. 问答类 APP 推广

企业可以在知乎、百度知道、天涯问答、新浪爱问、搜狗问问等问答平台搜索与 APP 相关的关键词，提问或回答问题，与用户互动。

5. 新闻稿 APP 推广

企业可以将人物采访稿、产品介绍稿等新闻稿件发布在行业专业网站上、各大主要门户网站上和与行业相关的自媒体上。主要门户网站有新浪、网易、腾讯、搜狐、凤凰、人民、新华网等。

6. 其他

企业也可以利用百科进行推广，例如百度百科词条编辑、360 百科词条等。

6.4.5 线下推广

企业可结合产品特点和目标群体选择合适的线下推广方式，以获得更大的推广效果。那么，有哪些 APP 线下推广方式？

1. 公交车站广告

公交车站人流量大，能覆盖周围的人群。教育类 APP 广告可以在学校或教育机构附近的公交车站投放。

2. 火车站、机场广告

具有长途出行目的的人聚集在火车站和机场，他们可能需要订酒店、旅馆，所以相关的 APP 广告可以在这里投放。

3. 电梯广告

小区电梯、写字楼电梯人来人往，在这里投放的广告常与日常生活相关，品类繁多。

4. 企业订制品

企业可以将APP的二维码打印在企业订制品的包装上做宣传推广。

5. 校园推广

学生是一个充满好奇心的群体,愿意主动接受新鲜事物,因此很多APP都非常适合在校园里做推广。

6. 地推活动

地推也是有效的线下推广方式,如扫码送礼、发传单等。

7. 实体商店推广

很多餐厅和商店在收银台上或桌面上贴有APP的二维码图,并提示下载有优惠奖励,所以很多人愿意主动下载APP,实体商店推广也是线下推广的有效手段。

第 7 章

全网营销之社交媒体营销：微信营销与微博营销

当用户的社交媒体中出现朋友发出的产品广告时，用户的第一想法是衡量这个朋友可不可靠，只有当用户认为朋友值得信赖，才会主动购买朋友推荐的产品。

社交媒体营销便是基于信任基础上推广产品，提升用户转化率。本章将从微信营销、微信小程序营销、微信小程序推广的方案、微信小程序营销策略、微信公众号运营、微博营销六个方面阐述社交媒体营销。

7.1 微信营销

微信营销是现有全网营销中非常有影响力的一种模式。它简单、易操作，而且没有区域限制。只要注册成为微信用户，就可轻松地向其他微信用户传递产品信息，实现一对一的营销。

7.1.1 微信营销策略

微信营销是个人或企业通过微信公众平台提供用户需要的信息，推广产品和服务的一种营销方式。其能够不受空间限制地实现点对点营销。

微信用户覆盖面超 200 个国家，全球微信月活跃用户突破 10 亿人。微信用户的精准定位和传播的即时性、广泛性为企业带来巨大的商机。

那么，微信营销有什么策略？

1. 了解需求，提供有价值的内容

新营销是以用户为中心，从用户角度出发。微信营销首先要做的就是确定用户群体，分析用户需求。找到精准用户使得营销效果事半功倍。

优质的产品和令人满意的服务是企业进行微信营销的根本，微信营销只是手段。有了良好的体验，企业才能得到用户的认可和信赖，从而用户会自发地将这些信息分享、传递给别人。

但是，企业也不能一味地向用户推送他们不需要、不感兴趣的信息，否则用户会产生反感。为减少用户对企业推送信息的反感，企业要了解用户所需，提供给用户有价值的信息。

随着使用微信的用户增多，产品竞争同质化严重。具有个性化和差异化的产品越来越受到用户的欢迎,所以企业应做好企业和产品的精准定位,聚焦某一细分领域,以个性化的产品精准服务该细分人群,再以多元化发展为辅,扩大版图。

2. 增强企业与用户之间的互动

新时代下营销的出发点一定是以用户为中心,所以无论企业采用何种营销方式,都要站在用户角度考虑和解决问题。微信的一个特点就是私密性,微信营销作为一种较为私人化的营销途径,它更需要企业与用户之间的互动。企业可以融合线上线下,采用多种形式与用户互动,让用户参与进来,增加用户黏度。

多种营销方式和产品的选择会使用户注意力分散,企业做营销也是为抢占用户的注意力,这就需要企业更加注重与用户的互动交流,让用户感知企业品牌。

企业在微信营销时可以通过微信公众号向用户推送趣味性、娱乐性较强的内容,比如投票、有奖问答之类,尽可能让用户参与到产品的宣传推广中,增强用户对企业品牌的忠诚度和归属感。

7.1.2 微信朋友圈营销

腾讯公布的数据显示,朋友圈承载了微信 80% 的流量。想要大规模点对点地连接用户做营销,如何高效利用朋友圈是企业应该重点关注的地方。

腾讯已经着手整顿各种过度营销的微信账号,而且新增了朋友圈屏蔽功能,也就是说用户可以选择屏蔽掉自己不喜欢的内容。这对微信营销来说是个不小的挑战。用户不是被动地接受,他们有选择的权利。企业该怎么进行有效的朋友圈营销,才会让用户主动接受?

用户对直接、大量发广告的账号有较强的排斥心理,所以企业在进行微信朋友圈营销时要包装营销产品,让营销更有温度,避免营销的目的性太强。除此之外,还有一些小的细节需要企业注意,如图 7-1 所示。

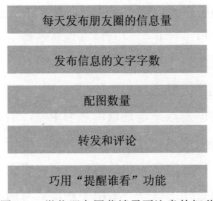

图 7-1 微信朋友圈营销需要注意的细节

1. 每天发布朋友圈的信息量

信息发送量一旦过度，营销的目的性就会特别明显，甚至会触碰到用户的忍耐底线。凡事过犹不及，企业在进行朋友圈营销时一定要控制好每天发送的信息量。

2. 发布信息的文字字数

朋友圈里一条信息的字数如果超过 7 行，这条信息就会被折叠，无法完整地显示出全文。也就是说，当信息的文字超过 7 行，整条信息只会显示出第一行字，剩余的文字信息会被覆盖，需要用户点击"查看全文"才能看到完整信息。这样一来，关键信息就会被覆盖，用户无法直接看到企业要传播的信息，就会间接地影响营销效果。

所以，企业在朋友圈编辑信息时，要精简内容，把重要信息提炼出来，避免发布到朋友圈的信息被覆盖。

3. 配图数量

为了达到最好的视觉效果，朋友圈信息配图的数量最好是 1、3、4、6、9。3 张会排成一排；4 张是整齐的两排，上下各两张；6 张是整齐的两排，上下各 3 张；9 张是整齐的三排，上中下各 3 张。如果是其他的配图数量，在排版上总会留下空白，这会降低视觉冲击力。

配图还要配上适当的文字加以描述，这样整体效果突出，更可能引起用户的兴趣和注意，促使用户点赞、评论或者转发企业发布的信息。同时，企业发布的图片和文字一定是正向的、健康的，不能发布恶俗的内容。

4. 转发和评论

企业在转发链接时，不要只转发内容，要写上自己的想法和观点，向用户传达自己的价值观和思想。没有任何评论的转发过于空洞，若标题不够吸引人，那么用户点击的概率很低，达不到营销的效果。因此转发链接图文时，企业应加上适当的文字来吸引用户。这个文字可以是文章中摘选的话语，也可以是自己的见解。

5. 巧用"提醒谁看"功能

微信有一个功能是"提醒谁看"。朋友圈发布信息时有一个提醒功能，这个功能可以特定提醒这条信息被你点名的人（不能超过10个）看到。所以企业在发布某些信息时，可以利用这个功能向重点用户传达信息。同时，企业在平时要做好用户管理，筛选出核心重要用户，对用户进行分层管理，争取利用"提醒谁看"功能实现精准投放。同样的，这个功能也不可频繁使用，要适度。

总之，企业能够通过细节的处理，利用朋友圈传播对用户有价值的内容，将微信营销效果做得更好。

7.1.3 微信粉丝运营

运营微信粉丝是指企业通过了解粉丝感受，优化粉丝体验，对粉丝进行维护。简单地说，就是与粉丝进行互动，帮助粉丝解决问题。

那么，微信粉丝运营该怎么做？

1. 设置日常互动环节

从某种角度上说，增加互动就是拉近彼此之间的距离，弱化对方的防御心。如果用户愿意与企业互动，就说明用户对企业不排斥，那么企业便可获得对方的信任，后期变现的概率就较大。那些与企业互动的用户极有可能转化为微信粉丝。

微信的私密性特点之一为朋友圈只能被一部分人看见。微信本质上是朋友之间交流沟通的软件，所以企业在运营微信粉丝时，就是把粉丝当作朋友，与其沟通交流。朋友之间需要不断互动，微信粉丝也是如此。在微信平台上，企业和微信用户有很多互动形式。

（1）微信回复。企业发布内容后应及时关注和回复粉丝的评论。当然，微信公众平台也可设置自动回复，如果粉丝量大，企业时间不足，可以筛选部分评论回复。

（2）建立微信群。企业可以通过建立微信群，将相关用户聚集在一起，增进用户之间的交流和互动。

（3）设置互动话题。企业可以设置互动话题，比如选择一个热门话题，设置问题选项，让用户参与其中进行选择。这样的选择互动模式，也为企业提供了解大部分用户想法的机会，能够为日后运营积累数据。

（4）企业可以设置游戏或者抽奖环节。这样的环节趣味性和娱乐性很强，容易吸引大量用户自发参与。

（5）企业可以合理安排客服人员与用户沟通。多位客服为用户提供一对一的问题解答，能够及时帮助用户解决问题，提升用户满意度。

2. 价值输出，情感沟通

因为不是面对面，而是通过媒介的沟通，企业与用户在沟通上少了一些人情味，所以企业在做粉丝运营上更要弥补这一缺陷。没有人愿意和机器交流，人都有情感上的需求。企业如何与粉丝有温度、有情感地沟通交流？

微信公众号的定位很重要，关系着企业的产品在用户心中的形象，以及用户初次接触微信公众号后是否继续关注。微信头像、名字、功能介绍等都是围绕微信公众号的定位而设计的。因此，企业在运营之前要想清楚微信公众号是为哪些人服务的，想要吸引哪些用户群体。

优质内容是持续的生产力，内容是价值输出的载体。丰富有干货的内容自然会受到用户的重视。微信公众号推出有价值的内容，用户就会更愿意持续关注并与之互动，愿意主动分享和传播。优质内容紧紧黏合了用户，这样双方会逐渐进行深入地交流沟通。

总之，企业需要注意与粉丝的互动和情感交流。互动是让粉丝有参与感，对企业产生信任的基础，情感交流是满足粉丝的情感需求，持续提供有价值和有思想的内容是建立企业品牌形象和粉丝产生忠诚度的关键。

7.1.4 微信小程序与微信公众号营销

微信小程序无须安装，只要在微信中打开即可使用，其功能类似APP。在手机微信上，用户无须下载各类工具式的APP，只要点开微信小程序就能满足需求。例如美团外卖、摩拜单车等。同时，对于企业而言，微信小程序开发成本低，易推广。

个人和企业都可以申请注册微信公众号，以发送文字、视频、图片等内容实现与目标群体的互动交流。微信公众号的特点是传播广、成本低。

微信小程序和微信公众号的区别如图7-2所示。

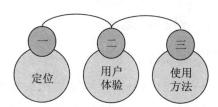

图7-2 微信小程序和微信公众号的区别

1. 定位

微信公众号是一个内容创作和信息传递的平台，主要是吸引用户的关注、引导和转化。微信小程序直接提供功能服务，用户有什么需求，直接点开微信小程序就能解决问题。微信小程序能实现直接变现，省去中间环节。

2. 用户体验

微信公众号不具备缓存功能，点击后需要时间反应和页面刷新，这中间造成的延时导致用户体验较差。而微信小程序的功能类似APP，但又无须下载原生APP就能满足需求，简单方便。微信小程序加载快，无须等待，流畅度高，用户体验较好。

3. 使用方法

微信公众号需要用户至少完成三步操作才能达成用户需求，而微信小程序可以一步到位，操作简单，用户扫码或者直接点击就能打开。

通过对比，微信公众号更适合发布内容、传递信息、营销推广，而微信小程序更适合直接销售和提供服务，企业应根据自身定位和需求来选择应用。

7.2 微信小程序运营新思维

小程序本身具有用完就走、触手可碰、无须安装、自由化的优点，这使得想要通过微信营销的企业看到了商机。凭借小程序不做应用平台，满足用户特定需求的优点，企业将小程序作为一种连接性工具，凭借小程序运营达到宣传产品、扩大品牌影响力的目的。

7.2.1 基于大数据，开发长尾市场

以往销售产品时，企业通常会将关注重点放在几个重要的大客户身上，而忽略小客户或大多数人，因为将注意力投放在大多数人上需要更大的精力和成本。不过，现如今在互联网时代，企业越来越多地开始关注大多数人，因为成本降低，甚至"尾部"创造的效益高于"头部"。

基于这一结论，企业运用大数据技术收集海量数据，经过处理后，进行快速变现。小程序可以作为数据收集工具，获取用户信息，为数据变现做好准备。

7.2.2 打造卖点，满足用户需求

一直以来，企业做产品遵循的原则是解决用户需求，但用户需求是具有普遍性和时效性的，在产品饱和和同质化的今天，企业的关注点从解决用户需求到满足用户需求转移。

有卖点的产品不一定是零瑕疵的产品，但一定是能让用户满意的产品。那么，该如何打造卖点呢？

1. 稀缺

常言道"物以稀为贵"，利用稀有资源在消费者心中制造紧迫感和价值感，激发消费者的购买欲望。

2. 价格

大多数人都有求实惠的心理，而且价格是影响消费者购买的直接因素。在质量相当的情况下，价格比同行低总会吸引一批人争相购买。例如，有些商家的标语是"清仓甩卖""厂家直销"。

3. 质量

质量是消费者很在意的点，以质量为宣传卖点时，企业不能做空洞的标语直接夸奖产品质量有多好，而应该在具体场景中侧面烘托。

4. 服务

海底捞就是以服务为宣传卖点，从头到尾为消费者提供全方位贴心服务，把服务做到了极致。比如，如果看到消费者是一个人吃饭的，服务人员会在消费者的身边放一个玩偶，不让消费者感到孤单。在了解消费者有其他方面的需求时，服务人员也会尽力提供帮助。极致的服务使消费者非常满意，自发形成了口碑传播。消费者消费的不只是产品，还有服务。服务也是吸引消费者和留存消费者的重要因素。

5. 附加值

企业如果在提供产品的同时，还能为消费者带去其他价值，消费者就会优先选择你。

总之，产品的卖点就是产品的核心价值，无须多而在于精。一个卖点只需做到极致，垂直抓取用户心理，满足用户需求就好。

7.2.3 借助媒体力量，塑造品牌

品牌是新时代的竞争力。用户通过识别品牌、记忆品牌和信赖品牌重复购买产品，对产品忠诚。品牌是更高层次的竞争力，它包含着企业的文化和形象，具有鲜明的特征，区别于其他的企业或产品。

互联网时代信息混杂，用户在甄别信息时，投入与产出比不平衡，效率低下，企业越来越难与用户建立信任。在塑造用户对品牌的信任时，企业可以借助媒体力量。

媒体公信力是媒体具备的被社会公认信赖的力量，越是具有权威性的

媒体越让人信服。媒体本身自带的影响力能够让用户产生信赖感。

企业通过微信小程序做品牌运营时，可以通过媒体公关、广告投放、电视节目等推广形式引流，为微信小程序塑造品牌形象。各种媒体领域里都有权威的、具备强大背书能力的几家"大"媒体，在这些"大"媒体上做宣传推广，塑造品牌的效果会更好。

7.2.4 做最好的产品，求长远发展

目前很多企业都在开发微信小程序来抢占市场，但从根本上讲，未来只有优质产品才能更好地立足市场，占有一定位置，因此企业要想长远发展，就要做最好的产品。

那么，什么算是最好的产品？如何打造最好的产品？

最好的产品是具有创新的产品，创新带来价值。市场上的微信小程序产品很多，产品粗制滥造、同质化严重，这些都降低了用户体验。而在未来，整个微信小程序市场会逐渐向精细化、提供优质服务、具有创新性的方向发展。

做微信小程序就像是开发一个简单版的APP，从创意点子入手制作产品、放到市场上做验证，到经验总结和更迭改善，整个流程需要一个较为敏捷的机制去反馈、监督和管理。所以企业要有敏感度，要通过机制时刻监视市场信息变化，及时调整方向。

7.2.5 联合小程序市场，实现共赢

拼多多通过"拼团"的方式吸引用户主动分享朋友圈，拼团购买产品，而且这些都能通过微信小程序一键完成，十分方便快捷。

微信小程序与APP相比，没有固定入口的约束，这是微信小程序的优势之一，拼多多就利用了这一优势，用户只需要分享好友、朋友圈，邀请好友一起拼团，收到消息的好友直接点开，就能够进入微信小程序页面，避免了烦琐的接入，从而实现了简单快捷地传播。

拼多多得益于这种社交化的传播实现了快速发展。每一个用户、每一

个好友、每一个朋友圈都可能是拼多多的流量入口，而且每一个信息的发起人、接收人都是平等的、互相的，它从某种角度上与腾讯副总裁张小龙"朋友推荐优于系统推荐"的观念类似。

相较于此前的通过对商品品类划分的垂直电商，社交化电商代表拼多多正在尝试通过分析用户消费习惯、个性特征，完成用户细分，达到用户、品牌、生产商三者之间的准确定位，进而引入更多流量，实现品牌推广的最终目的。

与之类似的还有蘑菇街微信小程序，它通过在微信小程序中加入"拼团"功能，用户通过分享到好友或朋友圈完成拼团，就可低价购得心仪的商品。蘑菇街微信小程序上线50天就新增300万用户，其中有210万左右的用户是"拼团"功能上线后成功引流的结果。

拼多多微信小程序成功抓住了用户既想要便宜获得某件产品，又想要得到一定互动感的心理。其采用了拼团购买的模式，将产品通过用户共同购买的形式销售出去，避免了购买后用不完，或是由于产品价格太高，用户难以购买的问题，使得用户对其产生了一种良好的体验感，并且随着用户使用次数越来越多，这种良好的体验感越来越深，而这个时候用户便会自发推荐拼多多微信小程序，实现一种良性裂变，不断传播，吸引更多用户前来体验。

7.2.6　方便生活的利器——摩拜单车微信小程序

摩拜单车致力于解决人们的短途出行问题，用户只要用智能手机就可以租用和归还摩拜单车。摩拜单车是首批入驻微信的企业之一，开通了微信小程序。用户通过微信"扫一扫"功能就可开启微信小程序的解锁功能，简单易操作，这使得用户体验得到提升。

摩拜其发布微信小程序的第一天就得到了百万的访问用户。此后月活跃用户数量迅速增长，并且每天新增注册用户有50%以上来源于微信小程序。摩拜单车公布的数据表明，有半数的新增注册用户是来自微信小程序，月活跃用户环比增速超200%。

摩拜与微信联合实现了平台扫码的完美对接，不需要更换原先分散在众多城市之中的摩拜原有二维码，进一步优化了线下体验，使得用户在体验摩拜单车的时候能够更加方便和快捷。同时，双方的联合不仅单方面为摩拜带来了用户，也有力证明了微信小程序的巨大潜在价值，更为一些不愿意独立下载 APP 的用户提供了更为便捷的服务，满足了他们的生活需求。

7.3 推广微信小程序的五种方案

众多行业闻风而动，投入微信小程序营销的浪潮之中。但如何有效推广微信小程序却成为无数企业的难题。本小节将介绍公众号宣传、朋友圈分享、文案推广、盈利诱导、二维码导入等五种微信小程序推广方案，帮助企业提升微信小程序推广效果。

7.3.1 利用公众号宣传

微信公众号推出了"关联小程序"的功能，也就是说，微信小程序能关联不同的微信公众号。企业可以通过此功能把微信小程序与微信公众号联合起来共同进行推广宣传。

比如乐外卖微信订餐系统就将微信小程序和微信公众号结合在了一起。乐外卖的商家可以与当地有影响力的微信公众号或小程序达成协议进行联合推广、开拓市场、积累用户，实现双方共赢。

而微信搜索支持的模糊搜索法更是进一步加强了微信小程序的推广效果。比如，用户在搜索框中输入"美团"二字，显示的内容第一个就是"美团生活"微信小程序，其次才是微信公众号等内容，这实际上是在帮助用户快速找到微信小程序入口。下面简单介绍一下微信公众号如何关联微信小程序，以及微信小程序的关联规则。

（1）企业可以打开微信公众号后台，按照顺序点击"设置"→"公众号设置"→"相关小程序查看"→"关联小程序"，如图 7-3 所示。

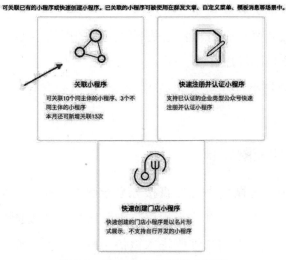

图 7-3　微信公众号关联小程序

（2）企业在经过手机认证后，输入微信小程序的 APP ID 即可。APP ID 只能通过微信小程序后台查看，联系客服就能获取。

（3）企业将小程序植入微信公众号资料页，通过微信公众号便可以向用户发送关联微信小程序的通知。用户只需点开微信公众号资料页，就可直接点击进入微信小程序。当企业选择发送通知后，用户就能收到如图 7-4 所示的消息。

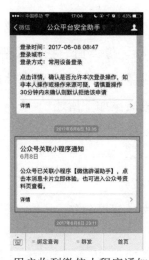

图 7-4　用户收到微信小程序通知的消息

微信小程序的关联规则如下所述。

（1）微信公众号一个月可新增关联同主体的微信小程序 10 次、新增关联不同主体的微信小程序 3 次。

（2）一个微信小程序可关联最多 500 个微信公众号，一个月可以新增关联 500 次。

7.3.2　通过朋友圈分享

微信支持企业将微信小程序直接分享给朋友到聊天和群里，但是不支持分享到朋友圈。不过，微信小程序二维码可以在朋友圈里分享，朋友看见后，可以通过长按识别二维码进入微信小程序。所以企业可以通过制作一张精美的二维码图片，配以文字介绍，发布到朋友圈来推广微信小程序。

2018 年，微信开放了朋友圈微信小程序投放功能，可以在朋友圈投放关于微信小程序的广告。这种朋友圈与广告的形式相结合对微信小程序来说，无疑是多了一个宣传推广的方式。

这种形式对线下商家来说是个好的机遇，在朋友圈精准投放广告能将线上用户流量带到线下，对品牌的曝光起到一定的促进作用。

7.3.3　利用优秀文案进行引导

二维码是常见的微信小程序推广方式，企业可以利用优秀文案引导用户扫描二维码，引起好奇心。像"扫一扫，心情好""轻轻一扫，惊喜到了"这样文案过于平淡。带有悬疑色彩和解密性质的文案似乎更容易引起用户兴趣，南都乐购二维码文案如下所述：

千万别扫，不然……

不小心扫了怎么办？

那就加入神秘的咖啡密探组织

获取机密线索

开启解密之旅

这个二维码文案的成功之处在于给用户营造出一种悬疑氛围，引起用户好奇心，却又不告诉用户结果，使用户产生一种迫不及待的心情。

诸如此类的还有："淘宝要趁早，望您扫一扫""扫一扫，惊喜大礼包""有个秘密，等你来扫""扫完有惊喜，快来抢先扫"，这些语言都是通过引起用户好奇心，吸引用户采取行动的。只有能够吸引用户目光的二维码才能让用户采取实际行动。

7.3.4　给予用户回报，以获取关注

很多用户对于扫码的态度是中立的，既不讨厌也不喜欢，他们既不排斥扫码，也不想浪费时间关注微信小程序。如果企业给予用户一定的回报（比如赠送代金券、礼品等），用户扫码的积极性就会提升。这样不仅吸引用户主动扫描二维码，还能刺激用户主动推广扫码活动。

丰谷酒业曾经推出一次扫码活动，公司将二维码贴在产品上，并邀请各大电视台、报纸以及户外广告进行大范围宣传，最终的大奖是货真价实的黄金，该活动一经推出便引起了巨大反响。

最明显的效果便是用户重复购买率增加，许多用户都是多次购买，最终该活动的扫码消费率达到了80%，给丰谷酒业带来了丰厚的收益。

当然，这不是每一个企业都能够提供的诱惑，原则上只要能够引起用户关注的利益诱惑就算是成功的。例如，企业可以给用户赠送一些礼品、优惠券、折扣券等；对于中老年人用户企业也可以多赠送一些实用的生活用品，例如毛巾、洗衣液等。

用利益吸引用户扫码的方法虽然较为高效，但企业需要付出一定的代价。企业需要在能力范围之内进行利益诱导，且给予的利益恰好能够引起用户关注。

7.3.5　美观独特的二维码设计

通过二维码向用户推广是推广微信小程序的重要方式之一。无论是在商场还是公交车上，二维码随处可见，要让过往行人主动扫描二维码，除

了二维码放置的位置明显外,企业还可以从二维码本身做文章。

微信小程序的二维码外形设计要尽量美观、有创意,与众不同的二维码设计会更具吸引力。微信二维码的设计可以从以下四个方面着手。

1. 色彩

传统的二维码都是黑白色调,企业如果能够在二维码色彩上做出改变,并配合简单设计,便能使二维码变成一件艺术品,且不影响手机识别。

例如,企业可以采用渐变方式使二维码中出现多种色彩,如果这些色彩恰好又能够结合企业二维码的特点,便容易从无数二维码中脱颖而出。

水果忍者的二维码便是五彩缤纷的水果,整个二维码呈现一种强烈的视觉冲击,让人舍不得移开目光,甚至忍不住有一种"切水果"的冲动。

2. 局部遮挡

让二维码与宣传的微信小程序融合,用微信小程序的核心元素对二维码的局部进行遮挡,就可以构建出一个较为时尚的构图,如图7-5所示。

图7-5 二维码局部遮挡图

图7-5中,一部分的二维码被比萨上的蔬菜遮挡,这就使得二维码融入比萨之中,当用户看到这样一个实物图片的二维码可能就更会激发其产生扫一扫的欲望。

3. 再构造法

将二维码的黑色线条进行改造,使之成为某个产品的构造元件,也能够形成一种极具企业风格的特色二维码。

如图7-6所示,这是游戏《愤怒的小鸟》的二维码,原先黑色的线条变成一块一块的砖头，绿猪与各色小鸟穿插在其中，俨然就是一个新的游戏场景，这就很容易引起用户关注，吸引用户扫码。

图 7-6 《愤怒的小鸟》二维码

使得二维码外观变化的方法还有很多，但无论哪种方法，其核心都需要融入企业自身的产品特色，企业还需要进行适当的颜色、布局改变。如此一来，企业的二维码变得美观独特也不再是一件难事。

7.3.6 肯德基微信小程序，点餐免排队

在用餐高峰时间去肯德基点餐有时会排很长的队，肯德基微信小程序解决了点餐等待时间过长的问题。用户只要扫描二维码即可进入肯德基微信小程序，在线上完成点餐和付款，十分便利。

虽然此前肯德基曾经推出 APP 优化用户点餐体验，但 APP 下载时间较长、操作繁杂，难以第一时间满足用户的即时需求，因此实际应用效果并不良好，始终没有解决用户点餐时间长、排队长的问题，这一问题直到肯德基微信小程序出现后，才算真正得到解决。

用户扫一扫二维码就可以点餐，不用下载 APP，不用排长队，这有效提高了肯德基的运营效率，从源头上优化了用户的点餐体验。并且，微信小程序虽然"小"，但主要功能齐全，它涵盖了点餐、VIP、卡券、线上支付、外卖等功能，充分满足了用户的最主要需求。

肯德基的二维码点餐借助品牌优势和微信流量，在推广之初便吸引了大批用户。除了二维码之外，微信小程序还存在诸多使用方式，以下为部

分小程序的使用方式。

（1）扫码进入。例如摩拜单车。

（2）微信搜索。用户通过微信简单快捷地找到自身需求的微信小程序，类似于百度搜索自己需要的知识，可以精准定位。

（3）社交分享。用户通过某些朋友的推荐分享可以使用微信小程序，如拼多多微信小程序。

（4）微信公众号导流。用户可以在公众号里面找到需要的微信小程序，一般情况下都是微信公众号本身的图文链接或是内容，将用户引流到微信小程序中。

（5）附近微信小程序。这是一种通过地理定位变化而来的微信小程序使用方式，例如餐饮类微信小程序等。

（6）使用记录。用户以前使用过的微信小程序会在微信留下记录，假如用户主动与客服联系，商家可以继续推送微信小程序信息，实现二次引流。

7.4 微信小程序营销策略

随着微信小程序的影响越来越广泛，企业利用微信小程序进行营销的次数越来越多。微信小程序的作用类似于APP，但又没有APP的束缚性，因此能带给用户更好的体验。

不过，这并不代表微信小程序营销可以不讲究策略。接下来，本小节就以"蘑菇街"微信小程序为例，展开讲述微信小程序营销的四个策略。

7.4.1 发挥小程序优势，满足用户低频需求

微信小程序的优势之一就是不需要安装APP，用户只要通过扫一扫、搜一搜就可轻松打开。微信小程序的主要目的是实现即时反应，满足用户需求。比如到一个餐馆，用户只要扫餐馆的二维码就可以查看自己所在餐馆的菜单、价格等。在这个餐馆里用户可以通过微信小程序点餐，无须安

装就能享用,即享即用,用户体验良好。任何产品的设计开发都要让用户满意,这样才有机会吸引并留住更多用户。

有的时候用户使用APP只是满足当下需求,使用次数不多,但为了使用不得不下载APP,这导致用户体验差,而微信小程序完全能够满足用户的低频需求。用户有需要时只要点开小程序就能够满足需求。

越是简化步骤,越是触手可及,就越能留存用户。而且目前微信用户已突破10亿,对于很多喜欢使用微信的用户来说,通过微信解决大部分问题也是他们所希望的。鉴于此,微信小程序应不断改进升级用户体验,企业也要想办法做好微信运营。

7.4.2 利用小程序规则,打造营销活动

企业需要利用多种方法实现线上和线下的微信小程序宣传。

微信小程序的应用非常广泛,比如有打车的滴滴,出行的携程,还有各种商家的订餐系统以及商城类微信小程序。微信小程序能满足APP所具备的功能。

微信小程序的推广方式常见的是将其二维码打印出来贴在店里,用户扫码就可打开。

微信小程序二维码还可以转发给朋友。朋友之间的分享使很多人进入微信小程序中,在微信小程序里满足自己的需求。转发二维码是微信小程序营销的一个不错的方法,能直接带来销量和用户。在微信朋友圈也可以分享微信小程序二维码,如果配上走心的文案会有更好的效果。

当然,企业还可以利用微信小程序的营销工具进行微信小程序的营销推广,比如拼团微信小程序,秒杀微信小程序等。企业可以将这些微信小程序联合起来,形成微信营销推广矩阵。

例如,拼多多上一件商品的原价是50元,5个人团购的价格为39.9元。有需求的用户先支付39.9元,随后将商品链接分享给其他人,这样在24小时内成功凑齐5人则拼团成功。拼多多的这种组团购买形式鼓励用户为降价自发分享宣传,带来裂变式传播效果。

7.4.3 服务要即时，连接线下场景拉引流

设想一下，如果现在是早高峰上班时间，但是最近的一班公交要在15分钟后才能到达，是冒着迟到的危险等待这班公交，还是想其他办法赶去上班？要是公交站旁正好有共享单车，点开微信扫一扫即可开锁骑走，是继续等待还是骑车？如果公司和公交站的距离不是很远的话，相信大部分人会选择骑车。

在微信小程序出现之前，用户要使用共享单车需要先下载APP，然后注册，捆绑支付工具，缴纳押金，扫码开锁。而微信小程序则免除了下载这一步骤，实现了即用即走。在这一场景下，微信小程序满足了用户即时需求，能够通过线下场景拉动引流。

微信小程序自身特点和推广使用已经对用户的生活习惯和消费方式产生了影响。微信小程序在提供即时服务、优化用户体验上及连接线下场景等方面也在不断地升级。

比如，游戏微信小程序不仅操作简单、便捷，而且更新迭代的速度也很快，用户玩起来非常顺畅；水果和蔬菜商店的微信小程序使得用户无须外出就可以购买水果和蔬菜。

"转发""朋友圈""微信群""附近的小程序"都是巨大的流量入口，连接线下场景能够提高微信小程序使用频率，简化用户使用流程，提高用户体验。

7.4.4 服务要有"黏性"，使用户爱不释手

现在APP种类繁多，产品同质化严重，用户习惯不是很容易改变的。要让用户使用手机下载软件后将其留存并且长时间使用，企业需要付出的成本很高。微信小程序提取了APP的核心功能，用户即扫即用，降低了企业成本，也更利于留住用户。

微信小程序关联微信公众号打破闭环流量实现线上线下引流，能够增加用户黏性，提高变现能力。通过把微信小程序的产品转化成礼品、礼品券等多种形式分享给朋友或发送到微信群中，用户能够实现与朋友之间的

互动。星巴克曾经推出一款"星巴克用星说"的社交微信小程序,用户可以在微信小程序中选择星巴克礼品卡发送给自己的朋友增强了朋友之间的情感纽带。

微信小程序连接线下场景导入流量,同样也能增加用户黏性。当用户处于线下环境时,获取或享用服务一般是由自己来完成。微信小程序在一定程度上改变了这种现状。用户想要去旅游,点开微信小程序就能看见附近旅游景点、酒店的介绍;用户想要去点餐,点开微信小程序就可以线上点餐支付。线下存在巨大的流量尚未开发,微信小程序通过连接线下场景,导入新的流量,不仅实现了线上交易,成为一种新的商业模式,而且也优化了用户体验。

7.4.5 揭秘"蘑菇街"小程序的盈利秘密

微信小程序的兴起无疑是电商圈的一件大事。微信小程序营销也因此成为一种新的营销渠道。同时,微信小程序具有去中心化的特点,能够凭借微信平台的社交属性获取更高的流量。

传统的APP与微信小程序相比,有两个明显的劣势。

第一,用户下载APP的成本更高。一方面,下载APP比较耗流量,一个小型的APP至少需要30M流量。另一方面,许多人心理上怕麻烦,宁愿在网页上购买也不愿专门下载APP购买。

第二,APP比较占手机内存。过多的APP下载会导致手机卡顿。对于性能较差的智能手机来讲,卡顿会对其造成更大的安全风险。

微信小程序的研发有效解决了用户的这一困扰。微信小程序不仅消耗流量少,占用空间小,而且功能齐全。

"蘑菇街"微信小程序的上线引爆了流量。与"蘑菇街"APP日常转化率相比,"蘑菇街"微信小程序日常转化率翻了一番。

2017年8月22日,在微信公开课上,"蘑菇街"微信小程序市场负责人王飞公布了一组数据:"蘑菇街"微信小程序的购买转化率是其APP的2倍;仅仅一个半月时间,"蘑菇街"新增用户数量就突破300万;依靠拼团组合的方式,微信小程序吸引了七成以上新用户。这组数据无疑证明了微信小程序的新活力。

"蘑菇街"微信小程序抓住了市场新机遇,但这个新机遇并不是从天而降,而是与"蘑菇街"团队的营销观点密不可分。

"蘑菇街"团队向来注重用户的消费体验以及消费速度。他们有自己的理念:在速度上,要快速切入新流量市场;在消费者体验上,要迅速打造出"即看即买,即买即走"的消费感觉。凭借着这样的理念,他们迅速走到了"小程序市场"的风口,引领了新的时代潮流。

"蘑菇街"微信小程序的盈利有四个不可或缺的秘诀,如图7-7所示。

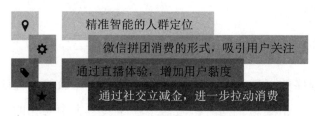

图7-7 "蘑菇街"微信小程序盈利的四个秘诀

第一,精准智能的人群定位。

"蘑菇街"的传统是做女士产品,定位很明确。在制作"蘑菇街"微信小程序时,"蘑菇街"团队又在细节上做了更加细致的调整。在其微信小程序的主页面上,不仅有众多的商品展示,而且"蘑菇街"团队充分利用大数据技术进行精准化产品推荐,做到了因人而异。

第二,通过拼团消费的形式,吸引用户关注。

拼团消费的形式给"蘑菇街"微信小程序带来了七成以上新用户。如今,拼团消费已经成为时尚、优惠的购物新方式,同时,在拼团消费的过程中,微信小程序的老用户无疑做了口碑宣传。这样,就能够迅速带来巨大的流量。

第三,通过直播体验,增加用户黏性。

2016年是直播元年,直播营销成为一种吸引眼球的营销方式。而且一些大主播能够利用自带的网红效应增加用户黏性,最终促进产品的进一步营销。"蘑菇街"团队总是能够凭借敏锐的商业嗅觉寻找到商机,在"蘑菇街"微信小程序中，他们也设计了直播环节。

2017 年 7 月，"蘑菇街"微信小程序新上线了直播板块。"蘑菇街"官方资料显示：直播板块一个月内人均播放次数提升了 40%，人均播放时长提升了 100%。由此可见直播营销的巨大推动效果。

第四，通过社交立减金，进一步拉动消费。

所谓社交立减金就是微信好友间通过分享商品，可以立即获得一部分的价格减免。这样的方式可以同时拉动多人消费。

"蘑菇街"微信小程序官方数据显示：社交立减金上线仅 12 天就带来了 50 万的新用户，新用户购买转化率达到 18%。

综上所述，"蘑菇街"微信小程序的成功与其敏锐的商业嗅觉密不可分。企业在利用微信小程序进行推广时，既要关注新兴的消费渠道，又要关注用户的消费体验，还要关注产品的价格信息。总之，若要立在风口，企业就必须关注和重视科技。

7.5 微信公众号运营四大模式

本小节主要阐述微信公众号运营的四种模式：以内容为中心的自媒体模式；以服务与质量为中心的垂直销售模式；以品质为中心的品牌营销模式；以用户为中心的客服反馈模式。微信公众号运营模式会影响微信公众号的运营效果，因此，企业需要了解四种模式的异同，然后选择对企业最有利的模式。

7.5.1 自媒体模式

随着自媒体时代的到来，人人都可以打造属于自己的品牌。微信公众号不仅是社交平台，也是赚钱的平台，为用户造就了许多价值，还诞生了许多有影响力的自媒体，比如罗辑思维微信公众号。罗辑思维微信公众号曾推出会员收费制，5 500 个会员名额在 6 小时之内抢售一空，创下 160 万元的巨额收入。罗辑思维微信公众号还推出过 100 天销售"真爱月饼"的活动，最终成交量为 40 038 盒。

自媒体背后是广大的用户群体，具备巨大的商业价值。微信公众号盈利模式主要包括接广告、知识付费、做微商三种方式。

1. 接广告

当微信公众号运营到一定规模，拥有不少粉丝后，就具备了承接广告的能力。微信公众号有强传播力和号召力，可以通过自身影响力发布广告软文将产品推荐给粉丝。粉丝认同微信公众号，自然对微信公众号推荐的产品更加信任，这样推广的效果也十分突出。微信公众号可通过接广告来获得收益。

2. 知识付费

设置知识付费内容也是微信公众号获得收益的主要方式。同时，持续的优质内容输出是微信公众号必须要做到的，微信公众号只有输出优质内容，用户才会心甘情愿为优质内容付费。

3. 做微商

通过运营吸引到某一细分领域的忠实粉丝后，微信公众号运营者可以开设自己的微店铺售卖产品。售卖的产品要与微信公众号的定位和粉丝需求相关。

7.5.2 垂直销售模式

"暖暖妈爱分享"是一个育儿类微信公众号，发布的文章涉及育儿、亲子旅游、推荐产品等方面，是许多准妈妈和妈妈们的育儿宝典。

"暖暖妈爱分享"微信公众号起源于陈小暖成长记。暖暖妈于2012年6月注册微博账号，之后便开始在微博上分享自己的育儿心得，由此积累了一部分忠实的妈妈粉丝。

2015年暖暖妈正式开始运营微信公众号，并通过微博引入了第一批粉丝。目前，"暖暖妈爱分享"微信公众号的粉丝已经突破120万。那么，其是如何实现盈利的？

1. 内容推送

"暖暖妈爱分享"每天都要发布1～3篇文章，第一篇主要是原创育儿文章；第二篇与第三篇主要是软文。一般情况下，第一篇文章的阅读量都会超过10万次，点赞量200左右，留言突破50条。而第二篇与第三篇文章的点赞数也能达到100次左右。

2. 盈利方式

"暖暖妈爱分享"并不经常性推送软文广告，即便推送软文广告也会标注为"推广"。其盈利方式主要是每周举办团购活动，开团时间在每周三晚上9点半，并且在每周二会推送团购商品信息。

"暖暖妈爱分享"推送的团购商品单价都在100元以上，每次团购的销售额都能达到100万元左右。一次团购销售额为100万元，一个月的销售额就在400万元左右，而且还省去了广告费用。

"暖暖妈爱分享"的销售模式之所以能够取得如此巨大的成功，得益于其个人标签巨大的影响力，并且其通过不断经营与粉丝的联系，形成了一种良好的互动关系。同时，"暖暖妈爱分享"推送的商品质量过硬，尽管价格较高，但对于妈妈群体来说，她们更注重商品质量，因此推荐的商品一般都能得到妈妈粉丝的积极响应。

基于以上因素，"暖暖妈爱分享"微信公众号通过垂直销售模式在妈妈群体中不断积累口碑，自然而然便实现了月入过万的目标。

7.5.3 品牌营销模式

作为一个跨越国际的知名品牌，麦当劳在营销方面也十分出色。麦当劳在微信公众号上常常使用"谐音"宣传产品，例如麦当劳的"好事会花生——花生甜筒"。此外，麦当劳会在微信公众号上利用GIF动图与鲜明大胆的颜色宣传新品，这种设计风格极其引人注目。

微信公众号已经与许多品牌企业融为一体，其运营的好坏与企业的经营状况产生了密切的联系。那么，企业该如何合理地运用微信公众号营销自身的品牌形象？如图7-8所示。

图7-8 运营好微信公众号的三种方法

1. 做服务

企业微信公众号推荐的文章带给用户的帮助越多,其与用户之间的关系越密切,最终与用户建立起一种朋友关系,从而用服务带动盈利。

2. 做品牌特色内容

市场调查公司 Smart Insights 关于数字营销工具的调查结果显示,近三成的受访者认为内容是他们关注的重点。由此可见,营销的内容已经成为当下企业与用户关注的重点。

假如,用户关注的微信公众号每天都发送一些重复的促销新闻,或者从其他网站粘贴的信息,那么用户十有八九不会继续关注该微信公众号。而假如用户关注的微信公众号推荐的内容区别于其他品牌,有趣有料,用户自然会对该品牌加大关注力度。

3. 线上活动

企业运营微信公众号必然会使用线上活动这一营销利器,无论是刮奖、大转盘,还是砸金蛋等活动都有助于提高用户参与度。获得奖品的喜悦能够让用户感受到一种满足感,从而激励用户持续不断地关注该微信公众号。

在微信公众号运营中,企业要让用户感受到品牌的价值与理念,满足用户的真正需求,这才能实现品牌营销。

7.5.4 客服反馈模式

无论在哪个国家,食品行业都是极具生命力的吸金行业。然而,很多餐饮行业都因为经营不善而倒闭。在这个快速发展的社会,营销模式也必须不断升级。只有不断调整营销方式,不断满足用户变化的需求,才能跟上时代步伐,增强企业竞争力。

海底捞作为国内餐饮业巨头之一,很早之前便通过微博运营积累了一大批粉丝。2014 年 1 月海底捞正式推出微信公众号,借由微信公众号有效获取客户反馈意见,促进服务改善。

例如,通过微信公众号上的再现微支付功能让客户结账速度加快,客户只需扫码即可实现支付,此举无疑避免了客户结账时需要排队的情况。

现在，微信公众号已经成为海底捞获取线上订单的重要来源，微信支付也成为客户结账的主要方式之一。

客户关注海底捞的微信公众号之后，系统会询问客户是否进行实时定位。定位功能能够反馈客户的地区信息，帮助海底捞调整差异化服务。目前海底捞微信公众号的客户反馈模式仍处于发展阶段，具有充足的后续爆发潜力。

7.5.5 "百雀羚"4米长图广告刷爆朋友群

2017年5月7日，百雀羚在其官微和"局部气候调查组"微信公众号上发布了一张4.27米长的图片广告，在短短几个小时就获得了10万+的传播力，点赞数高达5万。

这则广告的名称为《一九三一》，在这则广告中，百雀羚化身为身着翠绿旗袍、腿上绑着枪的女特工阿玲，穿梭于民国时期的旧上海大道上。沿着这一路，顺着阿玲的目光读者可以看到新文化运动中的活力少年，泾渭分明的中西餐文化，此外还有许多旗袍、中山装、婚姻制等民国故事。

不过，这则广告目的并不是简单地介绍历史。阿玲在这个过程中几次与戴帽子的人接头，给读者设下了一个巨大的悬念，勾起了读者的好奇心。最后，阿玲成功完成任务，杀死了"时间"，并适时抛出主题——"百雀羚，与时间作对"。

此次百雀羚的长图广告从最初的发布到传播，再到引爆话题，其实是有迹可循的。

1. 第一轮传播

百雀羚选择"局部气候调查局"微信公众号是有着充分依据的，擅长做长图的"局部气候调查局"风格十分明显，几乎大多数文章都带有长图。而长图宣传自带的趣味性加上充满悬念的故事情节，便引起了第一轮的传播。

2. 第二轮传播

"局部气候调查局"微信公众号发布《一九三一》的时间是在5月7

日,但在朋友圈刷屏却是在几天之后,其间经过了"4A广告门""庞门正道"等大号的传播,为这则广告带来了更多关注度。

3. 朋友圈刷屏

好的内容总是容易获得认可,通过第二轮传播,长图广告引发不少用户点赞,这些用户自发加入宣传大军不断转发。

只凭借一张长图,百雀羚便迅速霸占朋友圈,引发大家自发转载,这其中的缘由何在?

一是创意长图形式刷新了人们对公众号推广的认知,新鲜感带来更多围观。此外,图片内容简单易懂,摆脱了文字的枯燥无味。以长图方式打广告能够让人耳目一新。

二是时代特征吸引人阅读。百雀羚于1931年诞生,百雀羚的长图广告以民国时期的旧上海为背景,身着民国时期旗袍的女主角以及一路遇见的人物都是那个时代的烙印,这使得广告人物与场景更契合。

三是故事性强,伏笔丛生。带枪的旗袍美女多次与戴帽子的人接头,不断设下伏笔,推动故事走向高潮。从出发时叮嘱的万事小心,到确定目标时的准备行动,再到最后的女特工开枪,都在不断推动故事发展。

四是故事在读者的期待中抛出主题。引出百雀羚品牌,使得广告与故事无缝衔接,完成了一次话题引爆。

7.6 微博营销

微博营销是指企业为获取经济价值而利用微博进行营销的一种营销手段。企业通过更新其微博向粉丝传播产品信息、传递最新动态等,以此树立企业的良好形象。这就相当于把每一位粉丝都当作潜在客户,企业可以通过更新微博内容来引导粉丝互动、交流,并以此达到营销的目的。

7.6.1 明确定位微博用户群体

据2018年上半年的数据统计,中国微博用户已经超过3亿。由此看来，全国使用微博的用户群体庞大，微博具有很大的影响力，微博营销做得好会为企业带来巨大的流量和利益。不过，在做微博营销之前企业首先需要做精准定位。正因为微博用户群体庞大，企业更需要细分市场，给自己的微博和目标群体定位。

微博上有各种类型的博主，如美食博主、动漫博主、穿搭类博主等。有的账号仅代表一个人，有的账号代表的是一个企业、一个机构，背后是一个团队在运营。所以在注册微博账号之后，企业首先要确定账号的类型，类型决定了微博主题和风格，同时也代表着微博的运营方向。

企业在开通微博时要想清楚这几个问题：为什么注册微博？通过微博要展示什么？向谁展示？只有明确了自身的定位，才能精准地吸引目标用户群体，才有机会仔细分析研究他们的心理，向他们传递信息和进行良好互动。

例如，一个人喜爱旅行，并且通过自助游去了很多国家，他开通微博向大众分享旅游趣事和旅游注意事项，这样他所吸引的人群自然也是热爱旅游或正准备旅游、希望获取经验的用户群体。通过向用户分享传递有价值的信息并与其互动沟通后，他发现更多的人喜欢旅游攻略，因此就将旅游攻略作为其主要的微博输出内容。

定位微博用户群体是非常重要的，它决定着后期吸引的微博用户类型和微博内容书写类型。

7.6.2　微博传播内容要有亮点

内容营销是新媒体营销中很重要的部分。信息借助微博能实现病毒式传播，传播范围广、速度快。如果微博内容淡然无味，没有任何亮点，则难以引起别人的关注，也不能形成自发性的广泛传播。因此微博内容应有趣、新鲜、有用，这样才能增强微博的可读性，提高微博的可转发性。

微博营销的特点在于互动，不是单方向地发布信息，而是要有温度、有情感、有思考，能引起粉丝的关注与互动。微博内容的定位要有自己独特的风格，这样积累的粉丝才会有很高的黏合度。

微博内容最好是原创的，如果是非原创内容，企业在转载时要注明出处。如此，既避免了版权上的问题，也树立了一个很好的形象。微博传递的内容可以是热点话题或者突发性事件，这类内容在短时间内能够获得巨大的关注度，可扩大影响力。同时，企业要切忌发布虚假的微博内容，可信度高的内容更容易获得粉丝的信任，更会被粉丝关注。

企业在进行微博内容营销时要重视内容的价值，内容是吸引粉丝、留住粉丝的法宝。企业可以通过对微博内容的细节处理，把内容生活化、娱乐化，让粉丝认为企业是可靠的、可信赖的，从而认可企业，愿意帮助企业传播。

7.6.3 微博内容要有图有文有视频

微博的内容不能只有文字，这主要是因为文字趣味性不强，长篇幅文字可读性不强。单纯的文字很难吸引粉丝目光，引起粉丝兴趣的可能性不大。而且，纯文字内容较为官方和正式，缺少温度和情感，不利于引起与用户的互动。为了微博营销能达到更好的效果，企业发布的内容需要加入一些调味品，最好有图、有文、有视频。

有图片的微博更能吸引人。图片的选择要与微博文案相关，且清晰、精彩。如果图片是从网上搜集的，企业需注明来源。同时，企业不可采用血腥暴力黄色图片，还有涉及政治宗教等敏感性内容的图片。

微博的文案要有鲜明的风格特点，要结合网络特点，巧用网络热词。同时，适当加入话题、表情符号等可使内容更加丰富，更具传播性。

短视频营销是目前营销的一大趋势，具备巨大的潜力。时间短、趣味强是它最大的特点。企业在制作短视频时可选取多种类型的内容，经创意剪辑，让视频更有看头。内容的多元化使短视频更具分享性和传播性。短视频还能满足人们用碎片化时间看视频的需求。比如，人们可以在等车、睡觉前等零碎时间观看短视频。

7.6.4 在用户活跃度高的时间发布微博

微博营销发布内容的目的是要获得他人的关注和转发传播。用户刷微博时，最先看到的一定是当下最新发布的信息，由于微博上信息量巨大，发布信息稍早的内容不一定会被用户刷到。除此之外，微博上用户数量庞大，为了使内容让更多的用户看见，企业发微博的时间就很重要，企业应在用户活跃度高的时间发布微博。

通常情况下，一天中有三个时间段为发微博的最优时间：上午9:00—12:00，下午3:00—6:00，晚上8:30—11:30。这三个时间段中，晚上的活跃用户更多。以一周7天来划分，工作日和周末发微博的时间有所不同。在工作日期间，网友刷微博的时间较为集中，大家会利用上班、下班时的碎片时间刷微博。周一、周二、周三这三天主要是开始新一周的工作，用户刷微博的时间相对较少，而周四、周五这两天即将结束一周的工作，所以用户刷微博的时间可能会多些。在周末，用户刷微博的时间不是很有规律，因为其周六、周日要休息或出去玩，关注点并不一定在微博上。

不过，针对这些情况企业要具体情况具体分析。同时，企业发微博的时间还可以根据自身定位和微博目标粉丝群体定位选择。比如，企业发微博的目标群体是学生，那么学生周末时间刷微博的可能性会大些，其他时间则在学校上课，上网时间不多。

7.6.5 微博内容要以原创为主

企业需要依据不同的消费群体，如妈妈群体、学生群体、情侣群体等，对微博推送内容进行相应调整，这是微博营销中不可缺少的一部分。特定群体一般都具有较为个性化的需求，推广的内容要以针对不同的消费群体订制的原创内容为主，群体性地吸引粉丝，并刺激其消费欲望。

比如"野兽派花店"这一微博营销的成功案例，就是针对年轻人和文艺青年等群体的。

提起"野兽派"这个名字，相信大多数年轻人都会感到非常熟悉。这家花店最开始是一家线上花店，没有实体店，没有淘宝店，甚至连品牌创始人都说"并无初衷，无心插柳"。而仅凭微博上几张花卉礼盒的照片和短短140个字的文字介绍，"野兽派花店"这一微博吸引了众多粉丝的关注。

"野兽派花店"自 2011 年 12 月底开通微博到现在,已经吸引了超过 102 万的粉丝,并创建了自己的官网,在国内连开多家实体店,甚至许多明星都成为它家的常客。

与众不同的是,"野兽派花店"不仅仅是一家花店,它还会倾听客人的故事,然后将故事转化成花束,根据每束花的故事背景取不同的文艺范儿的名字。"野兽派花店"绝不选用市场上常见的花材,取的名字以及设计的包装也颇具个性。而在"野兽派花店"拥有自己的网店、实体店之前,其只在微博上出售鲜花,其客户大多数都是微博上的粉丝,通过私信下订单,通过与客服沟通达成交易。

和传统花店相比,"野兽派花店"的花束绝对算得上花中奢侈品。其花卉礼盒少则三四百元,多则近千元,但即便价格不菲,仍有众多粉丝追捧。最终,这家花店除了鲜花品类外,还增加了干花、香氛蜡烛、配饰等更多种类,做成了品牌。

"野兽派花店"的成功源自为客户量身打造的原创故事。对于许多花店粉丝来说,让他们心甘情愿掏腰包的很大原因是为了买花之外的附赠品,粉丝通过购买鲜花记录寻常生活,成为故事主角。因此,企业在发布微博内容时,一定要以原创为主,并深刻结合用户需求,以便更好地吸引粉丝目光,促使粉丝消费。

7.6.6 设置微博转发抽奖活动

微博上很多博主都会设置微博转发抽奖活动,这类活动不是任何一位微博用户都可以参与,而是有条件的。一般用户需要加关注、@好友并转发评论等。微博转发抽奖的奖品各式各样,小到零食、衣服、化妆品,大到一部手机、一部平板电脑或一辆车,都可以被设置为微博转发抽奖活动的礼物。这些博主大手笔向外送东西的目的就是吸引大量活跃的微博用户转发评论,扩大自身影响力,实现营销的目的。实际上,转发抽奖是一种常见的微博营销形式。

转发抽奖活动参与门槛低,操作简单,用户只要动动手指,几秒钟时间就可参与活动。同时，微博转发抽奖活动对用户来说也有很大的吸引力。企业可以不时设置一些微博转发抽奖活动来吸引用户，扩大自己的影响力。

同时，微博转发抽奖这一活动的设置的确会在短时间内吸引大量用户的注意力，而且省时省力，效果非常好，常常会有几百万的转发量。不过，这样的用户关注得来的容易，失去也很容易。如果企业没有发布其他有价值的内容，活动一结束就会丢失大量粉丝。转发和抽奖活动是吸引巨大流量，获得关注的好方法，但终究只是暂时的。企业一定要记住：优质内容和高质量产品才是营销的制胜法宝。

第 8 章

全网营销之社群营销：QQ群、微信群、行业社群

社群营销是指以拥有相同兴趣爱好的群体为营销对象，以 QQ 群、微信群、行业社群为连接方式，让各个用户之间的连接变得更紧密的一种营销方式。这种营销方式主要是通过连接、沟通、互动等手段来实现营销目的，简单来说，它就是一个通过口碑进行传播的方式。

本章将从 QQ 群营销、微信群营销、行业社群营销三个方面出发，帮助营销者理解如何利用社群快速、有效地营销产品与服务，并不断优化社群的运营与管理，最终形成一个能够带来稳定收益的网络社群。

第 8 章　全网营销之社群营销：QQ 群、微信群、行业社群

8.1　QQ 群营销攻略

利用 QQ 群做营销一直是社群营销中较为流行的手法之一，因为很多 QQ 群本身就是一个精准的流量数据库，比如游戏外设类 QQ 群、护肤品 QQ 群等，这些都拥有忠诚度很高的用户群体。

8.1.1　QQ 群搜索：优化关键词

如何利用 QQ 群进行营销？营销者首先需要建立一个非常容易被人搜索到的 QQ 群。群建好之后，营销者可以通过论坛、贴吧宣传推广 QQ 群，或者在同行业 QQ 群里寻找合适用户，但用上述方法积累精准用户需要比较漫长的时间。

企业可以使用优化关键词的方法提升 QQ 群排名，使其被更多用户搜索到。如此一来，不用营销者费尽心思寻找，用户也会自动上门。

在 QQ 的搜索框里面有一项 QQ 群查找功能，每搜索一个词，便会弹出很多与这个词有关的 QQ 群，比如搜索英雄联盟时，会弹出"英雄联盟开黑交流""英雄联盟交友群""英雄德玛西亚"等（QQ 群）。在用户进行搜索时如果企业的 QQ 群排在前面，就有很大机会被用户点击加入。

假如每天有 100～200 个用户搜索到这个群，那么就可能有 10～20 个用户选择加入，这个 QQ 群一个月便能加满 500 人。而最为关键的是，这种方法不用到处推广，只需要用户主动加群，十分方便，而且加入的用户都具有一定的精准度。

QQ群的优化可以从以下方面着手。

1. 辨别用户需求

营销者要方便用户找到自己创建的QQ群。如果QQ群名称太冷门，自然是很难被用户搜索到。因此，营销者选取关键词时一定要首先考虑到日常生活中出现频率最高的词语，同时还要考虑用户一般会搜索什么词以及为什么会搜索这个词。在确定关键词时，营销者可以通过百度指数查关键词热度，找出当前最热门的关键词。

营销者在关键词选取过程中还要考虑以下情况。

（1）QQ群要吸引哪些用户？比如企业的产品是护肤品，那么营销者的主要服务对象就是一些女性用户，营销者需要分析用户痛点，搜索她们关心的关键词。例如与护肤有关的关键词美容、补水、嫩肤等。

（2）用户有什么共同特性？营销者需要根据用户的兴趣爱好、年龄性别、收入水平、购买习惯、购买原因、现实痛点等分析用户共同特征，营销者需要清楚了解他们的共同特点，越详细越好，然后根据这些共同点找出最佳的关键词。

2. 关键词设定

QQ群的名称要包含关键词。例如，营销者想创建一个护肤美容QQ群，那么营销者的QQ群名称至少要包含护肤、美容中的其中一个词。

在创建QQ群时，营销者要注意在详情栏和介绍中加入关键词。介绍文字要简约生动，因为介绍的内容是可以展示在QQ群搜索框的，如果这个地方写得足够精彩，肯定能够吸引到更多的用户加群。

3. QQ群的活跃度

QQ群的活跃度因素也是群排名的重要因素之一。假如QQ群的活跃度很低，那么这个QQ群的搜索排名就会有所下降，因为QQ群创建的本质就是用来给用户交流、增进感情的。

如何增加QQ群的活跃度？首先，营销者需要参考QQ群等级规则，具体内容如表8-1所示。

表 8-1 QQ 群等级规则

群等级	图标	点亮条件
LV1	LV1	1. 完整填写群资料，上传自定义群头像，标签不少于 1 个，简介不少于 30 个字； 2. 群内相片数不少于 3 张，文件不少于 2 个，且允许游客在资料卡中查看摘要
LV2	LV2	群人数大于 50 人，发言人数 20 人以上
LV3	LV3	群人数大于 100 人，发言人数 40 人以上
LV4	LV4	群人数大于 200 人，发言人数 80 人以上
LV5	LV5	群人数大于 400 人，发言人数 120 人以上

通过上述规则，可以得知 QQ 群等级越高，活跃度越高。而营销者想要提升活跃度可以采用两种办法。

第一，增加日常聊天次数。一般而言，星期一到星期五为日常工作时间，因此营销者发布信息的时间段需要选在休闲时间，比如早上 7 点半左右，这个时间的人们一般都在公交地铁上或者吃早饭的过程中，处于空闲状态，因此对于 QQ 群的消息都会有所关注。而在周末，营销者则可以集中在晚上发布信息。

第二，增加互动人数。成立初期的 QQ 群人气不够，加入人数较少，营销者可以采取多开策略，创建多个 QQ 号增加互动人数。

8.1.2 群克隆功能：精准快速增多 QQ 群

QQ 中的群克隆功能可以方便群主将群成员从一个群快速复制到另一个群中。但只有群主才能使用的群克隆功能，而且一个 QQ 账号每月只能使用 1 次群克隆功能，且群主必须要成为超级会员。

QQ 群的克隆功能能够精准快速增多 QQ 群，同时，群主需通过密保验证才能继续使用群克隆功能。其具体操作如下所述。

第一步，点开 QQ 会员功能，然后点击热门功能，如图 8-1 所示。在热门功能中，找到群克隆功能，如图 8-2 所示。

图 8-1　点开热门功能　　图 8-2　点开群克隆功能

第二步，选择被克隆群与需要克隆到的群，如图 8-3 所示。

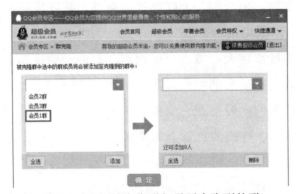

图 8-3　选择被克隆群与需要克隆到的群

第三步，筛选被克隆群里需要克隆的成员，点击"确定"按钮，如图 8-4 所示。

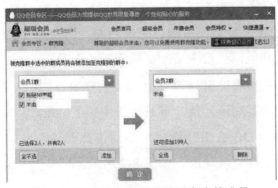

图 8-4　筛选被克隆群里需要克隆的成员

这里有三点需要注意：第一，营销者必须同时是被克隆群与克隆到的群的群主；第二，营销者需要克隆的群成员总数大于被克隆到的群添加成员总数，否则营销者将无法进行群成员的筛选；第三，被克隆的群成员接受邀请后，点击确认才能进入克隆群。

第四步，克隆完成，系统会显示克隆成功的提示。

8.1.3　QQ 群邮件：巧妙进行宣传推广

QQ 群邮件推广模式是一种十分方便的宣传方式，省事，省力，而且还不容易引起用户反感。

QQ 群邮件推广并不是无限制的，相反它的限制还不少。例如，一个 QQ 号一次群发邮件最好控制在 10 封以内，否则就很容易引起 QQ 后台系统的注意，以至于群发的邮件被删除。

所以，如果营销者想要通过 QQ 群邮件进行营销，就需要提前预备大量的 QQ 号，而且这些 QQ 号最好不是那些最新注册的，否则也很容易引起 QQ 后台系统的注意。营销者可以购买一些很早之前就被人申请的 QQ 号。

QQ 群数量的问题得到解决后，营销者就要开始准备群发的对象数量了。笔者建议一个 QQ 号只申请加入 15 个左右的 QQ 群，这样效果较为理想；其次，申请的时候需要多更换 IP 地址，如果同一个 IP 地址申请太过频繁，也很容易引起 QQ 后台系统的注意，甚至招来系统封号。

申请发出去后，接下来就需要等待群主审核。这个步骤很关键，营销者需要针对 QQ 群爱好修改自己的个人资料，让自己的 QQ 号看起来并不是一个专门发广告的，这样才能提高群主审核通过的成功率。

在申请 QQ 群时，尽量让同类别的 QQ 号集中加入一个群，例如营销者想进入轿车类 QQ 群，可以将 QQ 名改为"北京车友""天津轿车一族"。性别也很重要，如果营销者需要加入化妆品群，营销者最好将性别改成女性，这样通过率也会增加。

除了上述准备工作的注意事项以外，营销者在发送邮件时也需要特别注意以下几点。

1. 勤换标题，勤换内容

QQ 邮件的标题和内容需要经常更换，如果营销者觉得工作量比较大，难以完成，也可以将内容做成图片，但标题就需要多多准备，否则发出的邮件就会因为标题重复较多而被 QQ 后台认定为垃圾邮件。

2. 标题要简单明了

QQ 邮件的标题要简单明了。QQ 邮件发送完毕以后，邮件标题通常以弹窗形式浮现，因此标题不宜过长，应控制标题的字数在 12 个字左右，这一点一定要充分利用。

3. 内容简练精致

QQ 邮件正文需要依据推广需求与目标策划撰写，以简练精致为主旨。同时，邮件内容要多干货，少水货，突出宣传中心。

这些准备工作做好以后，接下来就可以正式开始准备群发邮件，具体操作步骤如下所述。

（1）利用 QQ 群邮件提取器提取 QQ 群成员的邮箱，然后将提取出的邮箱导入本地电脑。

（2）打开邮件群发软件，例如 SendCloud、一米邮件营销系统、Amazon SES 等，然后导入发件人列表，这里为了避免被 QQ 系统屏蔽，营销者需要用多个 QQ 号的发件箱发送，之后营销者再导入收件人列表，将邮件内容复制到对应位置。

（3）一切准备就绪之后，营销者就可以点击发送了。

8.1.4 QQ 群公告板：进行产品推广

QQ 群公告板推广产品也是 QQ 群营销的一种常见方式，只需要营销者点开群，然后点击即将要发布公告的 QQ 群，接着点击 QQ 群聊天窗口上面的公告，如图 8-5 所示。

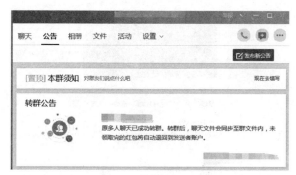

图 8-5　点击群公告

之后点击右上角的发布新公告按钮,输入想要发布的内容,具体如图 8-6 所示。

图 8-6　发布新公告

新版的 QQ 公告板除了可以发布文字以外,还可以发布图片、表情与视频。

8.1.5　QQ 群直播间:传授知识或经验

每个人都有自己擅长的领域,在群成员感兴趣的情况下,通过直播方式传授一些经验与知识,不但可以促进群成员交流,也更容易增加群成员对营销者的信任感,时间一久,营销者在群里的威望肯定会有较大提升,做起推广来也会"一呼百应"。具体操作步骤如下所述。

首先,营销者登录自己的 QQ 群,点击一个群,如图 8-7 所示。

图 8-7 点开群

其次,进入群之后,点击"更多",如图 8-8 所示。

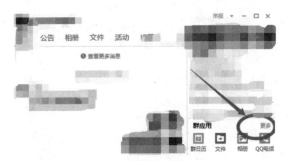

图 8-8 点击"更多"

最后,点击群视频即可,如图 8-9 所示。

图 8-9 开启群视频

8.1.6 通过增加点赞量增加名气

有些营销者的 QQ 空间点赞量可能上万,而有的营销者却只有几百,这中间的差距来自推广方法的差异,下面为营销者介绍一些提高 QQ 空间点赞量的方法。

1. 加好友

营销者可以多加 QQ 好友。QQ 好友越多,其他人看到营销者空间动态的人数就越多,访问次数也就越多,自然点赞的概率也就大大提升。

2. 每天定时发表说说

营销者可以中午、晚上定好时间发表说说、日志、个性签名等动态,这样更容易被好友发现并关注,越精彩越容易被人查看、点赞。

3. 多发表热点消息

想要发表的说说、日志、个性签名能够吸引到别人点赞的最佳方法之一便是发布热点消息,营销者可以将网上热点新闻的图片、视频、新闻等内容分享到自己的空间,提高点赞量。

4. 写出高质量文章

假如营销者文笔不错,可以尝试自己撰写高质量文章,如果能够被推荐到 QQ 空间首页,自然会提高营销者的人气。

5. 多小号点赞

营销者可以多申请几个小号,用小号轮流点赞、转发、评论。

6. 与别人互动

营销者可以多去别人空间留言、评论、转发、点赞,让别人注意到自己,这有助于他人回访,从而提升点赞量。

8.2 微信群营销步骤

任何社群都有生命周期,只有走好营销策略的每一步,才能迎来社群营销的"黄金期"。微信群营销更是如此,盲目扩张规模几乎就是在浪费社群的"生命"。微信群需要遵循定位→划分用户→管理→输送价值的步骤,才能把握未来市场的主流。

8.2.1 定位准：产品定位与人群定位

许多商家、品牌在做微信群营销时，最常犯的错误之一便是跟风，以至于许多好的方案即便做成了爆款内容，也没能形成话题。它们不断采用新的创意，同时不断放弃已有的创新方案，这样做不仅产生了大量的工作量，而且还很难收到显著效果。一个品牌、一个企业，若是不能准确定位产品与用户人群，不断用持续性话题吸引用户的注意，就难以形成长效追随效应。

总的来说，要想形成有效果的微信群营销，提高社群活跃度，营销者就需要准确定位用户需求，运用产品化、线下化、品牌化、互动化等手段，最终达到理想效果。

例如，国内知名社群"十点读书"运营模式中的微信群营销在用户定位与互动方面就做得十分不错，如图8-10所示。

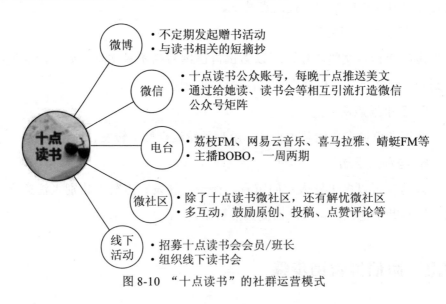

图 8-10 "十点读书"的社群运营模式

"十点读书"通过十点读书公众号不断推送美文，通过让用户阅读，相互分享，彼此之间加强交流，最终实现准确的产品推广。

微信群是由不同的个体组成，仅依靠共同的兴趣爱好很难形成凝聚力。

这就像是用砖头造房子一样，虽然砖头多，但如果没有被摆放到合适位置，就无法建成一栋舒适的房子。同理，想要打造好一个微信群并通过它营销产品，营销者就需要找准定位，不断引发用户之间的交流，让他们在不断交流中逐渐认可产品。

8.2.2　构成优：老用户与新用户比例

微信群营销除了定位分析以外，还需要维持住新用户与老用户的比例。想要做到这一点就需要给群成员集体"画像"，从性别、年龄、地域、收入等方面入手，尽可能完善目标用户的详细信息。

社群画像简单来说就是借助有效工具对社群成员进行分析，描述出用户行为，指导社群营销。

"交互设计之父"艾伦·库珀（Alan Cooper）最早提出用户画像的概念："用户画像是指真实用户的虚拟代表。"营销者建立用户画像的目的是从真实的用户行为中抽取用户数据，并对其进行分析，对每个用户形成一个特定的标签，以求了解产品能够为哪些目标用户提供服务，通过用户画像掌握更多与用户有关的消费决策信息。

微信群营销者可以通过给群成员贴标签，从而高精度描述新老用户。另外，给用户贴标签的行为能够为数据整合提供基础，从而使得用户画像的准确度不断提高，新老用户的构成比也越来越清晰。

例如，微信群用户来自哪里？有哪些购买习惯与爱好？社会职业是什么？生活在哪个地域？这个用户加入微信群以后能够给该群带来哪些好处？用户画像都可以回答这些问题，研究好这些问题是找准自身定位的首要条件。

在分析用户画像方面，社群营销者可以借助大数据，对用户行为习惯与爱好进行研究分析，具体步骤如下所述。

1. 收集用户信息

收集用户信息是建立社群用户画像的第一步，其信息内容包括用户基础信息，例如性别、地域、爱好等，这些信息可以借助大数据统一收集。

2. 梳理信息

收集到海量的用户数据以后，社群营销者就需要对数据进行梳理，筛选掉不符合条件的用户，同时在初步梳理基础之上归纳更多的细节问题，使得社群工作能够得到进一步协调认识。

例如，大数据结果显示，在某个特定区域内，晚上10点在微信群聊天的用户数量明显增长，社群营销者下一步就需要整理用户行为信息。聊天话题、回复话题有哪些、活跃人数是多少等，这些都是社群营销者要进一步梳理的重要内容。

3. 数据流程化

数据流程化主要用于设计用户画像的模板，目的是将这些精细化数据进一步整理、排序，使这些数据真正应用在用户画像方面。例如，婴幼儿社群就可以将用户年龄这个标签放到次要位置，由于婴幼儿社群的用户实际上并不是婴儿本人，分析婴儿父母的年龄并没有太大作用。

4. 画像排序

每个社群都有各自的目标与愿景，因此用户画像与其他用户标签都有差异性，社群运营者要将数据得出的画像标签进行排序，重要的在前，次要的在后。

8.2.3 管理群：建群规、树原则

一个优秀的微信群必然有着良好的群规，只有树立起群规才能让微信群持续健康发展。例如一个财经微信群规则如下所述。

为了不断壮大本群，引导本群健康发展，特制定以下群规。

第一条：不得谈论政治、宗教、黄赌毒、不实谣言等内容，违者踢出微信群。

第二条：不得谈论与本群主题无关的话题，违反三次以上，记严重警告一次。

第三条：杜绝早晚问候乱发图片现象。社群成员关系的维系

与早晚问候关系不大，如果一味以早晚问候、乱发图片表情刷屏的形式证明自己的存在感，记严重警告一次。

第四条：不得在非广告时间发送广告，包括二维码、名片、链接等。不支持在群内随意发送广告，不花钱张贴广告的行为绝对是一种不良好的行为，除公益广告外，群内每发送一条广告，必须发一个拼手气红包以回报优质群友。此外，本群在21:00—22:00可以发送广告，违反一次记严重警告一次。

第五条：新人入群需要老人推荐（在群时间超过半年以上为老人），如果新人擅自拉人入群，违反一次记严重警告一次。

第六条：除了发起人以外，任何人不得随意更改群名称，违反一次记严重警告一次。

第七条：进群之后修改群昵称，以姓名加行业的方式标注。

第八条：群聊时间为6:00—23:00，周五、周六可适当延长。不反对也不鼓励各位社群成员夜晚聊天。

第九条：除分享交流以外，群内禁止通过语音交流。

第十条：为保护群内群友隐私，禁止社群成员要求他人发布位置共享。

第十一条：严禁发布和转载未经证实的信息。

第十二条：严禁对外透露群友的私人信息，例如擅自分享群友明确表示不可分享的聊天记录，违者直接踢出微信群，且违者后果自行承担。

第十三条：不得人身攻击，不得骂人。语言使用上应力戒傲慢、狂妄。人人平等、相互尊重。违者严重警告一次，较为严重者直接踢出微信群。

第十四条：违反群规被踢出群者不得再次进群。

第十五条：严重警告三次者，直接踢出微信群。

以上十五条望各位社群成员共同遵守。

8.2.4 价值为先：持续输出价值

创建微信群并不等于建立社群，微信群只有拥有足够的凝聚力才能转变为一个有价值的社群。这需要微信群采取互动的方式，不断输出微信群的主旨与观点，同时活跃社群氛围，消除各个社群成员之间的陌生感，使社群成员更有归属感。不过，要想做到这一点并不简单。

首先，要想社群成员互动起来，微信群里必须要有一些能够引起话题的社群成员，这些社群成员还必须能够轻松接受大家的调侃，这样一来，群里的气氛就会变得更加活跃，持续输出社群价值才能更加方便，这一点社群营销者在建立社群之初就应考虑到。

其次，社群营销者可以设立一些有趣的群活动，例如签到打卡、发群红包、设置讨论话题、开展社群游戏等。但这里需要注意的是，这些群活动的可操作性要恰当，不可太过简单，导致社群成员没有兴趣，也不可过于死板，流于形式。

最后，社群营销者可以打造出一个合适的社群亚文化。一个由不同个体组成的社群，仅依靠共同的兴趣爱好是无法形成具有价值的社群的。要想做到这一点，就需要形成社群独有的交流方式。如果能够形成高度共鸣的社群亚文化，那这个社群将拥有更强的生命力。

如何打造社群亚文化？社群营销者可以使用一些小技巧。例如，制作社群专属表情包，根据群内常用语制定一套群内成员才会懂的"交流暗语"，设立奇特有趣的社群打卡等。

8.3 行业社群营销方法

行业社群营销首先需要一个权威性的平台，这个平台需要有行业专家坐镇；其次，社群营销者需要多渠道发布社群信息，扩大影响力；最后，社群营销者组织线下活动，提供专业辅导。

8.3.1 联合行业专家运营社群

运营社群就是运营社群中的关键社群成员,其他社群成员可以被这些关键社群成员以点带面覆盖到。从提升口碑的角度思考,一个产品品牌与用户的关系通过社群不断加强关系,未来用户在购买产品时,也许更容易相信某个领域专家的推荐与某个朋友的分享。

关键社群成员的意见具有传播力与影响力。通常情况下,他们这些人能够代表大多数社群成员的诉求。一个关键社群成员可以影响到 100 个甚至更多的社群成员。

如何发挥关键社群成员的影响力?社群营销者需遵循以下步骤。

第一步:分析谁是社群的关键社群成员。一般情况下,各个行业的专家就是关键社群成员,他们的加入可以吸引更多的"牛人"加入。

不过,单纯吸引行业的"牛人"加入存在较多困难,因此社群营销者也可以退而求其次,从社群内部发掘培养。内部发掘的关键社群成员,忠诚度非常高,比外部引进的有更好的推广效果,也能带动社群气氛,积极带动社群成员之间的交流,从而催生更多的内部关键社群成员。

第二步:找到关键社群成员的需求点。社群营销者需要明白关键社群成员的需求点有哪些,他们为什么要加入社群,他们的需求与普通社群成员有什么不同,这个社群能给他们带来什么,为什么他们会一直留在社群里。

第三步:与关键社群成员建立好友关系。社群本来就是关系的集合,社群营销者需要与关键用户建立很好的私交,也可以是合作伙伴关系。如果他们需要社群帮忙,一定要给予最大程度上的支持。当然,在线下、线上各种活动中,社群营销者也需要多了解整体社群成员的意见,同时要与关键社群成员交谈,从中了解活动是否还有其他延伸空间。只有这样,才能确保关键社群成员不会出现退群的情况。

第四步:促使关键社群成员深度参与社群运营。加深与社群成员关系的下一步便是让这些人主动承担社群的运营工作。每一个能成为社群关键社群成员的人,都具有不俗的能力,社群营销者与他们共同推广产品、合办活动，能够实现互利共赢。

第五步：建立一个关键社群成员圈子。人以类聚，物以群分，社群单靠一两个关键社群成员也难以产生广泛的传播效果。因此，社群营销者需要为这些关键社群成员开展一些特别的活动，例如定期举办关键社群成员经验交流会，让这些人彼此定期分享有价值的信息。

8.3.2 多渠道发布社群信息，扩大影响力

未来的互联网是垂直社群时代。利用多渠道发布社群信息扩大影响力，已经成为垂直社群营销的必要手段。

在2018年"六一"期间，某育儿图书出版机构安排了一场主题为"儿童健康成长"的营销活动，希望借助这轮社群营销，将书籍推向更多销售平台。这一次育儿图书出版机构邀请了300多个QQ群、微信群参与直播。

在推广微课的同时，育儿图书出版机构还着力将作者系列微课向其他渠道进行了推广。比如，在微博上实时转播图文信息，特邀育儿专家参与直播活动，将书籍推广至微商平台大V店等。社群营销者在进行多渠道社群营销的过程中，有以下三点注意事项。

第一，高质量内容输出是前提。扎实的知识功底和良好的宣讲能力是这家育儿图书出版机构成功的前提条件。

第二，社群营销者在设计营销方案时，要有整体社群营销目标和每一次营销活动的具体目标，这样才能使推广活动更有效果。

第三，社群营销者需要尽量缩短中间环节，为用户打造更便捷、更流畅的营销过程。当用户产生购买冲动时，是否有直接、便捷的购买路径直接影响着营销转化率。

8.3.3 组织线下活动，提供专业辅导

对于社群营销而言，打通线上线下是极其重要的。而打通线上线下，组织社群成员面对面交流是激发并保持社群活力的有效方法。

此外，社群的线下发展也是一个提供专业辅导的合适渠道，它不仅有

利于将社群打造成特色品牌、增强用户黏性等,还能够扩大社群影响范围,提高社群知名度。而且线上与线下的连接可以实现社群影响力的多次扩散,将更多社群资源转移到线上。

一般而言,线下活动可分为三种:社群核心团队大型聚会、核心团队成员小范围聚会、社群成员集体聚会,如邀请大咖嘉宾举办讲演会、研讨会等。线下开展活动一般需要活动目的明确、内容丰富、细节用心,如此才能避免出现大的纰漏。如果社群拥有较高的知名度,可以选择采取现场直播等网络营销手段。虽然这种方法过程比较烦琐,准备也需要更加充分,但相应的活动效果也会翻倍。

罗志是一个微信社群的群主,主要从事电脑产品推广。他曾举办过一个成功的线下营销活动。

2019年4月,一家电脑企业找到罗志,聘请他组织一次宣传活动推广产品。于是罗志就精心组织了一次线下电脑展销会,希望可以促进电脑的销售。首先,他在社群里举办了一个抽奖活动,社群里的任何人都可以参与,抽中就可以得到一台电脑。借此,罗志成功吸引了社群成员对该产品的关注。

然后,他趁热打铁,继续开展"抢红包"活动,该活动规定,每一次抢红包金额最多的社群成员要向周围朋友推广三次该电脑的信息。

最后,罗志正式在社群里发布了线下电脑展销会的内容,并表示社群成员可以自愿参与,社群成员带来的朋友也可以参加该活动,并且申明电脑展销会的酒水免费。经过一连串的活动攻势,罗志的电脑展销会取得了巨大成功,电脑产品得到大卖。

一个成功的社群营销活动能够迅速提升社群的"温度",让社群成员获得满满的参与感,而社群营销者也可以不断通过活动来提升影响力。举办线下活动也有一些需要注意的地方,如重视社群成员诉求、不断制造惊喜。

1. 重视社群成员诉求

任何线下活动都需要尽量满足社群成员的需求,这样才能得到社群成员的响应。因此社群营销者不能强迫社群成员参与线下活动,需要充分尊重社群成员自愿参与的意愿。

2. 不断制造惊喜

社群的线下活动不能"拍脑门"决定,它需要提前造势,只有这样,当线下活动公布的时候才能吸引足够多社群成员的注意,达到较为满意的宣传效果。

线下活动是维持社群关系发展的重要环节。面对面的沟通能够迅速拉近社群成员的关系,强化社群的存在感,丰富社群成员的体验,加深各社群成员之间的关系沉淀。

第 9 章

全网营销之新媒体平台营销：直播与短视频

随着网络时代来临，新媒体平台营销成为新的引流方式，它能更好地帮助企业吸引用户关注，确保在合适的地点，由合适的人接收到合适的信息。本章将从直播与短视频两个角度出发，为企业揭示新媒体平台营销的奥秘。

9.1 直播：企业进行商业直播的关键

企业进行直播营销的关键表现在三个方面：第一，明确直播主题、关键信息；第二，文档、物料快速跟进；第三，注重平等沟通性、实时性和互动性；第四，与用户建立信任关系，引起二次传播。

9.1.1 内容：明确直播主题、关键信息

明确直播主题就是指为直播找到一个可以掀起话题的热点话题或者明星人物，以借助这些关键信息扩大产品的宣传范围。

小米直播 APP 曾以直播形式召开过小米无人机发布会。直播的主题是"创始人雷军亲自做直播"，在直播中雷军介绍了小米无人机产品的功能与特点，一时间小米无人机引起无数人关注。

小米无人机的在线直播新品发布会由雷军亲自主持，雷军还对网友的提问进行了开放式回答。通过本次直播，雷军为小米无人机营造了巨大声势，让粉丝与雷军可以实时沟通交流，提高了"米粉"参与度和积极性。

同时，这也是国内第一次纯在线直播的新品发布会，给业内人士起了很好的示范作用，开启了直播营销的新思路。

小米的发布会之所以能够引起空前关注，关键因素在于发布会以雷军本人作为直播主题，将宣传重心的一半放在了雷军本人身上，借助雷军自带的巨大流量成功掀起了小米无人机话题。

当然，举办这样一个由企业创始人本人主持的直播对于创始人的临场应变能力提出了更高的要求。即使是雷军事先做足了准备工作，也无法保

证直播的顺利进行，比如小米发布会上的无人机在直播试飞过程中发生了突然下跌摔毁的突发事件。可见，想要采用直播这种营销方式，企业也是需要承担一定风险的。

9.1.2 同步：文档、物料快速跟进

2016年6月30日，一场精彩的人机大战让人们看得心潮澎湃。这场人机大战由B站、优酷、新浪、上海卫视、哈尔滨直播等多家直播平台共同直播。

人机大战的参战方分别是机器之眼"蚂可"和"鬼才之眼"王昱珩。机器之眼"蚂可"是阿里巴巴旗下蚂蚁金服研发的人工智能生物识别机器人；而王昱珩在《最强大脑》中成功识别520杯水，因此被网友们称为"鬼才之眼"。

因为参赛双方之间的巨大差别，这场比赛在赛前就引起了无数人关注。用户虽然是通过直播形式看比赛，但因为这些直播平台都能提供即时互动功能，使得用户与参赛者实现了同步，用户能够同步知晓比赛的进行状况，同时用户还可以将自己的感受、感慨发送给直播现场，直播现场也能快速做出回应。正因为如此，这场直播中的主人公"蚂可"和王昱珩都收获了更多粉丝。更重要的是，直播的同步功能进一步体现出其优越性。

企业在进行直播营销时离不开以下几个流程。

1. 精确的市场调研

直播面向大众推广产品，因此企业需要提前了解用户需求，并且知晓自身能够为用户提供什么，避免出现同质化竞争。精确的市场调研是营销成功的前提。

2. 优缺点分析

企业进行直播营销时要精确分析自身优缺点。例如，类似于华为、小米等品牌，由于其进行直播营销的资金充足，资源丰富，直播营销很容易达到预期效果，但对大多数企业来说，如果没有充足的资金和资源，就难以达到预期目标。

因此，企业要充分发挥自身优点，尽量避免在直播中暴露出企业的缺

点，就有机会取得意想不到的效果。

3. 市场定位

企业在进行直播营销时需要明白企业的目标用户是谁，他们能够接受什么类型的产品与服务等，这都是企业需要精确把握的内容。

4. 选择直播平台

现在的直播平台极多，依据不同领域又有不同的划分。例如，游戏类直播可以推广游戏产品，而淘宝 APP 推广衣服、化妆品又能取得较多的流量，因此直播之前，确定直播平台是营销成功的关键一步。

5. 良好的直播方案设计

做完上述工作之后，企业还要设计出良好的直播方案。在直播过程中，如何把握视觉效果与营销效果的关系，需要企业不断思索才能得到一个满意的答案。

6. 收集有效反馈

直播营销的后期反馈需要及时跟上，通过数据反馈企业可以不断修整方案，优化方案。

9.1.3　互动：注重平等沟通性、实时性和互动性

直播营销具有极强的互动性，能够在较短时间内获得大量的粉丝关注，因此企业可以借助直播所带来的粉丝进一步宣传产品。比如，企业可以多准备一些有意思的竞赛活动，让粉丝积极参与，增加与这些粉丝的沟通交流，这样企业就能在无形之中获得大量潜在用户的需求信息。

为了能够吸引更多的粉丝参与活动，企业可以巧用话题、标签等，并进行合理的规划。

首先，企业需要善于将一些最近的热点话题引入直播内容，因为热门话题是大众所关心的，将这些话题运用到活动内容的设计中可以提高粉丝的关注度，例如在国内游戏行业火热的时候，就有大批游戏直播兴起，并借着这些游戏的热度推广自己的淘宝店铺。

其次，企业需要不断更换直播主题，运用这些直播主题进行扩散，最

好在不同的时间更换不同的主题，这样才能争取更多的粉丝参与活动。

最后，直播时间要选择恰当，比如企业选择在午休或者晚上这类高峰期直播才能提高粉丝的观看量。

海南航空新航线首发时举办了"万米高空演奏会"的直播活动。在直播之前，海南航空便在微博中发布内容，设置悬念，引发粉丝互动猜想，为海南航空新航线的正式公布积累关注度。同时，海南航空还在微博中设置抽奖活动，吸引粉丝为赢取国际机票而积极互动。最后，海南航空携手代言人郎朗举办"万米高空演奏会"，为新航线"长沙←→洛杉矶"启动拉开序幕。

为了达到最大化的营销效果，海南航空官方微博联合各大媒体同时对活动现场进行了直播。由于有了此前在微博上发起的一波又一波的推广活动的助力，短短3个小时，就有近万人互动讨论了新航线话题，阅读量暴涨500万，并且登上了当日微博实时热搜榜第一与热门话题榜单第一，最终其话题参与人数超两万，阅读量近 4 000 万。这些数据无一不证明了该直播营销的成功。

9.1.4　扩散：与用户建立信任关系，引起二次传播

直播可以被千万人围观，并且引起用户不断参与互动，造成范围广泛的二次传播，获得良好的营销效果。

每一次苹果公司新产品发布前，全球用户都翘首以盼。2017 年，苹果手机十周年发布会进行了全球直播。此次发布会上，苹果公司推出了十周年纪念产品 iPhone X，发布会结束后，关于 iPhone X 的热点话题层出不穷。

苹果发布会直播比一般的广告营销手段更强大，直播营销的良好效果一方面来自苹果产品的颠覆性设计，另一方面也得益于直播营销这种新型传播方式的巨大影响力。

1. 全面刘海屏

这是苹果公司史上最大的技术突破，发布会上库克公布 iPhone X 采用了全新的刘海屏设计，这也是苹果公司首次采用 OLED 屏幕，除去屏幕上

方的传感器区域之外，其余部分都是屏幕，极大地提升了屏占比。同时苹果公司对显示屏的四角都进行了圆弧处理，使得屏幕与机身更加贴合。

发布会结束后，iPhone X刘海屏话题引发了无数用户讨论，甚至是激烈论战。

2. 5.8英寸的大屏幕

自从iPhone发布了4.7英寸和5.5英寸两个手机尺寸以后，关于哪个尺寸更为出色的争论从来就没有停止过。实际上，这是因为两个尺寸都没有达到最完美的地步。5.8英寸的iPhone X完美中止了这个讨论话题，无论是"单手操作最为舒服"，还是"大屏手机看着爽"，iPhone X都能满足这两方面的需求。

此外，虽然iPhone X的手机尺寸为5.8英寸，但机身的宽度尺寸却是介于4.7英寸和5.5英寸之间的，这是因为屏幕的尺寸计算是利用对角线的距离，而iPhone X正是选择提升机身的长度，缩短机身的宽度，实现对角线距离的相对增加，由此带来了单手操作的完美比例。对于许多曾经使用过iPhone 6 Plus和iPhone 7的用户来说，iPhone X的屏幕尺寸虽然更大，但用户仍然可以一只手握住，一点也不会造成其在操作上的不便。

3. 取消Home键

虽然苹果公司一再宣称不会取消Home键，但到了iPhone X，终于还是取消了曾经引以为傲的Home键，取而代之的是一个虚拟的Home键，它位于屏幕底部，是一种非常人性化的设计，让许多习惯使用Home键的用户能够继续保留这个习惯。

Home键的取消引起了众多用户对于手机是否就此进入全面屏时代的争论。

4. 面容识别能力

iPhone X采用三维人脸信息技术，可防止二维破解，拥有点阵投影器、泛光照明灯功能，对肤色和其他人脸特征有较好的区分能力，而且其结构光精度达0.1毫米级精度，识别人脸的精度大幅度提高。

iPhone X的整个识别过程是这样的：点阵投射器将30 000多个人眼不

能看见的光点投射到用户脸部,描绘出用户的脸部模型;之后,红外镜头会读取脸部模型,捕捉它的红外图像,并将数据发送到 A11 芯片,确认识别到的面容与存储的面容是否匹配。这一过程都是在瞬间完成的。

5. 面容 ID

与面容识别一同出现的是面容 ID 功能。苹果公司舍弃了此前沿用了十年之久的 Touch ID 功能。在发布会上,虽然苹果公司软件工程副总裁在演示面容识别过程中出现意外,但依照苹果官方此前公布的误锁概率,Touch ID 大约为五万分之一,而面容 ID 仅为百万分之一,两者之间存在着巨大差别。

而且根据许多购买 iPhone X 的用户反馈,注册一个面容 ID 仅仅需要 5 秒钟左右,而注册一个 Touch ID 最起码需要 15 秒钟,甚至许多用户可能需要 1~2 分钟才可以完成注册。

6. 快速充电与无线充电

苹果公司在发布会上指出,iPhone X 依旧拥有此前 iPhone 8 的无线充电功能。无线充电器的功率并不大,只有 7.5W,一般来说,这样的充电器功率充满 iPhone X 的电量需要大概 3 个小时。

不过,无线充电并不是给用户救急时使用的,它的充电模式属于慢热型,比如当用户需要用手机查看某些信息,同时又想让手机保持电量的充足时,就可以使用无线充电。而如果手机电量处于低电量边缘,用户又想要快速充满 iPhone X 的电量,这个时候就可以选择快速充电模式进行充电。

发布会上,苹果公司还公布了 iPhone X 的快充配置,包括一个 29W 的充电器和 USB-C 转 Lightning 充电线,按照此前 7.5W 的充电器推算,iPhone X 使用该快充设备,不到 1 个小时就能充满电。

当然,这只是数据上的估计,在实际充电过程中,为了保护电池和充电模组,在手机电量达到 80% 的时候,无线充电器的充电速度会下降。因此,使用快充设备的 iPhone X 在 1.5 个小时以内就能完成充电。

7. 仿生芯片 A11

根据发布会上公布的数据,A11 芯片运算速度达每秒 6 000 亿次。同时，这是一款具备"自主学习"功能的芯片，它具有一个能够主动学习的神经网络引擎。简单来说，当用户的面容一点点改变的时候，通过A11功能，iPhone X 会不断记录用户的面容变化，并保存下来。

细数苹果iPhone X 发布会上公布的七大功能，无一不彰显了iPhone X的极致设计，体现了苹果公司为用户提供更美好服务的宗旨。虽然七大功能中许多功能在iPhone X 发布前就已出现，但不可否认的是，至少没有哪一家公司能够提供像iPhone X 一样的极致体验。

在这场全球直播的iPhone X 发布会上，苹果公司借助它向无数用户传达了一个理念——未来的智能手机发展方向依然在苹果公司的领导之下，而iPhone X 的发布就是这一理念的有力论据。因此，iPhone X 引发无数用户激烈讨论和二次传播的情况也就在情理之中了。

9.2 短视频营销的三个关键

短视频已经成为现代人生活中不可分割的一部分，并且逐渐取代图文成为人们上下班途中、睡觉前等碎片化时间里的主要娱乐方式。对于"90后""00后"来说，短视频更是记录生活、张扬个性的重要渠道。因此，企业有必要抓住机会，尽快入局短视频营销。

与其他营销方式相比，短视频营销有其自身独特的优势。首先，企业只需要一部手机就可实现短视频的拍摄、上传、编辑、发布等，操作简单、快捷；其次，短视频具备可视化、观看时间短、信息量集中等诸多特征，这些特征可以对用户产生更大吸引力。如今，以抖音、快手为代表的短视频平台成为短视频营销的助推器，为企业带来了惊人的价值。

虽然短视频营销可以发挥强大的作用，但企业要想真正做好短视频营销，还必须把握三个关键：内容原生、技术驱动、用户主动。

9.2.1 内容原生

Facebook 的欧洲运营主管尼古拉·门德尔松曾表示，未来Facebook

会彻底变成移动产品，到那时，人们分享的或许全是视频。这个观点引起了很多人的质疑，毕竟文字在人们的日常生活中不可或缺。不过，尼古拉·门德尔松还表示，文字并不会全部消失，因为人们需要为视频创作文字内容。尼古拉·门德尔松的观点在一定程度上反映出视频对文字的冲击。此外，Facebook 创始人扎克伯格也指出，视频对于 Facebook 越来越重要，文字已经过时，即将被动画和语音取代。

在视频不断发展的影响下，短视频营销已经成为企业不可或缺的"武器"。一个优质的短视频不仅可以激发用户的认同和支持，还可以使产品广告达到潜移默化的影响效果，从而更好地引导用户消费。那么，什么样的短视频才可以称得上优质？一个最关键的因素就是内容原生。

今日头条提出过一个概念，做好三个层面就能确保广告在短视频中也能变成一段精彩的内容，其中一个层面便是内容原生。由于短视频具有轻量化、碎片化的特点，制作成本较低，因此，直接把广告变成短视频的方式更利于企业的操作，并且容易吸引用户观看。

传统广告营销包含硬性广告、软性广告，这些广告容易引起用户反感。网络上许多综艺类节目也有类似特点，节目现场被各种各样的产品植入占据。久而久之，用户难免产生不满情绪，这严重削弱了产品的宣传效果。

相关数据显示，在一般的广告上，78% 的人停留时长不超过 10 秒。但如果广告内容与用户相关性比较强，那用户的停留时长将超过 30 秒，这可以让企业得到非常高的触达率和点击率。

Facebook 上广泛流传的康恩都乐超级碗广告便是内容原生的经典范例。康恩都乐通过 Facebook 发布了一段短视频，该短视频在美国橄榄球超级碗比赛中场休息时播放，它讲述了一个小故事："咖啡队"如何打败"奶昔队"。由于该短视频本身带有较强的趣味性，一经传播便引起了不小的轰动。

内容原生的短视频和强行植入广告的短视频有很大区别，因为其放弃了生硬的宣传，而是围绕产品去制作内容，让内容成为产品的广告。那么，什么样的内容最具营销价值？当然是具有学习价值和实用价值的内容。

很多时候，企业在制作内容尤其是制作原创内容时很可能会出现定位不明确的情况。也就是说，这一过程常常会充满各种各样的不确定性，这种不确定性会严重影响短视频的质量。因此，在制作原创内容时，企业要充分展示出产品的特色。这种循环加深记忆的方法不仅可以使产品在用户心中留下印象，还可以让品牌获得较高影响力。

在短视频平台TOP3（快手、抖音、火山）以及微视的引流方法中，原创内容都非常适用。而且目前短视频平台都在鼓励原创内容的输出和传播。例如，现在短视频平台都设有防御与惩罚机制，会将新视频与视频库中的视频进行比对，以防内容重合或雷同。同时，视频平台还有专门的举报审核机制，会对盗用视频的账号进行处罚。

实际上，在许多企业去抖音做内容引流时，企业也可以在快手、火山、微视另辟蹊径。对于企业来说，小红利非常值得尝试，而且如果没有过硬的产品基础与转化能力，选择主流的短视频平台也确实不太合适。

9.2.2 技术驱动

内容原生可以加强广告与用户之间的相关性，而技术驱动可以实现短视频投放的精准性。

传统媒介时代，广告位置要借助样本的调查数据来确定，其精准性和有效性很难保证。为此，许多企业干脆将悬浮窗广告、链接窗口广告铺满浏览页面，这使得用户对广告的容忍度不断下降。再加上广告形态千篇一律，使得这些广告逐渐成为用户首先剔除的目标，进而导致企业宣传效果大幅下降。

因此，占据市场主导地位的传统广告已经变得十分脆弱，而技术驱动的广告则与"变色龙"十分相似，既可以改变"肤色"保护自己的安全，又能迅速捕捉适合的"猎物"。当用户变成"猎物"以后，这些广告除了可以宣传产品和品牌，还可以向用户输出价值观，而达成这一目标的最佳载体就是短视频。

技术驱动下的短视频可以同时实现广告投放的精准与用户黏性的提升，

因为目标用户是谁、目标用户的需求是什么在此前就已明确。在这一前提下，技术的驱动力已经成为短视频营销成败的关键。国外的Facebook、YouTube早已将技术驱动作为未来广告的新增长点。

另外，国内短视频正处于流量红利期，但这个红利期是比较短的，因此抓住眼下机会对企业来说至关重要。

技术驱动能够促进短视频营销的变革。目前来看，在短视频营销领域，与用户互动的数据是短视频投放价值的重要体现。总而言之，技术驱动能够从分发上找到最合适的渠道，从消费上找到用户的最深需求，让内容能够更具吸引力。

9.2.3 用户主动

短视频的优势是能够清晰地展现产品面貌，因为当今互联网时代瞬息万变，长视频的信息很容易让用户疲劳，所以企业必须转化思路，通过创建短视频进行营销，使用户主动接纳产品。

为了让用户主动接纳产品，企业必须做到力求真实，淡化营销痕迹，正所谓"最高级的营销不露一丝痕迹，会给用户一种所听所见十分真实的感觉"。以微信来说，它自从出现以后，就不知不觉地改变了用户的交流方式。在这一过程中，用户不仅没有任何不适，反而觉得生活越来越美好。

现在，很多用户都不相信微商的产品，但肯定在淘宝上购买过同类的产品；很多用户都不喜欢电视上的广告，但肯定在网上看过无数个类似的广告；很多用户本来不愿意购买某个品牌的产品，但肯定会因为这个品牌的代言人是自己的偶像而改变想法。

出现上述现象的一个主要原因就是，对于不同类型的营销，用户的想法和反应也不同。很多时候，用户除了重视对品牌的喜爱之外，还非常重视产品的真实性，这种真实性能够给用户带来安全感，促使用户产生实际的消费行为。

用户在对产品的真实性进行判断时，往往会受到已经建立起来的认知的影响，而用户的认知又与产品的价值观、产品的营销有着非常密切的联系。以美妆品牌为例，能让用户对其产生好感的产品，有时候并不是打折的口红和粉底，而是保湿效果非常好的面膜。

短视频营销也是如此。如果短视频中的宣传痕迹非常浅淡，用户就会更自然的受到影响，不会有被强迫的感觉。例如，短视频中有一个女生正在化妆准备去参加同学聚会，这时她不管使用哪个品牌的化妆品，只要随口说上一句真的太好用了，那肯定会被观看的用户记住，吸引用户关注和购买产品，从而实现没有痕迹的营销。

通过合理的营销技巧淡化宣传痕迹，吸引用户主动关注并购买产品是提高短视频营销效果的关键之一。企业在进行短视频营销时要充分考虑用户体验，使短视频营销更好地获得用户关注。

第10章

全网营销之电商平台营销：品牌旗舰店的运营与推广

电商平台营销是全网营销中不可或缺的一部分，企业通过天猫、京东等电商平台进行营销，借助它们的流量渠道推广产品，能够提升产品销售量，实现共赢。

10.1 店铺管理运维

在电商平台营销的店铺管理中,企业需要了解店铺的装修风格设计、网站的橱窗推荐设置、会员积分系统、仓储物流模式、快递及退换货政策、多元化支付六个方面的内容。

10.1.1 店铺的装修风格设计

一家网店的风格主要体现在网店的商品类型与装修风格上。企业的目标消费群体对企业网店的装修风格越认同,就越容易被吸引。

在网店的装修风格设计方面,具体的设计原则与方法步骤如下所述。

1. 先确定主色调

企业需要先确定网店的主色调,确定主色调需要企业系统分析网店主营品牌的目标消费群体,分析这部分群体最容易接受的色彩,确定色彩以后,在后期运营过程中还需要不断调整。

例如,某家网店需要制作一个品牌LOGO,该品牌LOGO的主题关键词有以下几个:青花瓷、祥云、意境、铜镜等。通过对这些关键词的分析,并结合目标消费人群的喜好,该店铺最终以青花瓷的蓝色作为主色调。一般而言,如果客户群体有80%的客户认可某种颜色时,该颜色就可以作为店铺主色调。

2. 合理搭配辅色

在页面配色上辅助颜色只能起到配色作用,不能喧宾夺主,影响主色调的表现效果。同时,主色调也要注意轻重缓急,不能过多占据整体颜色,要给予辅助色彩适当空间，让整体风格不偏不倚，又不让人感到压抑。

3. 减少店铺色彩风格变化

企业常犯的一个错误便是根据四季的变化来安排店铺的色彩风格变化，其实这一点并不是好的做法。当然，在辅助色调中加入季节元素是可以的，但不宜过多影响品牌的视觉效果。四个季节代表着四个色彩体系，如果强行向客户灌输四种视觉风格，最终的结果很可能是客户一种视觉风格也没记住。

与传统实体店的经营模式类似，网店的店铺风格也能直接影响到网店的业务。同样是购买服装，本来客户只想购买几件休闲服装，但在购物时如果看到一家店铺装修比较豪华，那么在购买的时候就会下意识地产生这里的产品价格比较高的错觉。因此，休闲店铺的装修不应该过于奢华，而专卖店的装修风格则应该有专卖店的档次。

对于一家店铺而言，不论它是网上店铺还是实体店铺，装修风格都需要贴近自己的消费群体，了解他们的喜好，最后形成自己的风格。

10.1.2 网站的橱窗推荐设置

设置橱窗推荐可以让产品有更多的浏览量与点击率，提高橱窗中产品的搜索排名和曝光率。那么，应该如何使用橱窗推荐功能？

（1）打开淘宝"橱窗推荐"功能，进入设置橱窗规则界面。

（2）如果店铺希望某个产品能在橱窗中一直展示，可以点击"添加必推"，添加必推的产品可以是店铺中的热销产品。

（3）选择必推产品，在"出售中"找到需要添加必推的产品，点击对应产品图片，显示已选择。这个过程需要在选择的选项中添加必推的产品列表，也可点击"已选择"的选项取消必推。

（4）如果网店希望取消橱窗中展示的产品，可以"添加不推"，不推产品建议放置邮费补差价、礼品等非店铺销售类产品。"添加不推"操作流程与添加必推相似，可以在已选择的产品中添加不推的产品，也可点击"已选择"取消。

（5）设置以后点击保存，并设置橱窗状态为已开启就可以了。

10.1.3 会员积分系统

某一家网店的会员分为两种：普通会员、高级会员。获取会员资格的方法如表 10-1 所示，会员权益的具体内容如表 10-2 所示。

表 10-1　获取会员资格的方法

会员级别	如何获取会员资格
高级会员	1. 参与配合公司调查，并预留有效联系手机号码的用户，经公司系统发放的 APP 链接及账户信息，用短信形式下发至其手机号码中。用户通过链接下载 APP，并在 APP 中通过手机验证，这时就获得了高级会员资格。 2. 经老板批准，准予发放的用户。 3. 普通会员累计消费满 3 000 元，积分达到 3 000 分就可以成为高级会员。 4. 加入公司团队即可获得高级会员资格
普通会员	用户在网店网站或者资格注册，并验证成功，且累积消费满 100 元就可以获得普通会员资格

表 10-2　会员权益的具体内容

会员级别	会员权益
高级会员	高级会员可享受普通会员的所有权益，此外高级会员还有以下特权： 1. 到网店内购物享受 9 折优惠； 2. 可邀请其他用户成为普通会员； 3. 可享有推荐会员的 10% 积分
普通会员	1. 可享受各类促销活动； 2. 可享受积分与积分奖励

在以上两个表格中都提到了会员积分，那么这家网店的积分到底该如何获取？它到底有哪些规则？

（1）会员在这家网店每消费 1 元便能够得到 1 分积分，而且网店还会不定期推出优惠活动，举行积分抽奖活动。

（2）会员账户中的积分有效期为 1 年。结算日期为该账户最后一次积分生效的时间。例如，某个账户中的累计积分为 1 000 分，且最后一张订单成功完成，积分将在物流发货后 7 天内生效，有效期为一年。而如果该会员没有在有效期内完成新的订单交易，也没有消费任何积分，那么有效期过后，该会员账户的积分将清零。如果该会员在积分有效期内成功完成一张交易订单，则积分有效期自动从积分生效时刻起向后延续一年。

(3)会员可以拨打客服电话询问，或者登录网店平台查询积分。

(4)积分换购采用"现金+积分"与"全积分"两种方法，能够给予会员更优惠的价格。在换购时，现金支付部分按正常会员积分规则产生积分，会员在下次购物时可使用积分。

(5)积分换购享受退换货政策保障。当积分换购发生退货时，系统将自动退还扣除的积分，积分有效期不发生改变；当积分换购发生换单、部分退单时，积分有效期保持原样。

10.1.4 仓储物流模式

随着电商行业竞争的白热化，物流环节也逐渐成为电子商务中的核心环节之一，各大电商巨头们纷纷着手打造新的核心竞争力。

马云曾预言："10年以后，在中国任何地方，人们只要在网上下单，最多8小时内，就能送货上门。"阿里巴巴也表示希望能与合作伙伴集资1 000亿元扩张物流业务。

电商越来越重视物流环节，纷纷准备大干一场，但哪种物流模式才较为出色？这个问题似乎没有确切答案。可以说，没有最好的，只有最适合的，不同的电商企业可使用不同的仓储物流模式。

1. 轻公司模式

轻公司模式是指电商企业将主要精力放在最擅长的业务上，例如某个企业擅长数据业务，那么最好将其他业务比如物流业务委托给第三方企业完成，最终变小公司，变大用户群体。

仓储物流中的轻公司模式是指企业将重心放在管理物流业务的数据方面，而关于物流的其他业务全部外包。这是传统电商企业常用的模式，使用这种模式的电商企业有当当网、国美电器等。

当当网的订单是直接派送到附近的物流中心，由该中心发送货物。如果附近没有物流中心时，就由当地的总部中心分派。

2. 一体化模式

一体化模式是指从物流中心到运输队伍全部由电商企业负责的模式。

这种物流模式与轻公司轻资产模式完全相反，电商企业需要将大部分资金用于运送车队、仓储建设、物流团队，苏宁电器使用的就是一体化模式。

一体化模式改善了传统电商企业过于看重平台管理而忽视物流的情况，将较多的资金投入物流体系建设中，其目的是借助物流方面的优势增加其他电商业务的竞争力。

当然，这种模式容易使电商企业陷入多线作战的困境，电商企业容易受到越来越庞大的物流队伍的拖累，不得不投入大笔资金，容易出现失控的危险。

3. 半外包模式

相对于一体化模式的复杂与庞大，半外包模式比较容易控制，且经济收益相对可观。这是一种由电商企业自己负责建造物流中心，负责核心区域的物流运送，其余的非核心业务外包的模式，使用这种模式的电商企业包括卓越亚马逊、1号店等。

卓越亚马逊是国内电商企业中最早认识到物流业务重要性的企业，也是最早在国内建立物流仓储中心的企业，在北京、广州、成都等地，卓越亚马逊建立了物流仓储中心。对于这些物流仓储中心覆盖的地区，卓越亚马逊自己负责配送，而对于其他非核心业务的城市，物流配送则交给第三方物流公司负责。

1号店是发展迅速的电商企业，其二维码便利营销引起许多电商企业的跟风。1号店只在核心地区例如北京、上海、广州等地负责配送货物。

虽然这种半外包模式需要电商企业投入较多资金建设物流系统，但相较于一体化模式，成本仍然有所降低，企业承担的风险也有所降低。不过，使用这种模式仍然需要电商企业具备丰富的物流管理经验。

仓储物流业务是电商企业快速发展的保证，如果一个电商企业能够把物流业务做到全国第一，那么这样的企业就很难在行业竞争中失败。

10.1.5 快递及退换货政策

为了维护客户利益，许多电商企业制定了"七天无理由退货"政策。下面以淘宝的"七天无理由退货"服务作为案例讲解店铺运营管理中的退换货政策。

1. 淘宝的"七天无理由退货"服务申请条件

（1）客户在提出"七天无理由退货"服务前，需要确保提出退货服务的产品在退货产品种类的范围内，具体参见淘宝《七天无理由退货，服务产品品类划分》，内容如表 10-3 所示。

表 10-3　七天无理由退货，服务产品品类划分

默认不支持"七天无理由退货"	一、消费者定制类商品	个性定制、设计服务
	二、鲜活易腐类商品	鲜花、蔬菜水果、宠物、盆景等商品
	三、在线下载、消费者拆封的音像制品、计算机软件等数字化商品	话费、会员服务、数字阅读
	四、交付的报纸、期刊、图书	订阅的报纸、期刊、图书
	五、服务性质的商品	本地服务，例如家政服务、翻译服务等
	六、个人闲置类商品	自用闲置转让
卖家可选择"七天无理由退货"	一、非生活消费品，如商业用途类商品	房产、汽车等
	二、代购类商品	采购地区：海外国家和地区（包含中国港澳台地区）
	三、二手类商品	宝贝类型：二手
	四、贴身衣物	内裤、泳衣、袜子
	五、古董类商品	古币、油画、瓷器
	六、食品保健类商品	酒、调味品等
	七、贵重珠宝	珠宝、钻石、黄金
	八、家具、家电类商品	电视、冰箱、空调
	九、成人商品	成人用品
必须支持的"七天无理由退货"	除以上十五种商品以外的所有商品，均需要支持"七天无理由退货"	服装服饰、化妆品、数码产品等

（2）客户在签字接收产品之日 7 天内（从物流签收后的第二天零时开始计算，满 168 个小时）可以发出退货申请；客户在 7 天内已要求商家提供"七天无理由退货"服务。

（3）客户的服务申请形式符合相关法律规定。

（4）申请金额以客户实际支出为准。

（5）客户提出"七天无理由退货"时，产品必须完好。

2. "七天无理由退货"服务的申请流程

（1）在上述条件均满足的前提下，客户可在"我的淘宝"功能中找到"已买到的宝贝"服务，然后点击"退款/退货"或者"申请售后"发起"七天无理由退货"服务的申请。

（2）在收到客户"七天无理由退货"服务申请后，淘宝有权依据协调情况要求买卖双方提供必要证据，并且确认判定。

（3）当淘宝依据相关规范判定客户"七天无理由退货"服务申请成立后，有权通知支付宝公司直接从商家账户扣除相应金额款项赔付。

注：非产品质量问题的商家包邮产品，须由买家承担运费。

3. 商家义务及违规处理

（1）商家发布的产品属于支持"七天无理由退货"服务范围内的，就必须提供售后服务，并且严格按照规范执行。

（2）若客户向商家申请"七天无理由退货"，商家须积极响应，并主动协商，依据淘宝要求提供相关证明，以期双方自愿友好地达成退货退款协议。

（3）当淘宝判定商家未履行其"七天无理由退货"服务的，即视为商家违规，淘宝有权给予商家相应处罚。

（4）如客户提出"七天无理由退货"申请时，交易还未成功，商家必须做好售后服务；在商家拒绝履行"七天无理由退货"承诺的情况下，淘宝有完全的权力依据协议约定和淘宝规则对商家进行处罚。

（5）如客户提出"七天无理由退货"的申请在客户已点击"确认收货"交易成功付款完毕后，或因支付宝服务付款流程中的到期强制打款规则而被要求强制打款后，在商家拒绝履行"七天无理由退货"承诺的情况下，淘宝有完全的权力依其独立判断使用保证金强制商家履行"七天无理由退货"的承诺。

（6）商家需在收到客户退回商品之日起7天内退款给客户，未按时退款的，淘宝有权直接操作退款给客户。

以上就是关于淘宝的"七天无理由退货"服务的简单介绍，这些内容对于网店管理快递退换货来说具有一定的参考作用。

10.1.6 多元化支付

电商平台的多元化支付模式最常用的就是第三方支付平台，例如支付宝、网银在线、贝宝、微信支付、财付通、快钱、手机支付、环讯支付等，此外还有网上银行直接接入的接口平台。

1. 支付宝

支付宝最初是淘宝为了保障电商交易安全所设计的一项服务功能，这项功能的特点便是"第三方担保交易"，即由客户将货款打到支付宝账户，再由支付宝向商家通知发货，客户收到商品确认后，或者在默认发货 10 天以后，支付宝将货款打给商家，至此这笔交易算是圆满完成。

支付宝支付模式的最大优势在于习惯。作为国内最早提供"第三方支付担保"的平台之一，从客户接触淘宝开始，客户就已经形成了使用支付宝付款的习惯。而为了顺应发展，支付宝推出了扫码支付功能，为客户带来更便捷的消费体验。此外，支付宝的涵盖面不断扩展，与国内大多数银行建立了支付快捷通道，能够满足更多客户的支付要求。

2. 网银在线

网银在线的定位是"电子支付专家"，它吸纳了中国银行、中国工商银行、中国农业银行、中国建设银行、招商银行等国内知名银行，总的来说，这种支付方式更加专业安全。

3. 贝宝

贝宝是由上海网付易信息技术有限公司和国际知名的 PayPal 公司合作开发的网络支付服务。贝宝拥有 PayPal 公司在电商支付领域的风险管理和安全保障等方面的能力，能够为电商交易平台的客户提供安全、便捷和快速的支付服务。

4. 微信支付

凭借着腾讯庞大的客户基数，微信支付的兴起是必然的，尤其是微信支付与社交相关联，更容易让人逐渐形成习惯，对电商平台来说，客户更愿意选择信赖的支付方式购买商品。而且微信支付有扫码支付、APP 接口支付等多种方式，为客户使用微信支付提供了更多便利。

5. 财付通

财付通是腾讯旗下另一款致力于提高互联网用户安全的支付服务，具有便捷、专业的特点。针对个人用户，财付通提供了多种功能，例如在线充值、提现、支付等；针对企业用户，财付通提供安全性较高的支付清算服务与极具特色的 QQ 营销资源支持服务。

6. 快钱

快钱是目前国内知名的第三方支付服务商，主要为各类企业及个人提供安全、方便和保密较高的电子支付服务。快钱拥有广泛的覆盖人群，其推出的支付产品并不仅限于人民币支付，它还包含了神州行卡支付、联通充值卡支付、VPOS 支付等支付服务，支持互联网、手机、电话、POS 等终端，满足不同客户的不同支付需求。

7. 手机支付

手机支付又称为移动支付，它是指允许客户使用移动终端（手机）对其所消费的商品与服务进行付费的一种服务方式。

8. 环迅支付

环迅支付拥有银行卡支付、IPS 账户支付、电话支付等功能，还包括酒店预订通、票务通等新服务，能够为客户提供全方位的优质服务。

支付方式多种多样，电商企业到底该如何选择？电商企业需要考虑三个因素：成本；客户体验；客户转化率。

一个最理想的支付产品应当具备客户体验好、成本低、客户转化率高这三个条件，而同时满足这三个条件的支付产品几乎很难找到，以使用最广泛的支付宝为例，随着交易金额的增大，交易的手续费也随之增多，所以电商平台在选择支付方式的时候需要仔细衡量。

（1）成本方面。某电商公司既有 B2C 业务也有 B2B 业务，两个项目要逐渐分离各自独立运营。B2C 项目单价较低，支付手续费相对较少，因此该公司选择的支付方式为支付宝、银联等主流支付产品。而 B2B 项目单价较高，其中涉及的商家、平台、管理者收益分成较为复杂，为了简化财务工作，减少手续费，该公司选择了易宝支付。

（2）客户体验方面。客户对借记卡、信用卡的喜好程度各有不同，对银行的偏爱也很难把握，所以为了能够带给客户更好的体验，电商企业需要选择银行支付通道较多的支付产品。就这一点而言，支付宝、银联、微信拥有的优势更多。

（3）客户转化率方面。客户转化率是指客户选择该支付方式的成功率。市场上较为主流的产品支付成功率大多在80%以上，方式是否适合自己是客户选择支付方式的决定性因素。例如，一个用惯了淘宝的客户，在购物时几乎都会选择支付宝付款，而如果电商企业的店铺不将支付宝支付作为首要支付方式，那么就无法提高客户的转化率。

在支付过程的搭建方面，不管店铺如何选择，最后呈现在客户面前的一定是最符合客户需求的支付方式，并且这个支付方式的通道要极为方便快捷。

一个完整的支付过程如下：客户通过支付平台付款—收款单位判断支付信息—支付通道收到支付信息—电商平台收到支付信息—客户收到支付信息。对客户而言，体验到的最短支付过程可以为：付款—收到支付消息—等待收货。

随着电商平台的不断发展，日后会有越来越多的银行主动与电商平台合作，而平台上的店铺也能选择更多的支付方式。不过，无论店铺选择哪一种支付方式，都需要以安全性、稳定性、可靠性为前提。

10.2 产品管理优化

电商的产品管理也是电商平台营销的重要组成部分，电商企业在淘宝、天猫、京东、拼多多等电商平台进行产品的优化管理，借助它们推广产品，能够增加产品销量，实现共赢。

10.2.1 详情页面图片处理

详情页面图片处理是指通过在视觉上下功夫，带给消费者强烈的视觉冲击，引起消费者共鸣，最终实现营销目的的一种方法。

对电商企业来说，详情页面图片处理只是手段，最终的目的是服务与产品的优化管理。增强视觉冲击是为了加深产品与消费者之间的紧密程度，促使用户消费。

科学研究表明：人类的五感中，对思维判断影响最大的是视觉，影响比高达83%，而其余四种感觉占比仅有17%。电商企业销售产品的模式大多是通过网站形式呈现，这种模式下的消费者难以直接接触产品，只能凭借产品的页面图片来评估产品质量。所以从某种意义上说，电商企业的产品页面图片在很大程度上决定着消费者的视觉感受、是否购买产品。

页面图片处理的关键之处在于商品页面的完善与店铺整体设计的美感，一个布局合理的页面能够调和完美色彩，最大化展现视觉冲击，拥有这样页面的店铺一定能够吸引更多消费者。一般而言，视觉设计具有三个特点，分别是场景化、特性化和清晰化。

1. 场景化

为了吸引消费者，产品通常需要展现最真实的全貌以供消费者参考。如果没有实物图片，消费者就无法产生安全感，可能会失去对这个产品的信任，他们会认为这个产品的质量没有保障，从而放弃购买的念头。因此，实物图片对于页面图片处理来说十分重要，而一张场景化实物图片更能锦上添花。图10-1是京东某电商产品页面的一张电脑实物图。

图10-1　京东某电商产品页面的一张电脑实物图

上述图片是京东某电商的一款电脑产品。该产品的图片采用了一个现实生活中电脑置放到电脑桌前的场景，使得消费者身临其境，加深了对该品牌电脑的信任度以及购买欲望。

场景化特点追求的是增加消费者对店铺内产品的信任度,使消费者通过情景自主判断产品是否可靠。这种方式能够最大化展现产品的真实面貌,既迎合了消费者追求产品真实性的心理,又在无形中推广了产品的品牌。

不过,虽然页面图片处理场景化的优点较多,但如果运用不当,优点也会变成缺点。例如,一个电脑产品,场景化图片却放到了室外草地上,这就难以形成一种代入感。所以电商企业在运营场景化过程中需要注意联系实际,找到一个完美的平衡点。

2. 特性化

页面图片处理的特性化是指展示产品的操作效果图,其目的是增加产品的真实性,让消费者看得放心,从而买得安心。图10-2是京东某电商产品页面的一张电脑操作界面图。

图10-2 京东某电商产品页面的一张电脑操作界面图

这张图片展示了电脑的部分操作界面,尽可能还原了电脑使用时的面貌,渲染出更加贴近真实使用的氛围,更进一步提升产品图片的冲击感,也更容易赢得消费者的信赖。

一般情况下,家用电器类产品都会展示操作效果图;食品类产品通常会展示明星试吃的图片;饮料类产品也会有实际饮用的图片。这些都是产品的特性化展现，容易激发消费者的消费欲望。

页面图片处理的特性化让消费者从抱着试试看的态度变为产生购买的念头。如果说场景化营销能让消费者将产品列入可选择范围，那么特性化营销就是增大消费者对产品选择的概率。

3. 清晰化

页面图片处理的清晰化是指图片要高清原创，体现出一种以原创为内在核心，将高清化作为表面现象的特点。

例如，人气旺盛的淘宝精油店"阿芙"就是一家运用页面图片处理清晰化营销非常成功的电商企业之一。

浏览过"阿芙"网店的消费者都会对它鲜明简约的风格印象深刻。主题海报中那个在紫色薰衣草花海里奔跑的少女仿佛不经意间就将"精油"的芬芳带到了人们的身边。这摆脱了以往传统精油产品的宣传模式，带给人们全新的视觉感受。

这种别具一格的高清原创图片很容易受到消费者青睐，极大地激发了消费者的购买欲望。清晰化的图片能从不同角度展示产品细节，真实再现商品原貌，并且具有一定的创新性。

当然，此类图片需要有一个合理的布局，电商企业需要根据消费者喜好，科学美观地配置文字和图片。

招牌体现了一个电商店铺的品牌。店铺招牌包含名称、LOGO、标语等要素。电商企业需要合理设计店铺招牌所包含的要素，简化消费者获取信息的步骤。

页面图片处理的三个特点只要运用得当，就能增强产品优化管理，提升消费者信赖度，加速消费者获取信息的速度。

10.2.2 产品文案卖点撰写

产品文案卖点撰写中最重要的一点便是获取客户信任。信任是连接消费者与电商企业之间的桥梁，也就是说，用户只有信任电商企业，才会认可电商企业的产品。而电商企业想要做到这一步，在产品文案撰写过程中可以尝试加入以下三个核心要点，如图10-3所示。

1. 愿景观

文案可以传递美好愿景，创造出一种共同目标，让消费者产生与企业共同前进的念想，即企业所做的一切都是为了给消费者带去更优质的产品与服务。

图 10-3　增加用户信任度的三个核心要点

阿里巴巴的愿景是："我们的使命是让天下没有难做的生意。"这一句话让无数人感受到了阿里巴巴的责任感，阿里巴巴可以为无数商家提供它们最需要的服务。此外，阿里巴巴的另一愿景"我们的目标是成为全球第五大经济体"，更是增添了阿里巴巴的使命感，让用户感动。

腾讯公司的愿景是："最受尊敬的互联网企业。"小米的愿景是："让每一个人都能享受到科技带给他们的乐趣。"史蒂夫·乔布斯执掌苹果时的愿景是："这是一家位于科技与人性的交融之地，将复杂技术变得简单的公司。"

这些愿景的背后在很大程度上都代表着这家公司背负的使命。但这些愿景的"诞生"却并非一帆风顺，它需要企业在对企业远期目标有着深刻理解的基础之上，不断删减与抉择，最终设计出一句简单明了的文案话语，让用户难以忘记。

在完成愿景文案的过程中，通常需要进行以下三个步骤。

第一，词语获取。愿景的构成通常是一句简洁明了的话语，一般在20字左右，如果将这20个字拆分开来，可以看作几个简短的词语，例如"让每一个人都能享受到科技带给他们的乐趣"拆分之后就是"每个人、享受、科技、乐趣"。

所以在设计愿景时，企业可以事先挑选十几个核心词语，通过不断组合挑选出初步的文案主体内容。

第二，愿景延伸。在完成词语获取以后，企业已经得到了初步的文案基础，但如何将其变为一个"坚实的地基"？这就需要愿景的延伸了。

企业发展是一个不断成长的过程，在这个过程中常常会因为不断壮大而导致愿景无法适应新的状态，因此企业文案必须具有一定的延展性，即保证企业发展壮大后也能够体现其核心目标。

企业在挑选延展企业目标的词语时，尽量将一些远大未来的词语挑选出来，例如"最""没有""每一个""享受"等。

第三，品牌定位。完成以上两步之后，企业接下来就需要依据品牌微调文案。例如，电商平台的文案自然只能与电商有关，就像阿里巴巴的愿景是："我们的使命是让天下没有难做的生意。"它带给用户一种"我一切都是为了你着想"的感觉，让用户最终认同企业的产品或服务。

2. 价值观

文案的价值观是指告知大众产品或服务存在的意义是什么，能解决什么问题。

例如，化妆品伊贝诗的文案为：伊贝诗，媚丽一辈子。伊贝诗邀请著名影视剧女明星周海媚作为品牌代言人，并设计出了如上文案。该文案旨在向用户传达这样一种价值观——伊贝诗能够让你保持如周海媚一样的美丽。

那么，到底该如何赋予文案一种有文化内涵的价值观？在这个问题上，企业可以从以下两个方面着手。

（1）诉求。一个文案无法满足所有用户的诉求，但如果能够做到满足绝大部分人的诉求，便代表着该文案的成功。

文案撰写过程中需要舍弃一部分客户，抓住大部分用户群体的需求。例如房地产的文案广告，往往都是瞄准某些目标客户。目标客户对准都市白领的房地产广告大多数以"精致"吸引客户，对准老年人的房地产广告大多数以"舒适"作为卖点，对准孩子的房地产广告大多数都把"一切为了孩子的将来"当作口号等。

（2）商业考虑。文案的最终目的是让企业的产品盈利，产品卖得更多。因此许多电商产品到了节假日，就会将文案改成"节日五折，欲购从速""喜迎国庆，全场七折"等。

文案的卖点既要保证企业利益，又要满足用户需求，这是一个合格文案最基本的要求。

3. 品牌观

对一个电商企业来说,想要长远发展,必须创造出一个独属于自己品牌的文案,而想要做到这一点,就需要在文案中传递自身品牌观。例如聚美优品曾经的文案广告就突显了一种永不言弃的追梦精神。

> 你只闻到我的香水,却没看到我的汗水
> 你有你的规则,我有我的选择
> 你否定我的现在,我决定我的未来
> 你嘲笑我一无所有不配去爱,我可怜你总是等待
> 你可以轻视我们的年轻,我们会证明这是谁的时代
> 梦想,是注定孤独的旅行
> 路上少不了质疑和嘲笑,但,那又怎样?
> 哪怕遍体鳞伤,也要活得漂亮。我是陈欧,我为自己代言。

文案中陈欧所陈述的话语都是为了凸显永不言弃的精神,将聚美优品包装成一个不畏惧他人质疑与嘲笑的自信品牌,让用户在不自觉中认同聚美优品的品牌观。

10.2.3 市场价格定位分析

电商企业最合适的价格定位是鱼与熊掌兼得:一边让消费者感觉很便宜,抢占市场;一边要赚钱,维持整体利润率。

1. 功能定价策略

电商产品的定价应该围绕着不同产品功能进行构建。想要做到这一点,电商企业首先需要依据品类对产品进行细分,分辨出哪些产品是树立品牌形象的,哪些产品是帮助企业盈利的。不同功能的产品,其定价策略也有所不同。

例如,引流款产品应该以低价策略为主,只要在保证成本的基础上获得小额利润即可;利润款产品的定价可以使用"0.618黄金分割法则",即

（最高价格－最低价格）×0.382＋最低价格＝低端价格；（最高价格－最低价格）×0.618＋最低价格＝高端价格；爆款产品的定价要比成本更低，而且折扣要在50%以上。

2. 参照系定价策略

依据产品功能定好价格后，相应的调价策略便开始变化。例如，"今夜酒店特价"为了限时促销酒店尾房，每天都要调整价格。调价的主要考虑因素就是当天的销售情况。一般而言，销售好的话贵一点，销售差的话便宜一点。企业也可以直接调成固定价格，售完为止，例如携程定的是五折的价格。

现在，电商企业的大多数产品可以与同行进行比价，尤其是定制性比较强的产品，比如厨卫、装修等，此类产品的定价策略就需要电商企业提前进行消费者调研，找到消费者能够承受的价格区间。

又如服装行业，服装对价格敏感度并不强，电商企业不需要过多关注竞争对手的价格。尤其是对品牌商而言，其定价自主权较大，制订价格的参照对象是材料、人工、销售管理等成本，这些数据可以通过第三方获得。

3. 渠道成本定价策略

无论什么产品，定价与成本息息相关。而线上渠道成本更低一直都被视作电商企业的优势所在。

无论是百货商场还是门店，渠道费用都十分高昂，而且种类繁多。细细数来，除了货物成本，还有进大商场的选位费、节日促销费、导购管理费等。

快速消费品的线下零售渠道费用项目更复杂，费用更高其包括进场费、货架费用、陈列费用等。

比起线下渠道，电商渠道费用成本更占优势，但总体上来说相差不大。因此相对来说，电商产品定价可以将节省出的渠道成本费用用于宣传产品、提升服务质量、降低产品价格，由此达到提升核心竞争力的目标。

4. 精细价格策略

线上电商企业与线下商家相比，产品价格普遍上涨，不过涨幅并不大，只是回归到一个理性的标准而已。电商企业回到正常商业环境是一个必然的过程，除了价格回归理性之外，电商企业的运营也回归理性。

过去的电商企业的竞争逻辑并不是这样的。过去的电商企业打的是低价牌，之所以出现有钱不赚甚至赔钱的情况，主要是为了抢占市场，为未来赚更多钱打基础。

不过，这一逻辑现在已经不能成立。当前虽然价格战仍在进行，但在线下商家不断提升服务质量，线上市场已近饱和的情况下，价格战只会减少电商企业的盈利。因此，在未来很长一段时间内，低价竞争只会越来越缓和。

专业人士预计，未来的电商企业将会更加注重利润率，在提升利润率基础之上打价格战。这就要求电商企业更加注重精细化定价。之前由于抢占市场，很少有电商企业来得及制订精细定价策略，它们一般的做法是跟竞争对手比价："凡是对面便宜的，我们就降价。"这样的做法很容易让所有产品都加入价格战。

事实上，实行精细化定价能得出更为妥当的决策方案。电商企业需要细分产品线，对自家产品进行一个全面的统计，了解哪部分产品比竞争对手销售更多，哪部分产品知名度较高，哪部分产品更受欢迎。通过比较之后，电商企业可以对质量、品牌知名度较差的产品实行降价策略，对销售量大、品牌知名度高的产品适当提高价格，从而避免盲目开展价格战。由此，打价格战的策略就从盲目瞎打变成有针对性地跟竞争对手打。

电商市场价格制订策略是希望鱼与熊掌兼得，为此电商企业需要不断调整策略，将价格制订的越来越合理。

10.3 店铺推广优化

为保证店铺盈利，电商企业需要制订有效的店铺推广优化策略，那么，电商企业可以通过哪些方式来进行店铺推广优化？本小节重点阐述如何优化店铺推广的方法。

10.3.1 淘宝、京东搜索排名优化

京东的用户一般都有明确的购买目的，所以京东的搜索排名基本上集中在成交转化率高的关键词上，诸如品牌名称、产品名称、型号等；而淘宝的用户一般以"逛"为主，所以关键词选取更加广泛，诸如精准长尾词、热搜词等。

因此，京东关键词的词量整体上比淘宝略少，但正因为词汇量较少，导致京东关键词竞价更加剧烈。而淘宝也因为关键词较多，导致优化排名效果较差，电商企业需要进一步提升关键词优化效果。

京东搜索排名优化到底该如何做？每家店铺都想做好自家排名优化，但首页始终只有那么几个，因此掌握好方法才是制胜关键。

（1）店铺新产品的公布时间尽量选在流量洪峰期，特别要注意首次上架时间。如果是新店铺开张，千万不要同一时间将产品全部上架，要错开时间，分批上架。例如，店铺可以每隔一个小时批量上架一部分，也可以选择在流量最高峰的几个小时内陆续上架。

（2）店铺需要选择合适的属性词，否则会被视为违规，进而丢失流量。例如，某店铺销售的是七分裤，属性词却定为九分裤，这样即使有用户下单也很可能会被投诉。

（3）店铺中详情页、主图、产品名称必须相符，如果产品是白色连衣裙，那主图和产品名称也必须是白色连衣裙，这样可以避免出现有产品展示而没有被点击的现象。

（4）店铺主推产品的库存量一定要充足，不能出现断货，否则会导致产品搜索权重下降。

（5）店铺尽量不要选择在下午时间上架产品，因为下午京东的系统正在计算商品质量分。

（6）新上架产品第一个月被推荐的概率最高，后两个月慢慢降低，主推新产品上架后需要进行商品质量分析以及搜索反馈，店铺将这两个工作做好了，新产品的搜索排名上升会十分迅速。

（7）店铺发货时尽量不要采用厂家自提的方式。

（8）如果新品发布一个星期之内销量为零，店铺需要对主推产品关键词进行筛选，将主推产品流量分给新产品一部分。滞销产品会给店铺带来巨大的负面影响，所以要尽量想办法让新产品销量破零。

（9）店铺上架产品多于 50 个可以增加店铺权重。店铺遇到滞销商品时可以选择重新上架，如果重新上架以后依然没有成交量，那么店铺可以考虑将其删除。

（10）店铺可以利用好评返现、赠品等形式引导用户评价。

上述 10 条都是有关京东搜索排名优化的建议，对于其他电商平台的搜索排名优化也有一定的借鉴意义。

10.3.2　店铺评分优化

张晓月是电脑沉迷者，每天要长时间对着屏幕看电视、追影视剧，因此她的脖颈十分难受。在朋友的建议下，张晓月想在淘宝寻找一款电脑增高架，以缓解颈椎难受的问题。

经过仔细挑选，张晓月看中了两家淘宝店铺的电脑增高架，这两家店铺的售后、服务态度、产品质量方面都令张晓月比较满意，但在仔细比对店铺评分时，她发现一家店铺的评分是 4.82 分；另一家店铺的评分是 4.93 分。张晓月想："其他条件基本接近，后者的店铺评分要高一点，更值得信赖。"所以最终张晓月选择了第二家店铺的产品。

类似张晓月这样受店铺评分系统影响的用户有很多。在其他条件接近的情况下，店铺评分高的更容易让消费者信赖。这是因为大多数人都有一种从众心理，犹豫不定时，会优先选择多数人认可的方向。

淘宝店铺评分是淘宝用户对商家产品的评分，主要包括以下三项内容：宝贝与描述相符合，商家态度，商家发货速度。以五颗星为标准，一颗星一分。当张晓月收到电脑增高架以后，可以综合这些因素给淘宝商家评分。

对于电商企业来说，店铺评分优化越好，得到的评分越高，越有利于店铺和产品的推广。为了能够获得高评分，电商企业需要从三个方面着手打造优质店铺。

1. 真实描述

电商企业在填写商品描述时需要实事求是,不能过分夸张。在商品缺点方面,需要向客户坦诚说明情况。在图片方面,不能过度使用 Photoshop、美颜软件等。

王女士在网上买了一条裙子,从图片上看是浅蓝色,但实际收到的却是深蓝色,于是她在"宝贝与描述相符"一项上仅仅给了 2 分。

2. 快速发货

当客户下单成功以后,商家必须按时发货,最好不要延迟。尽管由于快递公司自身原因会导致客户收货时间长,但商家快速发货却是必须要做到的承诺。即便是发生了特殊情况,例如过于繁忙、库存不够等,需要延迟发货,商家也要及时通知客户,避免沟通不畅而导致后续服务问题。

3. 赠送礼品

赠送礼品可以间接提高店铺评分。例如,卖服装的店铺可以选择赠送洗衣液、刷子等;卖零食的店铺可以选择多送几包;化妆品店铺可以选择赠送面膜等。客户很难拒绝免费得到的礼品,此举能够提高卖家在客户心中的形象。

总的来说,店铺评分是依据客户主观判断得出的结果,而电商企业需要做的就是尽可能提供优质服务,优化店铺评分。

10.3.3 店铺活动策略

国庆期间,京东某空调品牌举办了一次促销活动:凡是国庆期间下单的人都有机会抽取幸运大奖,每一个抽奖用户都可以获得金额不等的奖励,最高奖励是免单。

这家店铺设置幸运奖是为了吸引更多消费者关注。之所以设置成每个抽奖者都有奖励,是为了让每个参与者都能得到一定的满足感,即便没有抽到大奖,也并不失落。

这就像春节期间支付宝开展的集五福瓜分两亿元的活动,这个活动之所以最后能够吸引到几亿人参加,其中最重要的原因是每个参与者都能得到一定的奖励，这一点用在抽奖活动中也是一样，要让每一个参与者都获得实惠。此外，设置每个参与者都有奖励还能激发其下单的热情。

具体来说，电商企业在运营抽奖活动促销时，需要注意以下几点。

1. 抽奖形式

在抽奖中需要运用两种心理学效应——立即报偿与延迟报偿。因此，商家以什么形式进行抽奖促销十分重要。通常要结合产品、品牌、时间以及地域等情况确认抽奖形式。例如，冰红茶"再来一瓶"的促销便是满足立即报偿的要求。

2. 相对价值

这里的相对价值是指用于回报消费者奖品的价值，在实际促销活动中，200元的奖品不一定比100元的奖品更让消费者激动。想要做到这一点，商家就需要淡化奖品价格，凸显奖品价值。

例如，某个商家规定："满399元可抽奖一次，获取豪华大礼"，最终的奖品是一个由商家制作的奖杯，虽然价格不高，但相对来说诚意满满。

3. 中奖概率

中奖概率直接影响抽奖的整体效果，所以商家要规划好抽奖活动的中奖概率。一般都是依据奖项等级设置，例如，一等奖1名，二等奖3名，三等奖10名。

抽奖活动从本质上来说也是促销活动的一种。对于电商企业来说，任何形式的促销活动都需要将产品品质、品牌理念、企业文化等信息展示给消费者，同时还要将产品品质放在第一位，即使是奖品也要保证品质，不能让消费者感到奖品的品质没有保证。

10.3.4 电商口碑及评价营销

2018年中秋前夕，李先生在网上给家人购买了月饼，看了三十几家店铺以后，他发现大部分店铺虽然以好评居多，但依然存在不少差评。最后，李先生选择了一家差评率仅有1%的店铺，因为李先生认为，差评这么少，口碑一定差不了。

现实生活中，许多人也像李先生一样，认为差评率低的店铺更值得信赖，因为消费者只有满意店铺的产品才不会给出差评。很难想象一个差评率较低的店铺产品质量有问题，这是大多数人的共识。

从人类心理学角度分析，人比较重视他人对于自己的评价，同时也会看重其他人对于某件事物的评价。因此，消费者在网购时会将其他购买者的评价作为对这家店铺口碑的考量。

相关数据显示，2016年，约82%的网上消费者会在购买产品前查看评价，到2017年这一占比上升至87%。44%的消费者表示，自己只阅读3～5条好评，其余时间会放在阅读差评上面。因此，差评的多少成就了消费者对店铺的第一印象。

虽然降低差评率成为提升店铺口碑以及评价的不二法门，但这一点却也难倒了不少电商企业。商品评价属于交易后客户的行为，可以归结到售后部分，但由于评价是出自客户的主观印象，所以降低差评率需要从整个销售过程着手。

1. 产品

（1）电商企业一定要严把质量关，在物料、质检、包装等各个工序上严格把关，如果消费者对产品质量存在质疑，电商企业需要酌情补救。

（2）规格。对于产品的尺码（尤其像服装类）有误差的品类，电商企业需要提前说明。考虑到不同消费者有不同需求，电商企业也可以列举，例如数码店铺的数据参数。

2. 服务

（1）回复时间。当消费者在客服系统中查询时，客服人员需要及时回复。也可以提前设置好自动回复，比如"亲，由于店铺繁忙，无法及时回复，请您谅解！"

（2）专业水平。客服人员既要熟悉商品信息，又要回答相关问题，还要了解店铺操作流程。电商企业需要定期培训客服人员有关产品知识与行业发展情况的内容，提升客户人员综合业务水平。

10.3.5 电商内容营销

当下有许多人认为，以内容驱动的客户体验将成为未来中国电商市场的主要推动力。各电商平台陆续加大了对内容的挖掘深度，期望以内容营销驱动消费升级。

其实，内容营销的本质就是将分散流量重新聚集，但与简单的导流又有所区别。内容营销对象的喜好特征被描绘得更清晰，而如果内容营销较为出色的话，就能与这些客户形成强关联，使得店铺口碑被口口相传，实现更多流量的引入。

1. 产品内容化

产品本身就是内容。对很多电商企业而言，行业产品同质化日趋严重，一旦撕掉外包装，很难分辨出是哪个品牌的产品。电商企业想要突破这个界限，只有用别具一格的内容宣传赋予产品额外的内在价值，撬动整个市场的销量。

例如，随视传媒推出的"聚寻农—谁是国民小鲜柚"就是一个内容营销的成功案例。柚子本来只是一种大众水果，但随视传媒赋予了它新的含义。随视传媒利用热门词语"小鲜肉"推出"谁是国民小鲜柚"大选活动，选出了消费者心目中最认可的柚子。在活动推出的同时，随视传媒还借助微博知名美食博主发声宣传。

另外，福建琯溪与广东梅州分别为红柚和金柚的原产地，当地的县长不仅自发吆喝卖柚，而且还发动当地群众加入"谁是国民小鲜柚"活动，为自家品种实力点赞，该活动微博话题曝光量超过300万。

2. 举办比赛

举办比赛可以吸引大量群众关注，是一种维持现有客户与吸引潜在客户的有效方法，同时还可以让电商网站变成客户与粉丝的聚集地，帮助商家收集到有吸引力的原创内容。这些内容可以持续传递品牌价值，吸引新的客户加入。

假如商家出售一种适用于年轻职员的公文包，那么商家可以举行一个公文包集赞比赛，要求客户在使用独家品牌标签后，在社交媒体中上传公文包照片。集赞最多的客户可以获得免费或打折的公文包。

那么，那些上传比赛照片的人很有可能会在自己的朋友圈、QQ 空间、微博主页等社交媒体上邀请朋友们点赞。这就能为商家推广它们的产品从而吸引一批新的访客。

更重要的是，该比赛为商家提供吸引人的原创内容。在收到客户提供的点赞图片记录以后，商家征得客户同意，可以将这些图片放在自家的社交媒体平台上分享出去，向访客展示客户日常生活中如何使用该产品。同时，商家可以邀请他们评价，这些评价更容易赢得访客信任。

举办这样的比赛需要的条件并不多。首先，商家需要使用一些软件，帮助它们收集客户提交的图片，选出赢家即可；其次，商家需要组织宣传比赛活动，制定规则，并决定奖励。当然，为了避免后续的麻烦，商家可以事先发布一个声明，例如，凡参与比赛的客户，允许商家在比赛结束后使用图片内容。

家庭用品商 Magnolia Farms 举办过这样一个比赛，它规定胜者可以得到 1 000 美元的礼品卡，前提条件是参与比赛的参赛者都必须要在自己的 Instagram 账户上上传商品照片，并使用话题标签。Magnolia Farms 甚至还鼓励客户多次上传照片，以提高获胜概率。而这么做的人实际上都在免费为 Magnolia Farms 的商品进行广告宣传。

10.3.6　电商社交媒体：短视频营销

短视频营销不仅能够增加店铺页面的流量，在提高转化率方面也有重要作用。一项研究显示，店铺访客在观看完关于产品的介绍视频后，有六七成客户会购买产品。短视频以更简洁的方式介绍产品理念，能够突出显示产品能具体解决哪些问题。

Dollar Shave Club 是成功利用短视频营销的公司。该公司推出的短视频常常会引发大面积传播。Dollar Shave Club 第一次在 YouTube 推出视频广告时，48 小时内收获 12 000 张订单。Dollar Shave Club 创始人称，这就是消费者记住品牌的体现。

短视频占据的客户浏览时间越来越多，这也使得短视频平台成为商家不容忽视的营销阵地。商家可以选择与微信、微博、阿里巴巴、百度等平台进行深度合作，提升整体营销效果。

10.3.7 电商活动营销

"你网购过东西吗？"很多人会回答"当然了"或者"我肯定网购过啊"。尤其大多数年轻人都会这样回答。但是，"买东西"和"会买东西"是两回事。

比如，消费者到市场上购买东西时，会挑时候的人往往能够以更低的价格买到实惠的东西。例如，节日购物就能获得折扣的优惠。应用到电商方面，当消费者在电商平台上挑选货物时，如果能够赶上店铺活动促销，也能得到极大的优惠。

反过来说，如果电商企业能够经常推广促销活动，也一定能够吸引大量客户关注。电商企业能够使用的活动促销形式多种多样，其中最为常见的一种是返利促销。

举办返利活动促销最成功的应该是"360度全景返利"平台。除了传统的购物返利以外，其返利网还涉及金融、线下刷卡、出行旅游等新型返利业务，力求打造"衣、食、住、行"全方位返利场景。

"购满300元，返还300元"就是常见的一种返利优惠模式。例如，客户在某个电商店铺内消费满300元，就能返还300元的购物券，不过购物券只能在下次购物时使用，且只能在本店铺内使用。当然，店铺也可以返现，以红包形式退还现金，让客户在购买产品时就能得到及时的优惠返利。

电商企业在举办活动促销时一定不能带给客户较差的服务体验，对安全方面的隐患更要重视，要举办"零风险"的活动。

10.4 电商广告投放

淘宝与京东是电商广告投放难以绕过的两个平台。淘宝的直通车、淘宝客、智钻三种投放方式有何特点？京东的快车、直投、京挑客三种方式有何区别？现金红包的传播方式到底如何？这些问题都将在本小节中得到解答。

10.4.1 淘宝：淘宝直通车 / 淘宝客 / 淘宝智钻

淘宝直通车、淘宝客、淘宝智钻是淘宝商家主要的广告投放方式。三者之间是什么关系，商家又该如何选择？

首先简单阐述一下淘宝直通车、淘宝客、淘宝智钻的特点。

淘宝直通车的特点如下所述。

（1）客户主动搜索时，淘宝直通车会在最优地点展示商家的产品，只给想买的人看。

（2）淘宝直通车可以免费展示商家产品，客户点击才会计费，商家可以控制花销，合理掌控成本。

淘宝客的特点如下所述。

（1）客户被动接受淘宝客服推荐的产品，但可以激发客户潜在的购物需求。

（2）商家的产品可以免费被推荐，交易成功后商家才需要支付自己设定的佣金。

（3）被推荐店铺的任何商品都需要列入佣金支付范围。

淘宝智钻的特点如下所述。

（1）淘宝智钻是专门为有大面积推广需求的商家量身定制的产品。精选淘宝最优质的展示位置，通过竞价排序，依据展现计费。性价比高，适于品牌的推广，对中小型企业的商家来说不太适合。

（2）淘宝智钻是依据展现次数计费的，假如推广的广告没有得到客户浏览是不会收取费用的，推广的CPM（平均每1 000人看到某广告一次所需要的总广告成本）依据竞拍成交价来计算。比如，商家花10块钱竞得了1个CPM，这就意味着商家的广告将被展现1 000次，展现后，商家就需要支付10元钱。

最后，简单介绍一下淘宝直通车展示位置。

（1）关键词搜索展示位：通过关键词搜索，在搜索页面右边、最下面页面右侧有8个展示位，页面底端也有5个展示位。

（2）定点展示位：旺旺买家版每日焦点—热卖、已买到的宝贝—物流详情页、收藏列表页等。

（3）活动展示位：淘宝首页热卖单品展位、部分资讯频道热卖单品活动。

（4）天猫展示位：天猫关键词搜索页面。该展示位只推广天猫用户产品。

（5）淘宝站外展示位：淘客搜索页面与热卖淘宝页面的搜索结果页面。

10.4.2 京东：京东快车 / 京东直投 / 京挑客

京东快车通过竞价排名方式展现广告，其具体规则如图10-4所示。

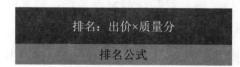

图10-4 京东快车的竞价规则

排名公式意味着当一个客户进行搜索时，商家的广告展现在第几名取决于这个公式计算出来的结果。而扣费公式是指京东用来计算关键词的点击扣费，它的高低取决于下一名的出价。

通过对这两个公式的理解，可以看出质量分是核心内容，其组成如图10-5所示。

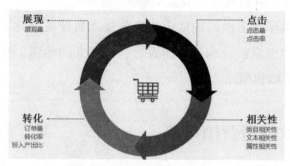

图10-5 京东的质量分构成

商家在运用京东快车投放广告时，尤其是在优化时，需要重点考虑以下四点内容。

（1）展现：商品的展现量。

（2）点击：包含点击量和点击率。

（3）转化：包含订单量、转化率、投入产出比等。

（4）相关性：包含类目相关性、文本相关性和属性相关性。

京挑客的模式是佣金扣点，成交后扣点。而京东直投的机制与淘宝智钻类似，它的投放渠道对接站外网站，也是按点击收费。

10.4.3 现金红包传播

某家大型电子商务网站策划了一次优惠活动，只要消费者注册账号后邀请新朋友注册，就可以得到10元红包奖励。对某些消费者来说，商家的优惠券、赠品等都没有现金的吸引力大。

到底什么样的营销最具吸引力？推荐营销也可以理解为朋友营销。由于朋友推荐，消费者有朋友作为担保以后，很容易产生对该产品的信任。

比如，许多市场上的面膜产品，按照质地可以分为撕拉型、面贴布型、乳霜型等，其中面贴布型又分为蚕丝面膜、生物纤维面膜、无纺布面膜。如果依据各个厂家生产的面膜进行划分，更是不计其数。

这就容易造成消费者选择困难，其很难在繁杂的产品中挑选出最适合自己的那一款产品。这个时候，如果消费者的好朋友向其推荐一款他用过的产品，那么其十有八九是会买上一些试用的。

这家大型电子商务网站的现金红包传播本质便是如此，让每个人都成为传播者，借由现金的诱惑力，加大这些传播者的热情，让这些传播者与被传播者主动了解该网站。

10.5 爆款打造营销策略

电商企业想要打造爆款营销策略就需要对产品筛选、产品测款、爆款优化、订单引入、直通车导流、官方活动爆发等全部过程了如指掌。

10.5.1 产品筛选：收集用户反馈信息

用户反馈信息十分复杂，有的时候可能只是简单吐槽，有的时候可能是对某些功能不太满意，有的时候可能是恶意的差评等。在用户反馈的庞大信息里，电商企业主要应该关注以下几点。

1. 产品自身的问题

有时测试人员的疏忽会导致用户无法进入网站，比如用户在某一入口点进去后会弹出 404 信息或者直接卡死。这些问题都能通过用户反馈得知，有助于电商企业及时解决问题。

此外，还有可能是一些产品设计或质量上的问题，比如说手机后盖颜色被许多用户吐槽很难看、衣服尺寸不对等。这些产品自身的问题是需要电商企业重点关注的。

2. 竞争对手产品的问题

除了关注自家产品问题，电商企业还可以留意用户对竞争对手产品的反馈，比如说竞争对手产品增加了一项功能，经过简单测试后发觉此产品的确更能满足用户需求，电商企业就可以给自家产品也加上这个功能。

如果很多用户吐槽这个功能，那么电商企业就需要深入了解这些用户的诉求，再去决定需不需要做出改变。

10.5.2 产品测款：通过老客户、直通车、关联营销等方式进行产品热度测试

产品测款有两个目的：一方面是为了降低投资风险；另一方面是要测出最适合推荐的店铺产品。那么电商企业到底该如何测款？

1. 老客户测款

对大多数已开张有些时间的"老字号"店铺而言，老客户数量庞大，店铺通过向老客户推荐测款商品，可以得到较为真实的反馈。一般而言，电商企业可以通过客户运营平台、老客户群等推广测款商品。

2. 粉丝测款

假如店铺规模较大，那么可以选择使用粉丝测款的方法。比如，产品发布时，店铺可以让粉丝留言自己喜欢的款式，然后从留言人数中抽取幸运观众，幸运观众可以免费获得自己喜爱的款式。

3. 直通车测款

假如店铺的客流量较低，虽然有老客户，但数量并不多，那么用直通车测款是一个较为理智的选择。

首先，店铺需要准备好产品的基础图片以及简单的叙述词，等到测试产品准备妥当后，再设置日限额。其次，创意尽量多用产品主图，不需要过多修饰。注意投放时间限定在8点到24点（即0～7点不投放）。产品展现位置应锁定在前五名。最后，店铺需要制作一个产品分析表格，对推广产品的点击率、收藏率等数据进行分析。

如此一来，就可以初步选出备受消费者喜爱的爆款产品，接下来的工作就是不断重复这个过程。

4. 分流新品测款

假如店铺中有一款销量不错的主推产品，店铺可以选择为推广的产品制作一个链接，并放置在主推产品详情页中，通过主推产品的流量分流，检验新产品受用户喜爱程度。

5. 直播测款

直播测款自然需要联系各个直播平台的主播，店铺只需将样品寄送给主播，然后谈好合作方式即可，主播会依靠自带流量宣传你的新产品。

6. 淘客测款

淘客测款要复杂一些，测款产品需要拥有基础销量，如果测款的产品很多，那中间等待的时间便会很长。流量较少的店铺难以实施这个方法，因为它们的销量都难以保证，更别提需要提供多个产品的销量数据。所以，淘客测款应用较少，它适合产品价格低廉的规模较大的电商企业。

10.5.3 爆款优化：针对爆款主图、标题、详情页图片及文案进行优化

主图决定产品的点击率，标题决定产品的曝光量，而详情页图片决定产品的转化率，至于文案的优化则是最大化放大这三者的作用。

1. 主图优化

产品的主图要简洁明了，且里面的文案内容要第一时间展示出该产品的特点。

2. 标题优化

（1）根据客户思路优化标题。简单来说，就是从客户角度出发撰写标题。首先电商企业需要确定主关键词，然后确定搜索框、直通车等，最后选取精准长尾词，将其组合成最终的标题。

（2）借鉴高销量产品的标题。许多电商企业并不懂得如何优化标题，那么借鉴销量高、排名靠前的产品标题不失为较好的选择。商家可以将自己的店铺与对方对比一下，看看不足之处有哪些，取长补短。

（3 关键词选取。优化标题的核心部分便是优化关键词，而优化关键词的核心部分则是要依据搜索人气、再现商品数等条件对关键词进行选择。例如，某两个关键词的搜索人气为 8 000、5 000，而在线商品数为 2 000、200。虽然搜索人气第一个关键词高出不少，但由于第二个关键词在线商品数远远小于第一个关键词，因此选择第二个关键词收益更大。

此外，还有两点注意事项。

（1）标题不能不优化，也不能频繁优化。这两种情况都会让产品曝光率下降。因此商家需要制定一个优化周期。

（2）优化标题的时间尽量选择在凌晨，而且修改字符的数量控制在 3 个以内。

3. 详情页优化

如果商家不会详情页优化，可以借鉴电商平台排名前几位产品的详情页。例如图 10-6 所示的是淘宝网笔记本电脑搜索排名前三位的产品详情页中的一张图片。

配置	KP7D	KP7DC	KP7GC	KP7GE
处理器	第八代酷睿™ i7-8750H处理器			
显卡	NVIDIA® GeForce® GTX 1050 Ti 4GB显存			
内存	8G			
屏幕	15.6英寸 IPS全高清屏			
机械盘	1TB	1TB	1TB	无
固态盘	无	128G	128G	256G
键盘	巧克力悬浮	巧克力悬浮	全彩背光	全彩背光
材质	工程硬塑	工程硬塑	金属A面	金属A面
到手价	5299	5299	5799	5599

战神Z7M 配置套餐表

图10-6　淘宝网战神笔记本电脑的详情页

图片内容采用表格形式，将战神Z7M的配置信息全面展现到用户面前，并且整体上没有拥挤的感觉，让人浏览起来非常舒服。

4. 文案优化

商家在许多产品的文案撰写过程中自我感觉良好，但实际却不能得到用户的广泛认同。

这些自嗨文案在商家眼中也许十分出彩，但在用户眼中就变得乏味，而产品文案最终需要代表的是广大用户的需求意愿。

因此，文案优化的第一步便是拒绝自嗨，将文案调整成可以形成用户"需求刺激"的经典文案。商家该如何付诸行动？下面以一个自嗨型文案与修改后的文案对比为例，阐述其中的关键。

一个自嗨型的旅行箱文案是这样的：

带上它，远离喧闹都市
带上它，奔向梦想之地
带上它，走向完美人生
如今，你还在等什么？
快带上它，开启一场多姿多彩的炫酷之旅
一路箱随，伴你左右

乍看之下，该文案文字辞藻华美，富有韵味。但仔细一想，除了第一句"远离喧闹都市"勉强戳中新一代青年渴望减轻都市压力的诉求以外，其余的都是与产品卖点无关的话语。诸如"奔向梦想之地""开启一场多姿多彩的炫酷之旅"等，与旅行箱产品特点没有丝毫关系，难道购买这样一个旅行箱就能奔向梦想之地、开启一场多姿多彩的炫酷之旅？如果真有这样神奇的箱子，恐怕早就有市无价了。

当用户看到这样一个自嗨文案的时候，难以清楚地了解这个产品到底有什么优点，或者说有什么值得去购买的理由。当这种情况发生的时候，用户很大程度上便会放弃购买这个产品的念头，转而继续浏览其他产品。

那么一个不自嗨的旅行箱文案又是怎样的？这就需要商家对消费者的需求痛点进行分析。

消费者为什么要买旅行箱呢？想要通过旅行放松一下。

消费者什么时候去旅行呢？不清楚时间。

为什么不清楚时间呢？太忙了，没时间！

分析到这一步的时候，不自嗨的旅行箱文案就出来了：

多久没去旅行了？

就是这样简单的一句话，戳中了广大都市青年的内心需求，他们因为生活的压力，挤不出更多时间去旅行，这痛处对于用户而言便是购买旅行箱的最大需求动力。

自嗨文案包括三个类型，这些都是商家在撰写文案时需要避免的。

1. 自吹型

这个类型的自嗨文案将精力放在遣词造句上，希望通过华丽的词语将产品夸赞得举世无双，以达到推广的目的。例如上文介绍的旅行箱自嗨文案，虽然通篇词语很华丽，但却与用户需求没有一点关系。

2. 内容无价值型

文案的目的是传递信息，让消费者对产品的看法发生变化，并最终引发消费者购买的兴趣，最终使得商家获利。因此如果文案中传递的内容过于空虚，没有内在核心价值，也就失去了文案的本来意义。

3. 预设结论型

以直觉、经验为依据，预设某个自己认可的结论，但这个结论并不代表着用户的想法。例如，一则家具公司的文案为："清空旧日子，拥抱新生活。"清空旧的东西，新生活才降临，那么新生活如何来？购买新的家具。这就是文案的预设结论。不过对于消费者而言，旧的东西清空就能获得新生活？恐怕需要打上一个问号。

以上三类自嗨型文案都是"以主观为中心"。换句话说，也就是没有真正与消费者进行沟通，自然无法形成消费者的"需求刺激"。

10.5.4 订单引入：通过第三方活动促销产品，打造销量基础

上海某公司在淘宝经营一个化妆品品牌，店铺主营各种彩妆产品，整体风格比较时尚。该公司依据化妆品行业数据分析，得出这样两个结论：①大部分消费者对化妆品要求较高，消费水平也较高，所以化妆品的定位市场为中高端市场；②产品利润空间较大，即便缩水一部分利润也在可接受的范围内，所以有利于参与第三方活动的促销。最后，该公司决定在淘宝"双11"活动中大展拳脚。

1. 前期准备

为了筹备"双11"，该店铺从10月初开始，就推出免费试用和付邮试用活动，目的是提前吸引客户关注该店铺。这些客户试用后填写的试用报告将为该店铺提供数据，同时间接增强客户对产品的认可程度。

相对来说，化妆品是用在客户身上的，这些化妆品是否会对身体产生副作用，是否适用于皮肤才是客户最关心的问题。因此，该店铺将这些客户的试用报告数据分析后，制成表格放置在详情页展示。

2. 预热准备

在11月1—10日，该店铺主款口红商品推出"第二件8折，第三件半价"活动，这个活动的目的是营造"双11"促销气氛。

3. 正式活动

在"双11"当天,该店铺借助"双11"的促销活动,继续延续之前的"第二件8折,第三件半价"活动,增加店铺主推款的销量。同时,店铺见促销形势良好,决定增加一款唇彩产品。

此外,店铺为厂家直销产品举办"买一送一"活动。而且,在本次"双11"当天消费第一的用户可以享受全场5折优惠。

4. 总结

店铺的营业额持续增长,成交数量呈上升趋势,支付宝成交金额增长575.24%。店铺成交量从9月的1万多笔,到10月的3万多笔,在"双11"当天达到1.5万多笔,这说明店铺借助"双11"活动促销的效果是显著的。

10.5.5 直通车导流:运用直通车引入流量转化,再次提升爆款销量

说起直通车,许多店铺将其理解为营销工具。这个观点并不全面,实际上直通车只是一个引流工具。接下来就为大家介绍直通车引流的内容。

1. 低价关键词

直通车关键词的流量来源多种多样,有的来自客户搜索,有的来自淘宝推荐。如图10-7所示,为淘宝网首页截图。

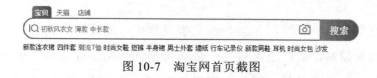

图10-7 淘宝网首页截图

如图10-7所示,淘宝首页的搜索框依据客户输入的关键词弹出相应界面,这个过程就是关键词精准搜索行为。这些词的转化率普遍偏高,属于精准词。

此外,淘宝主动推荐的关键词也能产生流量,只不过这部分关键词位置不够精准,推荐位置也十分众多,虽然占据了直通车流量的大部分,但转化率较低。这些词具有低竞争、流量大、价格低的优势,是低价关键词

的主要来源。

商家不用分析关键词的流量来源,只需要找出这个关键词。一般来说,商家需要关注自家店铺行业的热搜词。

由于淘宝每个星期的关键词都在发生变化,因此每周出来的新词价格也不一样。一开始的时候,新词竞价较低,过几天后,新词被更多商家发觉,新词竞价也会随之被抬高。

2.质量分优化

只找到低价关键词还不足以帮商家引来大量的流量。关键词的流量由两个因素决定:搜索量与关键词。这两者排名的高低决定着关键词的得分,而这些得分等于出价乘以质量分。由此可知,应以质量分的优化为主。质量分的影响因素如图10-8所示。

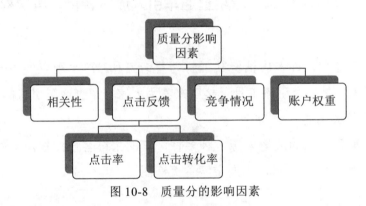

图10-8 质量分的影响因素

直通车只是一个推广工具,在竞争过程中,过度追求精准推广会使广告费用越来越高,而广泛流量推广依靠价格优势仍然存在不少机会。店铺最终的营销目标是盈利,因此改变优化策略,以直通车的低价流量作为突破口,也能让店铺有更好的发展。

10.5.6 官方活动爆发:报名官方活动获取大量流量并转化为销售

"商家季末清仓大甩卖,全场一律6折""国庆特定礼品大促销,买一赠一""官方特制十周年纪念品特价88元"等活动在电商平台十分常见,也确实能够吸引到不少用户关注。

官方活动指定的产品具有排他性，属于某一品牌的独家赞助商品更具唯一性。这种情况也常常出现在综艺节目中，比如，湖南卫视的综艺节目《爸爸去哪儿》赞助商999感冒灵以及第二季中的伊利QQ星等。

这种借助官方营销产品的策略可以最大限度获取流量，并且没有竞争对手的干扰，是提高产品知名度的最有效方法之一。

第 11 章

全网营销之数据分析：数据分析工具与平台

数据分析是指营销者用适当方法对大量数据进行分析，从中获取有价值信息，并对数据进行概括总结的过程。接下来本章将从趋势分析工具、企业平台工具、流量/广告监测工具、用户体验分析工具、系统及网站分析工具出发，对数据分析的工具与平台进行深入解读。

11.1 趋势分析工具

趋势分析工具分为四种：以百度、360、搜狗为主的搜索引擎指数，以淘宝、京东为主的购物平台指数，以微信、微博为主的社交平台指数，以 SimilarWeb、WebInsight 为主的竞争对手数据监控平台指数。

本小节主要就以上四种趋势分析工具的优点、功能、方法等内容进行解读。

11.1.1 搜索引擎指数（百度、360、搜狗）

搜索引擎指数是基于大量用户搜索的数据，通过平台分析后得出的用户搜索行为分析。国内最有名的三个搜索引擎为百度、360、搜狗。

1. 百度搜索引擎指数

百度搜索引擎指数是以用户在百度上搜索信息的数据为基础，以关键词作为统计对象，经科学系统分析后，得出各个关键词在百度搜索引擎中的搜索频率加权和。百度搜索引擎指数依据数据来源不同，又分为 PC 搜索指数、移动搜索指数。

2. 360 搜索引擎指数

360 搜索引擎指数的数据来源于 360 公司的所有产品，数据源包括 360 搜索、360 浏览器、360 安全卫士等，甚至还包括许多知名咨询公司的公开数据。

3. 搜狗搜索引擎指数

搜狗搜索引擎指数是以用户在搜狐上搜索信息的数据为基础，得出的数据统计分析结果。

一般来说，搜索引擎指数的主要数据来源于自家搜索引擎、APP等产品。根据易观2018年中国搜索引擎市场季度监测分析（收入口径），中国搜索引擎市场呈现一超一强局面，百度占据搜索引擎市场份额的80%，其次是搜狗6.63%，搜狗未来借助腾讯流量将进入高速发展期。

11.1.2 购物平台指数（淘宝、京东）

电商购物平台中最知名的是淘宝和京东。其中淘宝购物平台指数是指淘宝提供的数据分享平台，通过它，营销者可以清楚了解淘宝购物数据、淘宝热门产品。这些数据不仅包括淘宝商家，还包括淘宝用户及广大的第三方用户。它的具体内容包括以下10个方面。

（1）人群指数：购买某产品的人群性别、年龄、消费层级等分布。

（2）热销比数：某产品近一个星期的销量、近一个月的销量。

（3）价格指数：购买某产品的平均价格。

（4）相关款式：购买某产品的用户曾经购买过的其他产品。

（5）相关风格：和某产品同种风格的其他产品。

（6）搜索指数：反映搜索趋势的搜索量。

（7）成交指数：由搜索带来的成交量，反映成交趋势，与成交量或成交金额不同。

（8）热销指数：成交产品的标题中包含某关键词的商品。

（9）倾向指数：凸显某一人群的购物喜好并结合热销指数综合分析得出的结果。

（10）喜好度指数：反映不同人群对某个关键词的偏好程度，数值越大，偏好程度越高。

11.1.3 社交平台指数（微信、微博）

社交平台指数主要是指微信指数和微博指数。

微信指数是微信官方提供的移动端指数。2017年3月23日晚，微信官方正式推出该功能。营销者如何进行微信指数查询？

（1）打开微信，在搜索框输入"微信指数"四个关键字。

（2）点击"微信指数"进入主页面，然后在搜索框中输入关键词，就可以得出想要的数据。

（3）微信指数支持一个星期、一个月、三个月内的数据。

此外，在微信界面顶端的搜索窗口输入"××微信指数"或"微信指数××"，点击下方"搜一搜"，也可知晓某词语的指数变化情况。

微信指数作为社交平台指数中的重要一环，对于营销者的作用不言而喻。

首先，它可以帮助企业捕捉热词。微信指数能够清楚了解微信用户的浏览行为数据，通过对海量数据的分析，能够将当日、一个星期、一个月、三个月内的"关键词"动态指数制成动态变化图，方便营销者知晓某个词语在一段时间的热度变化。

其次，它可以帮助营销者研究社会动向。营销者通过微信指数可以实时了解互联网用户目前最关注的社会问题、舆论焦点等，方便营销者对用户关注点进行研究，从而形成有效的营销方案。

最后，它可以帮助营销者洞察用户兴趣。利用微信指数的关键词热度变化，营销者可以洞察用户兴趣变化情况，例如日常消费、娱乐方式等，从而为精准营销提供决策依据。

为了提高自己的微信指数，营销者需要做好微信指数优化，下面以微信公众号的微信指数为例，谈谈具体的做法。

公众号名称是核心。对公众号来说，名称取得好，热度就高，这里有两个关键点：一是名称中一定要带有产品或品牌的目标关键词，例如"舌尖上的零食""健康养生之道"等；二是加上行业词可以让名称简单易记，例如阿芙精油、八马茶叶等。最后需要注意的是，为公众号取好名称之后营销者要尽快认证，这样可以提高权重，有利于用户查找添加。

公众号相关说明和网站描述类似，营销者要说清楚公众号能给用户提供什么服务或者是带来什么价值，这样有利于发展针对性用户群。

公众号的内容最重要。SEO 时代是内容为王，微信也是内容为王，如果微信公众号文章都是网上复制过来的，相信看的人一定不多，公众号的内容一定要有原创性，营销者可以结合企业服务范围，根据用户喜好去发布内容信息，当然这个是需要时间去优化和反复尝试的。营销者在发布图文内容时一定要注重图片的尺寸、质量和相关性，群发消息前一定要预览查看。内容发送一定要选择好时间段，如中午 12 点左右、晚上 7 点左右、晚上 10 点左右。

营销者要公众号的优化，做好推广和传播。在这方面，营销者可以利用公司官网推广公众号，也可以与一些相关推广平台合作，借主流平台的影响力来推广公众号。

营销者要注重功能开发和接口利用。微信公众平台的自定义规则设置相对麻烦，并且有一定的限制，所以才用接口模式以便很好地完善官方微信功能。例如，人生日历官方微信就采用了接口方式，为微信用户提供一些和产品相关的信息，比如天气查询、火车票查询、翻译等实用功能。

微博指数是通过关键词热度以及行业影响力来反映微博热点话题变化情况。它由以下几个要素构成。

（1）影响力指数：包括媒体指数、网站指数、名人指数等。

（2）政务指数：一般是通过政府、公安、交通、司法、市政、工商税务等在微博上的传播力、互动力、服务力来衡量。

（3）媒体指数：包含报纸、杂志、电视、电台等微博数据。利用微博指数，营销者除了可以查看媒体类别的影响力指数以外，也可以查询行业内的不同类别指数对比。

（4）网站指数：包含文化教育、潮流时尚、休闲娱乐、医疗健康等具有微博影响力的网站指数。

（5）名人指数：包含新浪微博中各个明星、名人的微博影响力分析。

（6）热词指数：微博热议度中的热点关键词，该指数可以了解热议用户的地区分布情况。它是基于关键词每天的微博热议度，通过科学分析计算出每个关键词在微博平台中的热议程度，并以曲线图形式展现。

11.1.4 竞争对手数据监控平台指数（SimilarWeb、WebInsights）

在互联网时代中，信息传递变得十分迅速，无论哪个行业，只要有市场，那么企业销售的产品与服务就会有竞争对手。当然，有了竞争对手并不一定是坏事，营销者可以通过对竞争对手数据的分析，不断完善自己的产品。

因此，了解竞争对手的数据，对营销者而言是非常重要的。营销者在分析竞争对手时，可以使用以下工具。

1. SimilarWeb

SimilarWeb 是一款可以帮助营销者查看网站流量来源、网站排名的软件。它拥有超过 1 000 个数据来源，可以对数据质量进行评估，从而保证数据分析的精确性。SimilarWeb 的主要功能如下所示。

（1）多种流量来源。SimilarWeb 将一个网站的流量来源分成六个类型：直接来源、推荐网站、搜索、邮件、社交、展示广告，SimilarWeb 可以显示大多数网站的流量信息，并进行多维度分析。它可以提供用户在点击这个网站之前访问过什么网站，点击这个网站后又会访问什么网站，研究用户行为习惯。

（2）分析任何网站。SimilarWeb 能够分析营销者想要了解的任何网站，且分析界面清晰直观。

（3）行业分析。SimilarWeb 可以通过对营销者所处行业的海量数据分析，为企业网站定位提供客观的发展趋势信息。

（4）掌握数字广告。SimilarWeb 可以为营销者列出广告中的竞争对手，并在列表中弹出飘浮广告，让营销者洞察市场动向，赢得先机。

2. WebInsights

WebInsights 是一个 SEO 管理平台。营销者开通 WebInsights 的 SEO 服务，将竞争对手网站添加到竞品网站后，在功能区"竞品对比"功能中，就可以查询竞争对手网站的相关信息。点击"对比数据概览"，可以查询到自己网站与竞争对手网站的搜索引擎权重对比、关键词排名数量对比、外链数量对比、收录对比等，而柱形图的对照更有利于营销者了解自己和竞争对手的区别。

此外营销者还可以借助一些其他工具,例如百度权重、首页导入链接、导出链接等对竞争对手数据进行分析。

WebInsights 的主要作用如下所示。

(1)确保在各搜索引擎上的客户更容易搜索到你的网站。

(2)能够给你的网站带来更多流量,以此来提升企业利润,吸引投资者,从而实现网络营销的优化配置,提高网站曝光率。

(3)提高企业网站搜索引擎访问量,增加企业知名度和影响力。

(4)监测竞争对手网站的关键词市场份额。

(5)监测竞争对手网站的关键词分布。

11.2 企业平台工具

企业平台工具分为两种:以百度站长平台、360 站长平台、搜狗站长平台以及 Google Webmaster 为主的搜索引擎站长平台,以微信分析后台、微博分析后台为主的双微分析平台。本小节主要就以上企业平台工具的优点、功能、方法等内容进行深入探讨。

11.2.1 搜索引擎站长平台

搜索引擎站长平台主要包括百度站长平台、360 站长平台、搜狗站长平台以及 Google Webmaster 站长平台。

(1)百度站长平台:它是一个数据提交平台。通过该平台,网站数据将更容易、更快捷、更全面地被百度收录。其主要功能如图 11-1 所示。

图 11-1　百度搜索引擎站长平台的主要功能

其网页抓取功能中存在这样一个子功能——链接提交工具。该功能是网站主动向百度提交数据的工具，可缩短搜索者发现网站链接时间，实时向搜索者推送数据。但百度搜索资源平台不一定能够保证收录营销者提供的链接。其功能示例如图11-2、图11-3所示。

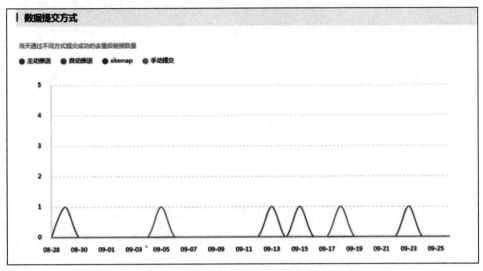

图11-2 链接提交工具中的数据提交方式

图11-3 数据提交方式中的自动提交方式

百度站长平台地址：http://zhanzhang.baidu.com。

（2）360站长平台：360站长平台是一个营销者与引擎之间交互的平台，能够满足营销者搜索信息的需求。它的主要功能有sitemap提交与官网直达。

（3）搜狗站长平台：它是搜狗搜索引擎与营销者沟通交流的平台。营销者可以通过站长工具、网站分析、站长反馈、站长帮助和站点信息查询等功能进行数据提交与查询。搜狗站长平台的功能如图11-4所示。

图11-4　搜狗站长平台的功能

站长工具：营销者可以通过站长工具优化搜狗对自家网站的抓取、收录以及搜索结果展示。

网站分析：为营销者自家网站提供网站收录数据查询。

站长反馈：营销者可通过该功能向搜狗反馈网站数据、作弊网站、收录问题等。

站长帮助：为营销者自身网站提供帮助文档、站长常见问题指南、官方下载文档等内容。

站点信息查询：可查询各网站的基本信息、信用风险等，仅供用户参考。

搜狗站长平台的地址：http://zhanzhang.sogou.com。

（4）Google Webmaster站长平台：指谷歌站长工具，营销者能够通过其获取有关便于Google抓取的网站数据、工具。

Google Webmaster的地址：http://www.google.cn/webmasters。

注：谷歌已退出中国，需要代理才可访问。

11.2.2　双微分析平台（微信分析后台、微博分析后台）

微信、微博强大的后台数据分析系统为众多企业平台提供了营销的重要参考指标。后台数据板块为营销者提供有参考价值的用户分析、图文分析、消息分析等信息，能够帮助营销者做出恰当的决策。

1. 微信分析平台

微信分析平台的主要功能如图 11-5 所示。

图 11-5　微信分析平台的主要功能

其中，用户分析功能的具体作用如下所示。

（1）能够对微信号的关注人数进行简单统计，如图 11-6 所示。

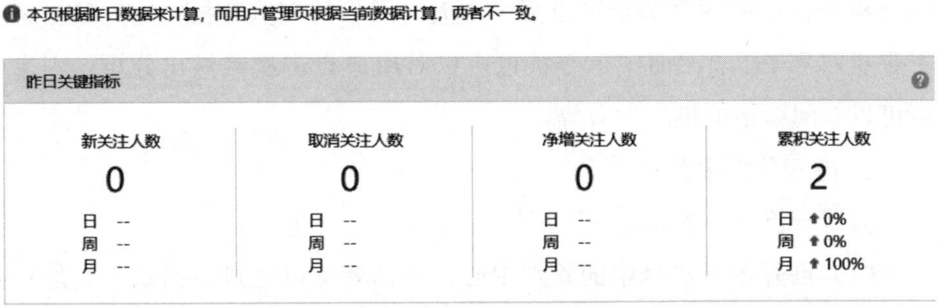

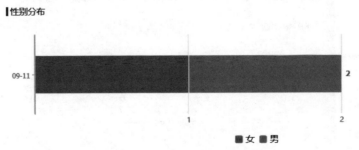

图 11-6　用户分析功能的关注人数统计

（2）能够对关注者的性别进行分析，如图 11-7 所示。

图 11-7　对关注者性别的分析

（3）能够对关注者所在地域进行分析。

（4）能够对关注者的浏览端口进行分析，识别出浏览用户的手机类型。如图 11-8 所示。

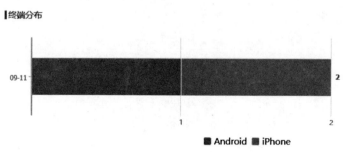

图 11-8　关注者手机终端类型分析

除此之外，用户分析还能对拥有关注者的安卓机型进行一定程度的数据分析，这些都毫无疑问反映了微信分析平台的强大分析能力。而且，微信分析平台中的图文分析可以展示 7 天内用户的浏览数据，这些数据来源于手机端和 PC 端；而菜单分析也可以对用户点击次数做出分析；消息分析可以查阅微信的推广次数等。

2. 微博分析平台

微博分析平台的功能如下所述。

（1）点开微博账号中的管理中心，营销者可以通过数据助手功能对企业关注者数据进行全面分析。如图 11-9 所示。

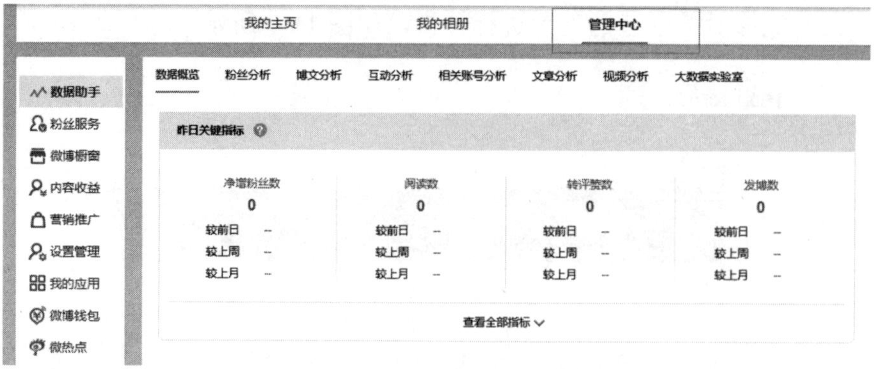

图 11-9　微博分析平台的管理中心

（2）在"数据助手"中点击"粉丝分析"功能，能够显示近段时间分析变化情况，具体如图 11-10 所示。

图 11-10　粉丝分析中的趋势分析

（3）"粉丝分析"功能中也可以对粉丝类型进行分析，并且能对这些类型所占的比例进行分析。如图 11-11 所示，某企业的关注者分为普通用户与认证用户两种，普通用户占据 22.2%，认证用户占据 77.8%。

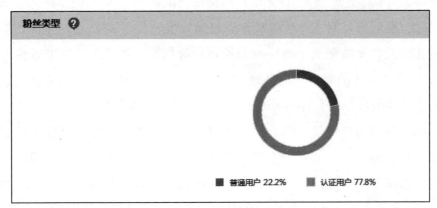

图 11-11　粉丝分析功能中的类型分析

营销者需要格外重视微信分析平台与微博分析平台的数据分析功能，以便借用这两个平台拥有的庞大数据源，实现对用户数据的精确分析。

11.3 流量/广告监测工具

本小节主要从两个方面介绍流量/广告监测工具：一是通过百度、GA、友盟等流量分析系统；二是通过秒针广告监测分析系统。

11.3.1 网站/APP流量分析系统（百度、GA、友盟等）

网站/APP流量统计分析系统不仅能够用来分析用户流量，还可以对用户市场进行研究。它能够有效记录用户访问路径，从而给市场趋势预估提供重要依据。

1. 百度统计

百度统计可以对网站和移动端进行流量分析。这里主要对百度统计移动端功能进行阐述。

（1）监控业务数据。通过百度统计平台的报表，营销者能够实现对APP核心业务数据的精准监控。

同时，该应用可以快速浏览APP各项核心指标数据，例如用户趋势、活跃用户报表等，时刻掌握营销者最关注的指标趋势；而地域分布、版本分析等也可以多层面展示APP用户的构成情况。

（2）提醒修复漏洞。百度统计通过错误报表监测APP的稳定性。错误报表实时反馈系统漏洞个数、波及用户数等指标，能够帮助营销者快速找出APP系统存在的漏洞，提升修复效率。而且百度统计还可以提供错误指标的手机类型排行，为营销者开发的机型与系统适配等提供借鉴。

（3）洞悉用户特征。结合用户管理、人群画像等数据，百度统计能够帮助营销者制订合适的营销方案。例如，用户管理功能可以实现用户人群细分，辨别不同人群的行为差异；人群画像功能帮助营销者更好地理解用户特征；渠道分析、转化分析功能深挖产品用户增长的奥秘。

（4）优化APP功能。从APP页面、流量路径转化等反馈的数据中，营销者可以获悉用户对APP功能体验的反馈，这是营销者考虑APP迭代优化的科学标尺。例如，通过使用时长、访问浏览完成度、频率和间隔，营销者可以分析出用户的 APP 使用习惯，从而确定 APP 产品的优化发力点。

2. GA 统计

在网站/APP 流量统计工具中，谷歌的 GA 占据了全球 70% 以上的网站统计市场份额，世界五百强中有 45% 的网站使用 GA。

（1）数据分析工具：有实时访问报告、用户自定义报告、可视化大屏、访问者来源图等；此外，还有 API 与定制化内容分析等高级应用。

（2）站内分析工具：有网站热力图分析、网站响应速度分析、事件跟踪等。

（3）媒体分析工具：GA 工具可以评估社交媒体平台对网站影响力，例如 Google、Twitter、Facebook、LinkedIn 等对网站号召力的影响，测出其对网站流量的贡献率。

（4）APP 分析：GA 可以分析手机应用及手机广告的访问情况。

3. 友盟统计

友盟是国内商家较为熟悉的移动应用数据统计分析平台。它提供的统计分析功能很多，包括用户分享数据、用户反馈数据、应用平台数据，营销者可以依据需要自行选择。在平台方面，友盟支持 iOS、Android、Windows Phone 平台。

就单一应用的数据统计分析功能来说，友盟的模块设计思路较为清晰，大体上是沿着基本情况、用户情况、事件监控、转化分析等流程不断加深的。其数据统计分析功能中包含基本统计与版本分布，能够帮助营销者了解基本数据情况，这部分数据主要包含用户增长情况、应用点击次数、活跃用户、留存用户等参数。

在活跃用户图表中，营销者可以了解 APP 的日活跃、周活跃、月活跃用户数量，同时也可以了解 APP 用户的周活跃率、月活跃率等数据，从而判断出 APP 用户的留存率。这个参数一方面可以体现出 APP 的功能好坏，另一方面也可以考察渠道推广情况。

通过熟练运用百度统计、GA 统计、友盟统计等工具进行数据分析，营销者可以较为准确地做出市场预测，这在竞争如此激烈的市场中显得尤为重要。

11.3.2　广告监测分析系统（秒针等）

秒针系统是中国较为领先的广告监测分析系统，日均处理数据超过3TB，日均处理1 000亿条广告，累计存储与处理数据超过3PB。

秒针系统将云计算、云存储、人工智能技术三大技术应用于广告监测领域，基于Moment Tracking技术，开发并提供AdMonitor为代表的数字化广告产品，能够帮助营销者有效评估广告接触人数、目标受众等特征，以及互联网广告的投入产出。

（1）AdMonitor。AdMonitor系统是国内第一个以受众为核心的在线广告评估系统。它可以精确测量广告目标受众的点击率、点击次数，并能对目标受众特征进行描述，例如性别、年龄等，从而为营销者在线广告提供更有效的优化建议。

（2）Mobile Monitor。即移动营销监测系统。Mobile Monitor能精准统计移动广告覆盖状况，为营销者提供真实可靠的第三方监测数据。该系统也提供用户行为监测，能够帮助营销者充分了解用户从接触广告到转变成消费者这一过程中的一系列相关行为。

（3）MixReach。它是指跨媒体预算分配工具，用于广告媒体的预算分配，以帮助营销者获得更高的投资回报率。

（4）VOptimizer。它是指视频媒体优化组合工具。通过AdMonitor系统累积超过五年的互联网广告历史监测数据，它能够有效帮助营销者节省成本，对目标消费者提供最佳的传播广告。

（5）SiteDNA。它是指网站广告价值评估系统，属于第三方监测平台。SiteDNA能够帮助营销者实现广告的优化。

（6）Miaozhen AdServing。它是指全流程广告管理系统。Miaozhen AdServing通过打通从广告投放到投放结束后评估的各个环节，实现对不同形式广告投放的频次控制、地域定向、创意轮播、创意优化等功能。同时，Miaozhen AdServing 利用反作弊技术对广告投放效果进行监测，能够帮助营销者进一步删选出无效数据，指导后续广告投放活动。

11.4 用户体验分析工具

本小节主要对 Clicktale、Ptengine 等体验分析工具，及 Groing IO 运营数据分析工具等用户体验分析工具进行全面解析。

11.4.1 用户体验分析工具（Clicktale、Ptengine 等）

1. Ptengine

Ptengine 是一个可视化的用户体验分析平台，其功能包括以下几点。

（1）综合分析。Ptengine 具备完整的流量分析报告，对于流量获取、用户站内行为以及终端特征，都能进行全面分析。其能够清晰捕捉用户的平台行为，支持响应式设计的热图，让营销者能够实景体会用户搜索行为。

（2）事件监测。在事件监测方面，Ptengine 支持长期观测与深度细分。其能够以事件为核心支持分组，直观阐明事件与维度的影响，为营销者聚焦与事件有关的信息。

（3）热图。热图功能能够将用户的每一次点击、滚动、停留都转化成色彩图绘制出来。营销者不但可以清楚了解用户偏好，还可以更方便地优化网页设计。

（4）实时。Ptengine 的实时能力可达到秒级，让营销者能够实时了解网站/APP 上的情况，如同面对面观察用户。

（5）转化。Ptengine 能够将营销者有意引导用户访问的页面流程转化成漏斗，并找到漏斗中的不完善点加以改善，增加用户转化率。

2. DataDeck

DataDeck 拥有集中化的数据管理与简洁的操作功能。其功能特点如图 11-12 所示。

图 11-12　DataDeck 的功能特点

3. ClickTale

ClickTale 是一个免费的用户分析平台，可对网站访问者的浏览行为进行分析，并将访问者在网站上的操作记录下来。通过 ClickTale 对访客操作行为进行记录，营销者可以优化自己的布局，以求带给访问者更优质的体验。

ClickTale 热力图有四种：鼠标点击热力图，鼠标位置变化热力图，访客关注区域热力图与访客点击区域热力图。

这两种用户体验分析工具的合理运用能够极大提高用户的浏览体验，帮助营销者进行有效的优化改进。

11.4.2　运营数据分析工具（Groing IO 等）

继 Facebook、Twitter 等国外互联网公司依靠数据分析实现极速扩张后，国内互联网行业也开始思考通过烧钱买流量、大规模补贴等粗放手段，是否可以持续赢得用户的青睐。

许多互联网公司开始尝试数据分析业务，希望借助技术手段，以最低成本获取营业收入的指数级增长，实现自身的极速扩张。

Growing IO 创始人兼 CEO 张溪梦说："全球范围内，移动互联网的增长红利期正在逐渐消失，粗放商业模式带来的高速增长难以再现。我们希望能帮助企业用商业数据分析的有效方式，实现运营效率和收入的指数级提升。"

Growing IO 适用 Web 页面、HTML5 页面、iOS/Android 客户端的数据分析。普华永道 2016 年度 CEO 调查分析报告显示，受访的大部分 CEO 更关注企业的运营效率、数据分析以及用户体验。

然而，许多企业却因为数据处理慢、数据收集效率低下导致数据使用效率非常低。而 Growing IO 主要针对此前数据采集不全、核心业务数据无法保留、数据量大、无法对用户行为进行深层分析等痛点，首次采用无埋点数据采集、收集实时数据、一键出图等功能，为企业提供定制分析解决方案。

而且 Growing IO 只需加载一次 SDK（软件开发工具包）即可使用，缩减了安装与调试的时间。企业加载完成后，就可以实时采集自身历史数据趋势。这种无埋点技术，极大地降低了工程量，将数据分析流程的时间缩短到几个小时。

Growing IO 创始人兼 CEO 张溪梦认为："我们开发的是大众化的产品，而非定制化服务，因此这个方案不需要定制。我们希望让企业的每一个人，都能实现数据驱动决策。"

此外，对于收费模式，Growing IO 主要以客户数量为标准进行收费，并提供分析师为客户进行专业培训。以此计算，平均每个月每个客户的费用大概是企业建立基础数据分析团队成本的 5% ～ 10%。

Growing IO 的部分功能如图 11-13 所示。

图 11-13　Growing IO 的部分功能

11.5　系统及网站分析小工具

除了用户体验分析工具外，营销者还需要运用系统及网站分析小工具来对自身网站进行分析、监测。常用的系统及网站分析小工具包括站长应用类小工具和 API（应用程序接口）数据提供平台等。

11.5.1 站长应用类小工具（爱站网、5118 网站等）

站长应用类小工具中主要包括爱站与 5118 网站等。

1. 爱站网

爱站网有以下功能：SEO 综合查询、域名 /IP 类查询、即时查询等功能，如图 11-14 所示。

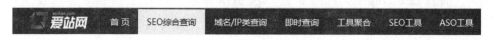

图 11-14 爱站网的功能

其中，SEO 综合查询功能中有一项关键词挖掘功能，例如在搜索栏中输入“江湖”，其结果如图 11-15 所示。

序号	关键词	PC/移动	长尾词数量	收录数	首页第1位	首页第2位	优化难度
1	笑傲江湖	1563 / 6543	815	1360.0万	www.iqiyi.com 笑傲江湖第三季_全集高清视频在...	baike.baidu.com 笑傲江湖_百度百科	
2	血狱江湖	214 / 4052	0	27.3万	www.qidian.com 血狱江湖 连载 最新章节首网第一...	www.biquge.lu 血狱江湖无弹窗_血狱江湖最新章...	
3	新乌龙院之笑闹江湖	1215 / 2421	0	19.7万	www.iqiyi.com 新乌龙院之笑闹江湖_高清视频在...	baike.baidu.com 新乌龙院之笑闹江湖_百度百科	

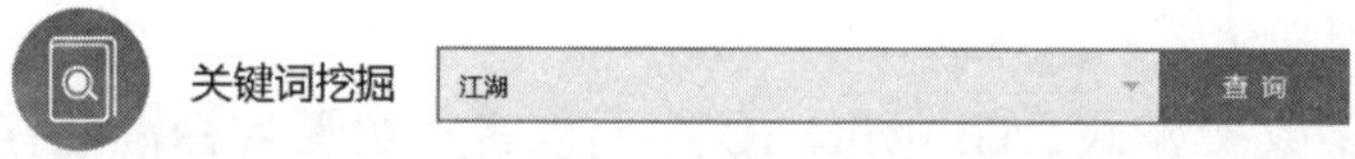

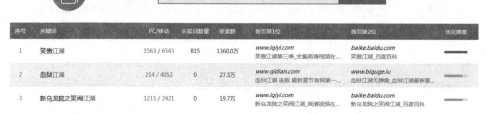

图 11-15 关键词挖掘功能

该关键词挖掘之后可以显示与该关键词相关的长尾词数量、PC 与移动端数量以及首页网站等数据，最后一行还用线条长短表示了优化的难易度。

2. 5118 网站

5118 网站有以下功能：查排名词、挖词、网站挖掘、SEO 监控等功能，如图 11-16 所示。

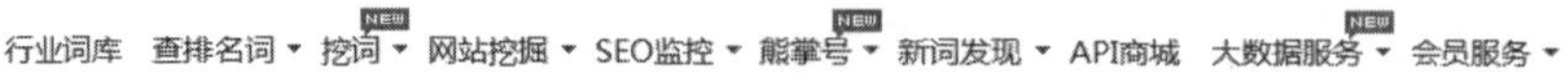

图 11-16 5118 网站的功能

其中，挖词功能又分为如图 11-17 所示的子功能。

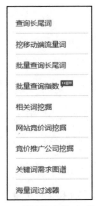

图 11-17　挖词功能中的子功能

查询长尾词功能与爱站的关键词挖掘功能类似，不再累述。这里我们主要对相关词挖掘功能进行阐述。如图 11-18 所示，在相关词挖掘功能中查询关键词“江湖”，其结果显示出各个搜索引擎的指数，例如百度、360 等；此外，百度 PC 端与移动端的搜索量也在当中，对该词关联的长尾词数量也加以展示，最后如爱站网一样，用线条长短表示优化的难易度。

江湖 相关词挖掘　　获取API

相关关键词共找到12749条记录　　需求图谱　无限制导出　导出数据

关键词	搜索结果	竞价公司数量	长尾词数量	百度指数	移动指数	360指数	百度PC检索量	百度移动检索量	竞价竞争激烈程度
爆炒江湖	1760000	0	1577	0	0	122	250	420	2
江湖秘诀	3880000	0	36	0	0	-	<5	<5	2
川味江湖	1580000	0	9	-	-	-	<5	<5	0

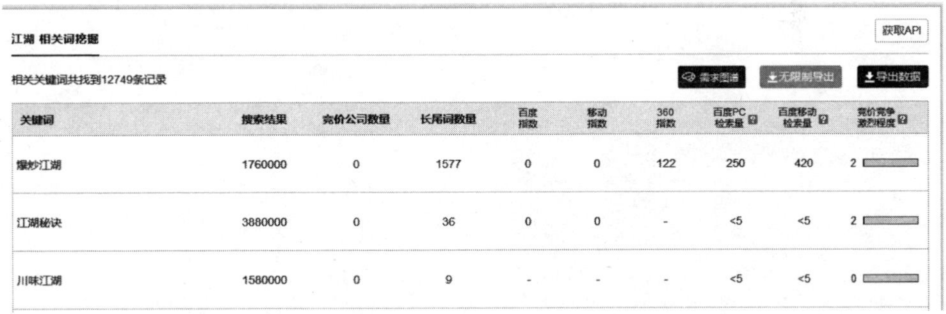

图 11-18　在相关词挖掘功能中查询关键词“江湖”

11.5.2　API 数据提供平台（聚合、百度 API Store）

在云计算和大数据时代，很多人会经常听到 API 接口这样一个词汇，简单来说，API 实际上就是指一种应用程序接口。

百度 API Store 能够满足大部分客户的需求，其接口分类较细，接口、数据更新速度也较快，支持个人发布以及定制化服务。

此外百度 API Store 提供移动开发 SDK，营销者可调用百度 API Store 服务所开发的 SDK 包，快速上手。

聚合数据平台主要面向小贷机构、互联网金融、租赁保理等业务客户，除了为客户提供身份核验信息、失信名单、交付缴费等接口，其同时在电商、运营商记录、信用卡账单等数据资源方面也为客户提供相应数据资源。

这个数据平台的大多数接口属于自主开发，质量有保证，部分接口还能联网检测，它的接口囊括了生活、旅游、金融、咨询等诸多方面数据，所涉及的领域十分全面，更适合对接口质量有要求的营销者。

但它并不支持个人发布，申请接口也需要实名认证和审核，正因为如此接口数大大减少。这样一把双刃剑对于买卖双方来说都是一个保障。

越来越多的企业开始追求更出色的大数据体验，如此一来 API 数据提供平台的高质量数据资源、多维度数据服务、个性化定制服务等功能就获得了更多的关注度。